浙江中医临床名家

总主编 方剑乔

临床名家 陈学奇

葛蓓芬 主编

科学出版社

北京

内 容 简 介

　　本书是"浙江中医临床名家"丛书之一，介绍了浙江名医陈学奇。陈学奇教授为浙江陈木扇女科流派第 25 世裔孙，第六批全国老中医药专家学术经验继承工作指导老师。本书共分六章：中医萌芽、名师指引、声名鹊起、高超医术、学术成就、桃李天下。本书记载了他的成长过程，从学术思想、学术成果等方面介绍了他的学术成就，尤其文中提出的五脏调经论，具有重要的临床指导意义。本书还介绍了他在经方活用、祖方今用、融会中西中的临床特色，荟萃了他在诊治月经病、不孕症、带下病、妊娠病、产后病、绝经前后诸症、杂病等疾病的典型验案，体现了陈木扇女科流派的精粹。

　　本书可供中医临床、科研工作者及在校学生阅读使用，也可供中医爱好者参考。

图书在版编目（CIP）数据

　　浙江中医临床名家 . 陈学奇 / 方剑乔总主编；葛蓓芬主编 . —北京：科学出版社，2019.7

　　ISBN 978-7-03-061872-6

　　Ⅰ . ①浙… 　Ⅱ . ①方… ②葛… 　Ⅲ . ①陈学奇 – 生平事迹 ②中医妇科学 – 中医临床 – 经验 – 中国 – 现代 　Ⅳ . ① K826.2 ② R271.1

　　中国版本图书馆 CIP 数据核字（2019）第 146057 号

责任编辑：陈深圣　刘　亚 / 责任校对：王晓茜
责任印制：徐晓晨 / 封面设计：黄华斌

科 学 出 版 社 出版
北京东黄城根北街 16 号
邮政编码：100717
http://www.sciencep.com

北京捷迅佳彩印刷有限公司 印刷
科学出版社发行　各地新华书店经销
*

2019 年 7 月第　一　版　　开本：720×1000　B5
2020 年 1 月第二次印刷　　印张：14 3/4　插页：2
字数：250 000

定价：**68.00 元**
（如有印装质量问题，我社负责调换）

浙江中医临床名家

丛书编委会

浙江中医临床名家·陈学奇

编 委 会

总　序

中华医药，博大精深，源远流长。灵兰秘典，阴阳应象，穷万物造化之妙；《金匮》真言，药石施用，极疴疾辨治之方。诚夷夏百姓之瑰宝，中华文明之荣光。

浙派中医，守正出新，名家纷扬。丹溪景岳，《格致》《类经》，释阴阳虚实之论；桐山葛岭，《采药》《肘后》，载吴越岐黄之央。固钟灵毓秀之胜地，至道徽音之华章。

浙中医大，创业惟艰，持志以亢。忆保俶山下，庠序进修，克艰启幔；贴沙河干，省立学府，历难扬帆；钱塘江畔，名更大学，梦圆字响。望滨文南北，富春秋冬，三区鼎足，一校华光；惟天惟时，其命维新，一德以持，六艺互襄；部省共建，重校启航，黾勉奋发，踵武增华。

甲子校庆，名医辈出，几代芳华。值此浙江中医药大学建校六十周年之际，特辑撰"浙江中医临床名家"丛书，以五十二位浙江中医药大学及直属附属医院名医为体，以中医萌芽、名师指引、声名鹊起、高超医术、学术成就、桃李天下为纲，叙名家成长成才之历程，探名家学术经验之幽微，期有益于同仁之鉴法、德艺之精进。

时己亥初夏

i

目 录

浙江中医临床名家·陈学奇

中医萌芽

家传习医者，素有得天独厚之优势。在医典药香的熏陶下，自小即耳濡目染、朝夕临诊、抄方学案，反复经历理论与实践的相互印证，通过世代相传的临证经验积累，久而久之，得以形成绵延千百年的中医世家。

他，出生于中医世家，血脉里的"中医基因"仿若与生俱来。而置身于深厚传统文化渊源与浓厚中医氛围中的成长历程，更令他此生注定痴迷于中医事业。

他，就是浙江陈木扇女科流派第 25 代嫡传——陈学奇。

陈学奇尤其钟情于中医。每当说起中医，他便会眼眸闪耀，滔滔不绝。因为他与中医的不解之缘实在太深太厚。他常说，自己走上中医之路，既是命运的安排，更是历史赋予的使命。

在介绍陈学奇之前，我们先来了解一下浙江陈木扇女科流派。

在长达一千多年的浩瀚历史中，陈木扇女科一直为家学薪传，从无间断。

陈木扇女科的起源，可分为两个阶段：后唐到北宋时期称"陈氏医家"，南宋至今称"陈木扇女科"。

陈氏中医世家，源起后唐汴梁之陈仕良。陈木扇女科流派，始自南宋临安之陈沂。集唐宋之精华，发古今之幽篁，源远流长，历时千年，代有传人，名医辈出，相传已二十余世，后逐渐分为钱塘、石门、海宁、桐乡等几支。

陈仕良，祖籍江西，以医为业，乾宁乙卯年（895），陈仕良奉诏修撰《太平圣惠方》，并编著《食性本草》，原书已轶，后为《嘉祐本草》、《证类本草》所引载。陈仕良为后唐汴梁（今河南开封）人，以医著称于时，官至药局奉御。

陈仕良之后有陈天益、陈明遇、陈元忠等，皆为名医，数传而至陈沂。

陈沂为陈木扇女科之始祖，字素庵，生于汴梁，建炎丁未年（1127），随康王南渡迁徙至临安（今浙江杭州）。因治宋高宗妃吴氏之危疾有奇效，得赐御前罗扇，仕至翰林院，敕授翰林院金紫良医，督学内外医僚。著有《陈氏女科秘兰全书》及《素庵医要》等书。子孙世传其术，皆以木扇表其门，上书"宋赐宫扇，陈氏女科，君惠不忘，刻木为记"十六字，被世人冠以"陈木扇"或"木扇陈"之称。

在长达一千多年的历史中，陈木扇女科一直为家学薪传，从无间断。陈沂后代以医为业者，南宋有陈静复、陈清隐；元以后有陈玉峰、陈仪芳、陈明扬、陈南轩、陈东平、陈恒崖（即陈惟康）等。其中陈静复、陈清隐刻木扇以传；陈玉峰曾官至宣抚使提举，后不仕元朝而继承祖业。

陈恒崖生陈林和陈椿。陈林号杏庵，于天顺庚辰年（1460）钦取供职太医院，生陈谟、陈诰；陈谟任顺天府医学大使，卒于任上，其子陈鼎、陈萧均为太医院医士。陈椿号橘庵，生陈赞、陈谨、陈言及陈谏。

陈谏，字直之，号莨斋，陈沂"九传而至莨斋翁"，明嘉靖（1522～1566）时钱塘（今浙江杭州）人，陈椿之子。陈谏精通医术，能治人所不能治之疾，著有《莨斋医要》传世。钱塘陈引泉、陈引川为陈谏之孙，皆继承祖业。陈引泉曾以孤凤散治愈张翰犹妻"始笑泣，既多言，已不语，绝饮食"之疾。陈引川得妇科心传。

陈谢，字左山，石门（今浙江桐乡）人，明万历时（1573～1615）人，祖籍钱塘，世承陈木扇女科祖业，闻名遐迩。后迁居石门，医名盛噪一时，治病多验，为"郡县妇科之冠""石门陈氏妇科之第一人"，著《女科秘要》，但仅为家藏秘本，流传较少。

清初陈梦熊，字宇春，继承家学，博通经典。陈梦雄之子陈德潜亦有医名。

第20世裔孙陈善南，字嘉言，于清道光时（1821～1850）以陈木扇女科享盛名，续补《陈氏女科秘要》。陈善南之子陈宜南继承祖业。

陈宜南传于子维枚，字叔衔，为陈木扇女科第22世祖。叔衔熟谙典籍，博通诸家，一直在海宁长安行医，以妇科著称，为晚清时期杭嘉湖地区女科之冠，誉称"八百年世医"，与当时葛赞初、姚梦兰、大麻金子久等齐名。叔衔传其子嗣叔、堂侄韶舞及堂侄孙筱竹等。

海宁一带有传人陈鸿典，字云书，"雅擅文誉，食饩邑庠"，中年患眼疾而目盲，益精于脉诊，尤善妇科，四方就治者填户塞巷。著《陈鸿典所遗方书》。殁后，所遗方书仍流传远近。

第23世裔孙陈韶舞（1899～1976），字善，号相庄老人。浙江省桐乡市高桥镇相庄村油车埭人。受业于堂叔叔衔，尽得叔衔心传。韶舞学富五车，治学严谨，好学不倦，熟读经典及嘉言所著《陈氏女科秘要》，旁通各家学说。年逾古稀仍手不释卷，皓首穷经，凡家藏百余部中医典籍皆详加批注，深得其要领。擅内科，专长妇科，精于临床，名重当时。诊治疑难杂症、妇科经带胎产诸病，每奏奇功；运草木金石之力，显妙手回春之效。他认为坚实的内科基础，乃治妇科病的根本，诊治疑难杂症，每奏奇功，引得上海、杭州等地名媛名伶纷纷前往就医。韶舞传子大堃、大中。

陈大堃（1926～1991），字锦江，幼承庭训，深得家传；8岁入读私塾，师从章克标先生，通晓诗文；12岁随父亲学中医，熟读医书，15岁遵照父亲"博众长，跟名师"的嘱咐，师从崇福名医吴浩然先生（费伯雄之再门人），拜师学艺3年后悬壶乡里。大堃熟读妇科经典《陈素庵妇科补解》《傅青主女科》等著作，临证广众博采，不拘一家之说，享誉方圆百里，临床多奇效。大堃常教导子女，为医要学周公"一饭三吐哺，一沐三握发"，行医五十余年，出诊不分昼夜，医德医术有口皆碑，大堃传子学熹和学奇。

陈学熹（1952～），现于桐乡、海宁一带行医，以中医内科、妇科为业，皆秉承家业。

陈学奇（1958～），幼小懵懂之时即由祖父陈韶舞先生引领着走上中医之路。而父亲陈大堃经年累月的言传身教和精心栽培，更让陈学奇无怨无悔地选择了以延续光荣与梦想为使命的中医人生。

第一节 幼承庭训

一、祖上古训"立德为先"

人生百年，立于幼学。

陈学奇关于中医最初的记忆，来自祖父陈韶舞先生。

新中国成立前，陈韶舞先生在桐乡骑塘和海宁斜桥坐诊，在江浙沪一带很有名气。斜桥每天通两班火车，慕名而来者络绎不绝，其中不乏来自上海、杭州等大城市的名媛名伶。而在当地，陈韶舞先生的精湛医术更是几近无人不知、无人不晓。

陈韶舞先生深得叔衔公青睐。叔衔公之子嗣叔原继承祖业，中途弃医经商定居上海，其孙子蔚堂学西医留学于日本，因此，叔衔公开始广招本族后辈。当时叔衔公有10余名本族弟子，但陈木扇的正统传承只能传给族中的一人。陈韶舞先生出师后，自己经营了一个小诊所。有一日，叔衔公让陈韶舞先生去一趟他家，因已观察陈韶舞先生数年了，决定举行传承礼仪，焚香祈祷，祭奠祖宗，郑重地把陈氏家族的家传秘本"陈氏心法"和陈木扇的牌子交予陈韶舞先生，定其为陈木扇女科第23代传人。陈韶舞先生非常激动，更觉肩上的担子沉甸甸的。

陈学奇老师记忆最深的是，祖父陈韶舞常说"积善人家有庆余"。陈韶舞先生的诊所尽管每天门庭若市，但每月的初一和十五，却都专门举行免费义诊，并周济经济困难的患者，给他们免费施药，在暑季还会免费为家庭困难的人送上藿香正气水、辟瘟丹等防暑药。陈韶舞先生常告诫后人"做人行医，立德为先"，只要有患者求救，他从不推辞，即使是在凌晨或夜间，也以患者的病情为先，随叫随到。

"医生要怀慈悲心，行菩萨道，救命如救火，切莫错失良机。医生要有割股之心。祖父经常如此告诫父亲，年幼的我在一旁听得似懂非懂，但因为反复听到，直到现在竟然还能记得这几句话。在那个缺医少药的年代，医生的敬业无疑是至关重要的。然而，这正是我们陈氏传世行医必须执守的精神理念。"陈学奇老师郑重地说道。

陈韶舞先生治学严谨，严于律己，常常教育其子陈大堃先生："行医者，宜勤求古训；临证者，宜胆大心细；审证察脉，如履薄冰；处方遣药，命悬一线；以愈病为依归，以康寿为皋旨；求学者，师古而不泥古，不可胶柱鼓瑟，故步自封；立德者，切忌巧立方名，以矜奇自夸；更不可我是人非，诋毁旁人；业精于勤荒于嬉，学业不精，犹如杀人不用刀；临证不慎，犹如盲人骑瞎马，其危害不可胜言。"陈学奇老师说，虽然那时他还很小，但祖父唠叨的这些话，却至今仍萦绕耳边。

"每每想起祖父，我脑海里时常闪现出一个镜头：艳阳高照的夏日庭院，爷爷抱着一大摞书大步流星，我则抱着一小摞书踉踉跄跄紧跟其后……"跟着祖父陈韶舞先生去晒书，这是陈学奇老师童年时代最喜爱做的事。因为在晒书的过程中，祖父总会给他讲好多好玩的故事。

听大人讲故事，是儿时的陈学奇老师一大爱好和乐趣。祖父很会讲故事，每当他情绪颇佳时，会讲不少故事给小孙子听。陈学奇老师一直到现在还记得祖父绘声绘色地讲曝书亭的故事——话说从前有个秀才，经常在一个亭子里晒太阳。这一天，县衙门来了个大官的轿子经过，村民们都毕恭毕敬地早早起身迎驾，唯有这位秀才不管不顾还在怡然自得地晒着太阳。官兵见状上去呵斥，秀才却不慌不忙道：“我在做正经事呢！”官兵厉声责问：“你明明是躺着，哪来的正经事？！”秀才答道：“我在晒书啊！”官兵问：“晒书？在哪里？”秀才笑指肚子说：“都在这里呢！这里藏着古往今来多少政史著作，可不得趁着大太阳好好晒晒！”那大官在轿中闻及此言，竟掀帘指令官兵不得无礼，并亲自下轿向秀才作揖致敬。从此，这个亭子就被命名为曝书亭，美名远扬。

像这样特别有意思的故事，在祖父陈韶舞先生那里有一箩筐。“祖父总会一边晒书一边给我讲书，从《黄帝内经》到陈氏家传中医著作，从世代变迁的历史故事到坊间轶闻，他都讲得非常详细生动，妙趣横生，我于是不停地拉着他，恳求再讲一个！”陈学奇老师笑着回想道，仿佛时光倒转，童年重来。

陈学奇老师又说：“每一次，祖父带我去晒医书，都颇有仪式感。记忆中，虽然是大夏天，但我们都要穿上厚厚的衣服，戴上手套，特别郑重其事。之所以这么做，完全是出于祖父的爱书之心，生怕汗水不小心滴到书上。另一方面，应该也饱含着祖父对精心收藏的医书的敬重珍爱之情吧。炎炎夏日如此这般地晒医书，可以想到有多么热。但祖父似乎毫不在意，而他给我讲的那一个个故事，也常让小小的我沉浸其间，浑然不知酷热。”

二、皓首穷经，博采众长

在陈学奇老师记忆里的祖父形象，就是位求知若渴的老人。陈学奇老师回忆：“祖父一生好学不倦，博采众长。我印象中，祖父七十多岁时已是满头银发，但每天仍手不释卷，可以说是皓首穷经。只要有空，祖父就在看书。”

陈氏家族的家传秘本医书代代传承，放在极其重要的地方，从不轻易示人。传至陈韶舞时，他更是视若珍宝，将医书与家里最名贵的藏画放在一起，就连其子陈大堃和这些书见面的机会都很少。可惜的是，后来历经战争和动乱，大部分家传秘本医书都散佚了。

陈学奇老师说：“记得那时候祖父家有满满几个书柜的线装书，有祖上世代传下来的，也有祖父陆续从各处觅得的。新中国成立前，祖父就经常跑

上海和杭州的商务印书馆，到后来，商务印书馆的主管都认识他了，一来新书就写信通知他。"

"家里藏的千余部中医典籍，祖父都反复细读，详加批注，深得其要领，所以诊治疑难杂症，每奏奇功，对内科杂病，效若桴鼓。祖父认为，古典医学是在中国传统文化土壤里成长起来的，想要在汗牛充栋的医书里吸取营养，古文功底一定要过硬。同时，祖父令人叹为观止的是书法极好，他用毛笔写就的蝇头小楷批注字样，令人刮目相看。"

所有这些，都给陈学奇老师的童年烙下了深深的印记。陈学奇老师说："书中自有黄金屋，真的没有错。长大后的我，也毫无意外地成了爱书之人。"

三、精心培养大堃接班

关于祖父陈韶舞先生如何精心培养父亲陈大堃先生接班的故事，大多是陈学奇老师成年后，从父亲陈大堃先生那里听来的。

虽然家境不错，但是陈家的祖训之一就是"家有良田千顷，不如一技在身"，陈大堃从小聪慧好学，又在成长过程中显现出对中医的天赋与兴趣，因此，陈韶舞给陈大堃的定位是继承家传中医。

从小，陈大堃就被送去读私塾。陈韶舞先生请同村晚清秀才李先生为陈大堃授课。几年后，陈大堃又被送至章克标门下学习。

说起章克标，颇有些名气。他20岁时公费赴日留学，后来又考入日本"京都帝国大学"，攻读数学。回国当了一段时间教师后，章克标决定向文坛发展。1926年，他在上海与胡愈之、丰子恺、叶圣陶等人共同轮值主编《一般》月刊，同时与滕固、方光焘等人创办我国新文学早期著名社团之一的狮吼社。1928年，章克标又进入开明书店，主编当时影响广泛的数学教科书以及《开明文学词典》。一年以后，他又参与创办时代图书公司，这个公司后来成为20世纪30年代中国规模最大的出版机构之一，章克标出任时代图书公司的总经理，并主编《十日谈》旬刊。

"正是在章克标从日本回来后在家赋闲的那个当儿，祖父将父亲送过去请他帮助教育。章克标写过一本著名小说叫作《逃婚记》，讲的就是如何逃避和我姑奶奶结婚。当然，后来他还是难抗家命，和姑奶奶成婚了，所以他也就是我的姑爷爷。"陈学奇老师笑着说。

章克标家在离陈家7公里的庆云镇上，属于小康家庭，陈大堃先生就直接寄住于章家。章先生那时带着好几批学生，著名作家金庸当时跟父亲相仿，也在读私塾，拜章克标为师。以后金庸先生每次回家都要拜访启蒙老师章克标先生。章克标学识渊博，古文功底深厚，思路又异常活跃，这些都深深地影响了陈大堃，他的诗文功底都是那个时候由章先生手把手教的。

民国初年，韶舞先生又将大堃先生送去留良镇上的留良小学读书。陈韶舞当时任留良小学的校董。留良就是清代因为"清风不识字，何必乱翻书"文字狱中受株连的吕留良的家乡，因他而命名。陈大堃在留良小学读到13岁，从初小到高小。其兄长则被爷爷送到杭州就读于杭州第一高级中学（今杭州高级中学）。其姐姐被送去上海就读女子中学。

四、继承家学，旁通诸家

陈韶舞先生的理念是，要学好中医，首先要有深厚的语文功底，方能理解深奥的中医文化，要学好中医妇科，又必须以中医内科为基础。内科基础不扎实，妇科病是看不好的。同时，陈韶舞还认为，名师出高徒，一个好中医的成长离不开名师的指引，所以当他让儿子陈大堃跟随其学习两年中医之后，他又专程带陈大堃前往崇福，拜当地内科名医吴浩然为师。吴浩然先生的父亲吴苍霖为江苏常州武进人，师从孟河医派之晚清太医费伯雄，费伯雄是温病学家叶天士的再传弟子。新中国成立后，吴浩然先生担任桐乡第二人民医院院长，并被推举为桐乡第一任中医学会会长。

"那个时候父亲才十五岁，他也常跟我说起彼时的光景。当时与父亲一起跟随吴浩然先生学习的有五位，暗中形成了互相激励的关系。父亲学得极度刻苦，每天早上五点就起来背中医四大经典，白天跟着老师出门诊、临证，用心学习诊治方式。吴浩然先生的门诊非常忙，每天要看二百位以上的病人，所以他只能将讲课时间安排在晚上，课后都要过关考试，强度非常大，但父亲学起来却感觉特别带劲。"陈学奇老师说道。

经过如此严格而系统的高强度学习，陈大堃在家学的基础上，不仅体系完整地巩固了中医功底，更大量吸收了吴浩然先生独特的诊疗方法，为他日后行医打下了坚实的理论与实践基础，所以在后来的临床中，大堃先生不仅精于妇科，也擅长内科杂病的治疗。

新中国成立初期，乙脑流行，吴浩然运用多年行医经验予以攻克，在地方医学史上留下了备受赞誉的美名。陈大堃先生将吴先生的具体诊治方法牢

记于心，并一一传授给了陈学奇。

言及至此，陈学奇深有所感："父亲专门给我讲授如何把温病学的卫气营血辨证理论和现代医学的热证治疗相结合。他还告诉我，我哥在全国乙脑大流行时也被传染上了，当时才6岁，高热不退，父亲和爷爷就是用白虎汤加减把他救回来了，而且没有留下任何后遗症。父亲教给我的一些温病治疗方法，在我以后的临床生涯中也非常有用。我在临床上也遇上一些因病毒性感染高热不退的患者，用白虎汤加减治疗疗效显著。"

1985年，陈学奇到浙江省中医院实习，与老院长杨继荪谈起吴浩然先生为其太先生，杨院长听罢都连连敬佩地说："吴老先生在温病学上的造诣颇深，有孟河风范，令人高山仰止！"

五、陈大堃名扬杭嘉湖

历经家传加师承的历练，陈大堃18岁回到家乡执医。

当时，陈木扇女科诊所在桐乡已经非常出名，开有骑塘、星石、亭桥、斜桥等四处分诊所，每天慕名而至的病人络绎不绝。陈大堃先生很快以其出色的诊疗医术赢得了病人的认可与爱戴。

从此，大堃先生的人生，几乎都是在诊病中度过的。新中国成立后，大堃先生在高桥卫生院工作，他每天要看一百多位病人，从早上七点直至华灯初上。

桐乡当时的交通很不方便，没有汽车，主要的交通工具就是船。高桥卫生院虽然只是个小小的乡镇卫生院，但每天都有很多人找大堃先生看病。方圆50公里以内的人都是摇船过来的，更远地方的人则是先坐火车，再坐船过来，路上都要花上好几天。那时常有从上海奉贤、松江来的病人，江苏来的病人也很多。每天河边几十条小船一字排开，当地居民戏称："有了陈医师，镇上就像天天赶庙会。"

陈学奇老师说："为什么会有那么多病人来？是因为大家对父亲的信任和对疗效的肯定。"陈学奇老师回忆道："有一件事至今让我难以忘怀。当时我才10岁左右，记得从海宁来了一位40多岁骨瘦如柴的女病人，头上裹了头巾，全身关节肿胀，被家人用椅子抬进了父亲的诊所。他们一家从早上4点就摇船出门，到父亲诊所已是早上10点左右了，患者反复低热一月余，潮热，全身关节肿痛，曾在浙二医院（浙江大学医学院附属第二医院）治疗诊断为类风湿关节炎，当时用激素治疗后并发胃溃疡出血，因经济困难，患者放弃治疗而出院，前来父亲诊所求诊。父亲详细询问病因，方知患者病起于产后，气血不足又外受风寒之邪。父亲为其治疗以黄芪桂枝五物汤为主加减，但这个患者初次就诊时胃纳不思，滴水难进。父亲对脾胃不调的患者常是健脾助运、通畅中焦为主，脾胃健运了，饭能吃了，方可以治疗疾病。7剂药后，第二次就诊时，患者就能自己走上船了。治疗一个月后关节肿痛消失，患者可以自己走十几公里的路来看病了。再治疗3个月后患者逐步康复，患者全家感激万分，把父亲当作他们全家的救命恩人。突然有一天，父亲的诊所里一下子涌进了20余人，把诊所挤得满满的。原来，是这个患者神奇康复的故事在村里传开了，这个村的村民们便组了团，借了村里最大的5吨大船，载着20多人一起来找陈医生看病了！"

说起详细询问病因，还有一个病例使陈学奇老师记忆犹新。"有位产妇产后九天，胃痛七天，痛势彻背，呕吐频作，前医作胆道蛔虫病处理，服中药调气止痛化虫，并注射阿托品、吗啡而痛定吐止，但患者中脘依然不适，仅吃米饮汤，隔一日痛吐复作，又注射前药而已。以后虽注射前药，仅痛吐略缓，至夜半大作，乃邀我父亲急诊。症见患者痛时俯卧，得食痛剧，食入即吐；于是父亲仔细问诊方知，患者素有胃痛宿恙，产后第三天，家人心疼她，一次给她食糖蛋六个而致疾病发作。大便已九日未解，仔细问诊方知，胃痛因食滞而诱发，呕吐由腑气滞而上逆，六腑以通为用，胃气以下行为顺；产后气血大耗，挟有食滞之实。至虚之体，病邪盛之候，方取小陷胸汤加辛开苦降之剂，虑其得汤即吐，乃取急药缓服之法，一剂分四次分服。患者服后，子夜肠鸣辘辘，清晨矢气频频，连下燥粪三枚，脘腹胀满若失，痛减大半，吐亦旋止。因腑气已通，食滞已化，胃中津液未充，产后气血未复，再以益气生血，养津和胃为治，服四剂后患者康复。父亲解析说，本例由食滞诱发胃痛，腑气秘结，呕吐、痛吐与胆道蛔虫病颇相似，注射吗啡仅取得暂效，通过辨证求因、审证论治，得到预期的疗效，所谓治病必求于本也。"

父亲的这些事例，从小就深深地印了陈学奇老师的脑海里。父亲常常教导他，陈木扇女科历代强调审病求因、首重问诊，这对陈学奇老师产生了非常深远的影响。在陈学奇老师后来的临床中，一直继承着父亲仔细问诊的习惯。"我曾经就诊治过一位荨麻疹反复发作瘙痒难忍一年余的患者，每次遇冷水就发荨麻疹，甚至夏天不能洗碗，西药抗过敏治疗疗效也不理想，她来找我治疗试试看，我当时脑子里想起了父亲的问诊，一问才知道患者病起

浙江中医临床名家·陈学奇

于流产后第一天冷水洗衣服后次日开始发病，于是按照我们中医产后病的思路益气养血祛风治疗，一剂后患者说发作明显减少，3 剂后就治愈了，后来一直未再发作。这位患者后来告诉我，其他医生从来没有问起过她发病的起因。其实，我们中医的问诊是非常重要的，而我正是因为严格遵循了家传的'陈氏十问'，才能做到对病人精准诊疗。"

六、焚膏继晷，夜以继日

"父亲几乎白天黑夜都在工作。他经常奔走各处为病重的乡亲们出诊，那时候交通不便，基本都靠步行，经常一天要走上百里路。母亲为他纳的鞋底，往往一个月都不到就坏了。我父亲身高 1.78 米，体重 80 公斤，背着药箱，走在石板路上总是会发出'咚咚咚'的脚步声。他经常半夜 12 点才出诊回来，整条街的邻居都会听到，然后他们会说，是陈医生看病回来了，这么晚，真是太辛苦了。"陈学奇老师口中描述的父亲陈大堃，着实令人敬佩不已。

20 世纪 50 年代初，一个冬天的早晨，5 公里外的村子里有个妇人产后胎盘不下，阴道出血不止，家人感觉她快不行了，急忙赶来求助大堃先生。病人所在村子离诊所五公里左右的路程，因为白天要看门诊，大堃先生出诊都要等到下午四点多门诊结束之后。等陈大堃赶到村子的时候已经很晚了，病人家属都在村口等着，手里还拿着红包。

原来当地有个风俗，如果医生没到病人就死了的话，家属都要拿着红包在路口等着。红包不多，也就三五毛钱，图个吉利。大堃先生到的时候病人的草鞋已经烧了，据说这样可以让死者的灵魂走得顺一些，灵堂也布置好了。原来家属以为病人已经走了，早晨的时候虽然病重，尚有一口气，到了晚上就不行了。当时也没有电话，没有办法通知医生。

大堃先生却不想放弃，既然来了，还是想去看一下。拗不过他的坚持，亲属只好陪着他进屋。这时候，女人已经被抬至堂屋，准备点蜡烛祭拜了。大堃先生一搭脉，发现她还有微微的脉搏，再用听诊器听诊，有微弱的心跳。这是产后胞衣不下大出血引起的休克。新中国成立初期，农村的医疗卫生条件差，妇女生孩子往往都是在家里接生，常会出现胞衣残留或胞衣不下等情况，子宫收缩不了就会大出血，而致休克。

大堃先生见状当机立断，先针灸"开四门"，针刺内关、外关，再加针刺十宣、人中。同时，他嘱咐家属赶紧烧开一盆醋，再用炭火烧热秤砣，扔到沸醋里。瞬间，醋香弥漫整个房间，熏着病人。他又交代两个身强力壮的年轻人跑去两公里外的镇上抓一剂生化汤加减的中药，再买一支人参加附子、干姜，参附汤浓煎半个小时后，先给病人喂下，再把中药一点点喂下。

过了两个小时，到了晚上九点，病人突然叹了一口气，苏醒过来了，然后连叫肚子痛，随后即排下胞衣！大堃先生嘱其家人继续煎参附汤和中药喂服，病人便慢慢好起来了。

等到夜里十二点，长吁一口气的大堃先生准备回家，出门时才发现大地已是白茫茫一片，整座村庄都被大雪掩盖了。那天晚上雪下得特别大，积雪能有三四十厘米，村里人要送大堃先生，但被婉言谢绝，仗着年轻，他一路踩着厚厚的白雪回家。大堃先生跌跌撞撞一路走，又正巧沿路都在兴修水利，河道正在整修，桥也拆了，下雪的晚上视线不清，竟然一脚踩空，摔到河道里，幸好冬季河道干涸没水。凌晨两点，大堃先生鼻青脸肿地终于回到家。

"这样的故事在父亲的行医生涯中只是日常。任何时候，他总是把治病救人放在第一位。还有一个大年三十晚上我记忆非常深刻，那时我五六岁，父亲难得准备为年夜饭烧几道好菜。父亲厨艺一流，但平时出诊根本没时间做饭，所以我流着口水守在边上，等着大吃一顿。谁知就在这时候，又有乡亲赶来说家人吐血不止，请陈医生救命！父亲二话不说，放下厨具背上药箱，迅速地出门了。那个晚上，年幼的我一直等着父亲回来，但是等啊等，迷迷糊糊中睡着了，一直到早上醒来后又过了好久，父亲才带着一脸倦容出现。原来这新旧交替的一夜，父亲又挽救了一条生命，甚至还护送到杭州打了个来回。"陈学奇老师再次打开记忆闸门，深情地回忆道。

当时的情况是，大堃先生赶到时发现病人大量呕血，已是命悬一线。大堃先生连忙为他做了止血，并紧急让村里找来八个年轻力壮的小伙子，用藤椅抬上病人，送到斜桥火车站。陈大堃火速找到站长，得知一列货车将于十分钟后抵达，但只是路过。陈大堃和站长拉了红灯，让货车紧急停车，然后将病人扛了上去。陈大堃先生一路照护随行，直至将病人送进杭州的浙二医院。病人被确诊为胃癌，幸而及时送到医院，在众多医护力量的抢救下，终于得到了及时抢救。

七、耳濡目染见证奇迹

陈大堃十分宠爱陈学奇，从小就常将他带在身边。"门诊的时候，父亲

常抱着我坐在他腿上，甚至是骑在他肩上，可以说我就是耳濡目染父亲看病长大的。"这么说着，陈学奇老师脸上流露出了幸福的表情。

天资聪慧的陈学奇6岁就上学，但因为历史原因，8岁便无奈停学。陈大堃索性就在诊室里放个小桌子，接待病人时，陈学奇就在那里练字。

陈大堃时常教导陈学奇："做个好中医，必须写得一手好字。有些东家找医生看病，会很注重医生开处方的字，若是字写得不好，便感觉信不过医生的医术，那药方也就不配了，便请你走了，下次断然也不会再请你。如果有一手好字，病人在阅读处方时就有一种赏心悦目的感觉，病自然也好了三分。父亲说他小时候就是这样被祖父教导的，我们那时候冬天冷得墨水都结冰了，你祖父让我们用烧酒磨了墨坚持练字。"

因此，父亲陈大堃虽然非常疼爱学奇，但还是非常严格地训练之。每天早上五点不到，父亲就拉着小学奇起床，一起打太极、练功、健身。白天他带着儿子诊治病人，中午他还亲自教儿子练字，一刻也不放松。

陈学奇老师常年跟在父亲陈大堃身边，也目睹了很多次父亲救死扶伤的事，甚至屡次见证了奇迹的发生。"记得又是一个午夜时分，门口突然传来急切敲门声，门外有人高喊，我家婶婶昏过去了，陈医生快来救救她！闻听此言，我连忙背上药箱，跟着父亲冲出门。病人家在一公里外的俞介木桥，我们一路小跑，二十分钟左右就气喘吁吁地赶到。原来这一家婆媳吵架，婆婆一气之下竟然晕厥过去了。家里人试探了她的气息，似乎已断，眼睛也翻了白，都以为她要死了，全都哭丧着脸，那儿媳妇更是像个罪人似地瑟缩在墙脚。父亲却很镇定，替她把了脉，针刺人中、十宣，继而行针灸。没多久，老妇人打了一个嗝，竟然便苏醒过来了！父亲于是又开了疏肝理气的中药，嘱家属马上配来煎好喂服。如此这般，不久老妇人便转危为安了！"

"还有一次，我10岁左右那年。当时有个从海宁郭店来的20出头的小姑娘，第一次来看病，是被人用藤椅从船上抬下来的。小姑娘骨瘦如柴，皮肤干涩有如鱼鳞，父亲告诉我，这在中医上叫作肌肤甲错。她刚一进门，就和父母一起痛哭流涕，求我父亲救她的命。原来小姑娘从小遗尿，家里人不好意思说出去，等到长大了些，听人说冲喜可能会好些，18岁时便把她嫁了出去。新婚之夜，丈夫发现她遗尿，嫌弃她，不出两年便退了婚，极度悲催。之后小姑娘就郁而成疾，月经渐闭，不思饮食，卧病不起，奄奄一息。父亲说她这种情况属于肝气郁结，脾胃运化失常。妇女诸病以调经为先，调好经，气血调畅了，再慢慢补益气血，活血化瘀。父亲以大黄䗪虫丸为主方，再加上逍遥散、少腹逐瘀汤，三张方子结合起来，再进行调整。调治半个月后，小姑娘胃口渐开，后来慢慢地可以走动了。两个月左右，月经就来了，身体状况大为改善。月经调好后，再逐步给她治疗遗尿。调理到三个多月的时候，她就能自己走二十多公里的路来看病，后来便慢慢好了起来。一年后，她便嫁了人，还给我父亲送来了喜糖。又过了一年，生了个大胖小子。"

　　这样的案例，在大堃先生的行医生涯中不胜枚举。脾胃为后天之本，这是陈大堃经常强调的。记得在 20 世纪 70 年代初，有一位王女士，50 余岁，因反复发热、中暑，加上当时月经失调、潮热汗出、关节酸痛等许多更年期综合征表现，焦虑，前后在杭州等地住院治疗半年余，最后患者骨瘦如柴，不能饮食，食则吐，常年卧床，长期补液，但因病情逐渐加重，被医院拒绝，回到老家后，家里人不忍心，抱着一线希望来找大堃先生求助。陈大堃一看，认为脾胃为后天之本，王女士不能饮食，当然什么病也治不好。于是他就用五汁饮（梨汁、甘蔗汁、荸荠、鲜芦根、鲜藕汁）加五花芍药散（绿梅花、白芍、甘草、玳玳花、扁豆花、佛手花、玫瑰花），嘱家属回去煎汤给她喝。七天后，王女士过来复诊，欣喜地说能进食了。大堃先生改用沙参麦冬汤合香砂六君子汤加减为她拟方。后来患者胃纳渐思，再开始治疗其他不适，不久王女士便康复如初。后来王女士活到了 90 余岁，一直把大堃先生当作救命恩人。

第二节　继承祖业

一、15 岁迈入中医世界

　　大堃先生在四十多岁的时候，因为操劳过度，经常感觉胸闷、心慌，有一天在出诊路上因极度难受之下竟然昏了过去！家人急忙送他去上海，经瑞金医院诊断确诊为冠心病。

　　鉴于大堃先生的身体状况无力接诊每天蜂拥而至的病人，高桥乡亭桥诊所破例同意让陈学奇老师做他父亲的助手，每天让他坐在父亲身边抄方。"那年，我刚 15 岁。而这也意味着，我从此正式迈入了中医世界。白天跟着父亲抄方，晚上父亲让我从汤头歌诀、药性赋学起，后来逐渐给我讲中医四大经典，再进一步讲金元四大家，最后才是学家传的妇科专科书，当时也是理解能力有限，学一点忘一半，背熟了也不知道有什么用。但在后来，我深感这些深

植我脑中的口诀让我在临床中受益匪浅。"

陈大堃先生在生活中是一位十分慈祥的父亲，但在学业上却要求十分严格。陈学奇刚开始跟父亲抄方时，每天总是忐忑不安。因为他父亲对抄方有3个要求：第一，不能有错别字；第二，方子的君臣佐使位置不能写错；第三，抄方要熟记方子，如果三者出现一个错误，父亲就会把整张方子撕掉让陈学奇重新默写出来。追根溯源，陈大堃先生其实是在用父亲陈韶舞先生当年训练他的方法训练陈学奇。而且坐在父亲大堃先生身边抄方，那可不是一般的他口述让陈学奇做记录的工作。而是在抄方的过程中，父亲陈大堃会经常着重地讲解几句给陈学奇听，其间穿插着时不时的提问，并要求他做好整理、总结、归纳。在这样的压力下，陈学奇一边抄方，一边学习，一边巩固，迅速完成了一个从无知少年向中医学徒角色的转变。

大堃先生脉学造诣非常深厚，他对病人的诊治能力令陈学奇佩服不已。"记得那是三伏天双抢时节，有个农民赶来看病，身上手上都是烂泥，说本来正在割稻，但是突然难受，恶心发热肚子疼。父亲搭了他的脉，说是脉洪大实，应属停食夹暑。这位农民大哥连连点头，说为了田头作业耐饥，早上吃了粽子马上赶去割稻。父亲说，他看来马上要吐了。话音未落，病人一阵狂吐，然后脉象马上又变了。"

脉象往往是"心中了了，指下难明"。为了深入到位地将脉学传授予陈学奇，陈大堃还专门为他仔细讲解。说起鱼翔虾游这个经典脉象，父亲还特意向他展开讲述了一段跟随太先生也就是吴苍霖先生学医的往事。当时太先生带陈大堃坐着手划船紧急赶往一位病人家中，这是一户非常有钱的人家，按照惯例是看好病后一定要请医生喝两盅酒。结果太先生搭完脉之后脸色就变了，不顾桌上丰盛的酒菜，拉上陈大堃旋即告辞。上了小船，太先生方对不解的陈大堃说："这饭吃不得，这病人一时三刻里马上就要走了。你看她虽然神志清晰，但是脉象为鱼翔虾游，很危险。"第二天，陈大堃遇见那个村里的村民，一打听，果然昨天在他们走了不到一个小时，病人就过世了。

这个脉象给父亲烙下了极其深刻的印象，二十多年后，在他自己的行医过程中，也碰到过这样一个病人。那是在一个冬天，黄介村的村民赶来请大堃先生，说有个病人不行了，家属这时也就是请医生来看看，如果不行，就要料理后事了。结果陈大堃搭了脉发现脉象还有，就针药并用，开了一帖药让他服下，最后这个患者得救了。等看好后出门，邻居家的老人正在门口晒太阳，见陈大堃出来，就让也给他看看病，说这几天胸有点闷，没力气。陈大堃为老人一搭脉，发现脉象很弱又很乱，就像小鱼小虾在下面游，是典型的鱼翔虾游！这个脉象之凶险程度，陈大堃早已见识过，于是连忙问老人，你儿子在不在？听说他儿子外出了，让人赶紧去叫回来，否则就怕最后一面都见不到。原来老人虽然看着还好，但已经是油尽灯枯，命在旦夕。到了午夜一点多，儿子回来不多时，老人便撒手而去。

有了父亲的指导，陈学奇在以后的临床中，对脉象特别注意。而且因为注重脉象，帮助他对患者做出了正确的诊断。"像鱼翔虾游这样的脉象，我也碰到过。1995年夏天，有位85岁的老先生来找我看病，自述胸闷、乏力、没胃口，感觉好像中暑了。我搭他的脉，感觉沉细结代，就是鱼翔虾游的感觉。我问他，老先生，你心脏好吗？他说两三个月以前做过体检，没问题啊。老先生甚至还是独自坐公交车来的。我说，老先生，你把家里人电话告诉我，得马上叫车送你到医院去检查。结果家人将老先生紧急送往医院，心电图检查后为室颤，再立即做冠状动脉CT造影显示，冠状动脉左降支已梗阻90%。幸亏现代医疗的发达，医院立即给老先生冠状动脉安装了支架，老先生因为及时送去抢救，捡回一命。"

二、暴注下迫化险为夷

在早年跟随父亲学习中医的生涯中，陈学奇老师对一位急性胃肠炎患者"暴注下迫"的故事记得特别清楚，每个细节至今仿佛历历在目。因为这是当时他和父亲一起经历过的。

"记得那是1973年夏天的一个早晨，五六点钟的时候，我们老家小镇附近村里的一个20多岁的小伙子被几个人用椅子抬着过来找我父亲看病。原来他从半夜开始就上吐下泻，发热、腹痛，用我们中医的话说就是'暴注下迫'。几分钟腹泻一次，边吐边拉，几个小时折腾下来路也走不了了，只能抬着送来求救。"

当时，陈大堃看了也很着急，他所坐诊的卫生院条件很差，连化验大便的设备都没有，更别提输液设备了，只能建议他们赶紧送县医院。当时病人意识还很清楚，从小镇到县医院起码要两三个小时，他坚持并哀求陈大堃："陈医生，救救我！我去不了县里了，我半路上肯定会死掉的！"

这样一个急性发热、呕吐、腹泻的病人，到底是什么病无从知晓，到底

感染了什么病菌也无从查验。然而心善的陈大塈经不起病人的一再恳求，沉思片刻，他开了一个处方，并让陪护者在村礼堂里搭个临时病床，再搭了炉灶煎药，一边给他针灸止泻，一边给他喂淡盐水以免脱水。其实当时连生理盐水也没有，只能用 50 克糖加 50 克盐冲 1000 克凉开水调配成简单的生理盐水给他喝，防止他因脱水而休克。

陈大塈又加上几味自己种的新鲜草药同煎后喂服病人，这样多管齐下，抢救了三个多小时以后，腹泻间隔时间慢慢变长，到了下午，腹泻竟然止住了！从此，这位患者每次看见陈大塈都要说："陈医生，我的命是你救的！如果那天我去县医院，肯定死在半路上了。"

等陈学奇成熟长大一些之后，父亲陈大塈再度和他说起这个案例。原来陈大塈当时之所以下定决心敢给这个病人治病，是因为他在 20 世纪 50 年代的时候出诊治疗过一位急性呕吐腹泻病人。"当时那位病人脱水严重，手指皮肤都已发皱，嘴唇很干，手脚开始抽筋。我父亲用针灸给他止泻，又开了药让人马上煎，同时让人把麸皮炒热，灌在枕套里给病人温手脚，这样通过几个小时的抢救，慢慢治好了。有过这样的经验，所以我父亲才有把握治疗这个病人。所以，临床积累非常重要。"

三、父亲倾囊悉心相授

跟随父亲陈大塈，陈学奇经常可以享受到私家中医课。大塈先生讲课，不管是讲解中医基础课也好，还是讲解各种经典著作，都是结合他一生中的临床经验来深入浅出地讲授的，是非常到位的理论加实践。中医学的传承离不开中医经典的反复研读，中医经典不仅是人类历史的珍贵宝藏，更是构成中医药理论的核心内涵，使得中医学的优质资源得以延续。父亲陈大塈常告诉陈学奇："要学习好中医，首先要熟背经典著作，因为经典是中医学之根本，是后世各家学说之源头，只有学好了，临证之时方可熟能生巧、触机即发、左右逢源。而且你必须下一番苦功夫才能学好。"同时，他还经常启发我："不仅要学会独立思考病情，还要学会思辨，因为真正的临床水平，主要是体现在思辨能力上。他讲的一些课，对我后来的临床奠定了厚实的中医基础。他讲的条文和医案，有情节，有悬念，实在令人难以忘怀。"

"比如他讲脉学的时候，讲《黄帝内经·病机十九条》的时候，都是结合临床，一个条目一个病例地讲；比如说他讲解'诸风掉眩皆属于肝'时，就会让我看一些'肝风上扬头晕'的案例。同时，他进一步给我讲了眩晕的其他病因，如无虚不作眩、无痰不作眩、无瘀不作眩，而且往往诸多病因交叉复杂合而为病，虚的基础上可以夹痰、夹风、夹瘀，但辨证要明确，要知道什么是主要病因。父亲的中医课常是从理论到临床到用药都结合起来讲，所以听起来还是蛮生动的。"

父亲处置的很多案例令陈学奇至今记忆犹新。20世纪80年代，门诊来了一位50岁左右的患者，自述反复头晕不能站立一月余，每天感天旋地转，出门常摔得鼻青脸肿，生活不能自理。当初医院诊断为椎基底动脉供血不足，诊断知道了，但医院治疗效果不明显。患者前来陈大堃先生处治疗，大堃先生以益气养血清肝为主进行治疗，半个月后患者竟然痊愈了，此后随访，至今再未发作。因此，如今当临床上有一些眩晕患者来就诊时，陈学奇老师也常会参照父亲当时讲解的条文及曾经用过的方法，收效甚佳。"记得有一位浙江大学的老师，因眩晕在一家大医院治疗，半个月下来好转不明显，但患者一周后将出国讲学，机票都订好了，眼看就走不了了。他通过朋友找到了我，问我中医是否有办法，我说可以一试，我就用了我父亲当初治疗眩晕的办法为他治疗，一周后患者就顺利出院出国去了。直到现在，他还常感谢我的帮助。"

大堃先生还讲解过一些他曾经用《黄帝内经》理论治疗过的一些皮肤病医案，这种案例陈学奇常温故而知新，遇上同类患者，便驾轻就熟，临床上常疗效极佳。大堃先生讲解"诸痛痒疮，皆属于心"的条文时，认为"痛者，经脉气血不通也，不通则痛；痒者，表皮之疾也；疮者，营血运行失调，壅滞逆乱，瘀而化热所致也。疮、痒、痛皆与心脏有联系，因此说'诸痛痒疮，皆属于心'。"他还说"疮疡"是一切外科疾患的总称，包括"痈疽""流注""疔疮"等，心主血脉，通于夏气而为火脏，属阳中之太阳。所以陈大堃在临床上治疗溃疡性疾病、皮肤病常用黄连解毒汤等。

大堃先生在各方面的知识都比较渊博。讲到《汤头歌诀》，他说起银翘散、桑菊饮、麻黄汤、桂枝汤时，不但把这些的用法讲明白，而且把方子的出处典故都讲清楚。比如说银翘散和桑菊饮，那都是适应江南一带的民众。因为江南一带以风热感冒为多见，以夹热为主，所以适宜用银翘散、桑菊饮，而且南方人肌体比较娇嫩，用药就可以"轻灵"。像麻黄汤和桂枝汤，主要治疗风寒感冒，北方用得比南方多，那是因为北方人气血比较刚强，所以要用一些重药才能有效。

"如此这般，我脑海中对这几个方子的应用便串了起来——银翘散是用于风热感冒初期的鼻塞流涕、咽喉痛等，等到咳嗽了以后就要用桑菊饮了；桂枝汤是用于风寒感冒初期的'太阳病，头痛，发热，汗出，恶风'，'太阳中风，阳浮而阴弱，阳浮者热自发，阴弱者汗自出，啬啬恶寒，淅淅恶风，翕翕发热，鼻鸣干呕'，然后'太阳病，头痛发热，身疼腰痛，骨节疼痛，恶风，无汗而喘者'就要用麻黄汤了。总的来说是两句话：'有汗用桂枝、无汗用麻黄'，所以不同病症，不同情况，就应不同用药。往往桂枝汤和麻黄汤我们常用于冬季寒邪入里为主，银翘散和桑菊饮四季可用，但常用于春夏为主。"陈学奇讲起这些，如数家珍。

父亲巧妙生动的教学方法，让陈学奇不但对各种病症记忆深刻，而且对脉学、汤头歌诀、用药等都有了大致的概念。

第三节　医结药缘

一、草药园轰动全县城

作为中医世家传人，熟知每一种草药的功效是必需的基本功。而陈学奇老师也正好从小就对草药种植颇感兴趣，因为很多草药不仅能治病，还枝叶秀美，甚至会开出娇艳的花朵来。

陈学奇十二三岁的时候，家就住在医院边上，大队里给了一亩左右的土地种草药，为老百姓服务。这可正中下怀，在这一亩多地里，父亲带着陈学奇林林总总地种下了380余种草药，基本都是浙江地区尤其是浙北地区常用的。

"这一亩多土地每天浇水的工作，就由我来承担。虽然每天要去河里挑几十担水，是个艰巨的任务，但是怀着对草药的无比热爱，我倒也不觉得特别辛苦。我对几个花叶漂亮的草药比较偏爱，比如芍药、牡丹、百合、七叶一枝花等，真是让人赏心悦目。"

在草药园里，种植得比较多的是四五十种常用草药，陈大堃也常在种植和采摘、临床应用过程中，向陈学奇一一讲解这些药的具体功效、用法等。"因此我慢慢具备了许多中草药的医用常识。比如说马齿苋、铁苋菜等，对慢性肠炎患者非常有效，有这些病症的病人来求诊，我们就会去草药园里摘一把给他们带回去煎服。还有好多其他草药，比如藿香、佩兰等。一些夏天的感冒、中暑病，一把藿香、一把佩兰、一把薄荷，再加上一些其他清热药配给病人煎服，病就马上好了。草药对治跌打损伤颇能见效，常常有病人脚扭伤的，我们摘些草药捣烂给敷上，肿痛就消除了。"

草药园里所有的草药对病人都是免费的，给周围的百姓减轻了很多看病的负担，这也是当时村里为什么舍得拿出珍贵的土地让陈家种草药的初衷。这一善举广受村民们赞誉，于是村里后来又给了一部分土地，而且还专门派了三位农民帮助陈氏父子浇水打理，让他们得以种上品种更为繁多、数量更为庞大的草药，这也让陈氏父子十分欣喜。

"草药园里有不少草药的品种，是我们通过各种渠道慢慢收集起来的。那时有一技之长的民间草药郎中，大多拥有各自的良方，身边袋子里都备有几味药放着，走到村里看到有病人需要就会拿出来施治。我父亲种草药以后，就特别用心收集草药。因为他常年出诊，会去到很多地方，加上我父亲在当地小有名气，所以我父亲碰到这些游医就会做一些交流。听说父亲在亲手种植草药，他们往往也会很支持，欣然把一些草药和方子给我们用。"父亲这种处处皆学问的好学精神，至今还令陈学奇佩服不已。

这些来自民间的"鲜草"，有些真的很灵验。记得有一个夏天的双抢季，来了一位农民。只见他手指上发炎了，应该是骨髓炎，看起来惨不忍睹：手指上的创面都翻出来了，指骨已然露出来，看得人心惊肉跳。他自述双抢受伤后痛了一个多月，锥心的疼痛让他夜夜难以入眠，并且伴随多日高热难下。去县医院求诊，医生建议他把两个手指截掉，否则会进一步感染到手掌。病人听闻此言，一路大哭着回来找到陈大堃。"我父亲见状，起身去草药园拔了几株草，捣烂后敷满发炎的手指。就是那么神奇，当天病人的体温就退下来了，到了晚上，痛了一个多月的手指也不痛了！第二天，父亲让我帮他把腐烂的肉剔除，之后患者每天坚持换药，大约一周左右，创面就慢慢长出了鲜红的肉芽，肉芽再慢慢把手指上的创口填满了，然后又把指骨盖上了，半个月左右，竟然痊愈了。这个医案至今令我难忘，我在后来的临床中，将这味中药用于外敷还治疗了好几例难治性的疾病。"

很多病人受益于陈氏草药园，于是心里也常惦记着草药园，四处帮着开发引进新品种。有位病人有一次回老家去，颈部发了一个"疔疮"，肿得很大。去医院看了，医生说只能开刀解决。乡亲们告诉他，家边上庙里的一个和尚治这个病很拿手。他将信将疑地去找这位和尚看病，和尚给了他一株草药敷上，结果还真敷上去就不痛了，三天后肿消了，再三天就全好了！这一亲身

浙江中医临床名家·陈学奇

体验，让他马上想到了陈医生也在种草药，他肯定需要这个草药品种，于是就想搞些回去给陈医生种。他找到那个和尚，恳切地说："这个草药太神奇了，师傅你能不能给我一些，我那边有位医生特别好，我想带给他去种植，以造福当地百姓。"但是这位和尚非常谨慎，回答说："实在抱歉，这是我们庙里的秘方，不方便外传。"结果这位病人竟然就在夜里翻墙进到庙里，采了一株草药回来送给了陈大堃先生！

"后来我们就在草药园里种了好多这个草药，它的疗效真的非常好，我们治疗蜂窝组织病基本上都用这个药，真的是治一个好一个。当初农村卫生条件很差，各种疗疮病人特别多，所以最初得来的这一株难得的草药，对我们的帮助可谓非同一般。"陈学奇老师说。

还有位病人给送来了一种名为"一点红"的草药，清热解毒效果也特别好。对于大家送来的草药，陈大堃经常能够举一反三拓展开发出更多其他治疗范畴。比如"一点红"原来是治疗蛇伤的，当在草药园成片种植后，陈大堃根据其疗效推断也可用于一些皮肤病、荨麻疹、夏季型皮炎等，便进行更多的临床应用。"夏天农民双抢干活致皮炎高发，有时候一个夏季下来，身上没有一寸皮肤是好的，都是糙糙痒痒的，我们就摘几把草药，让他们去煎汤洗，洗两天就好了。"

有意思的是，见识了草药的神奇疗效，后来渐渐地有些乡亲自己生什么病也懂得用什么草药了，有些小毛病就来陈家草药园里摘一些草药，自己治。还有些百姓觉得这里的草药好，就拔一株去，种在自家的房前屋后，以备不时之需。"草药园让我们既能随时治病救人，又在民间普及了医疗知识，当初这种氛围真是非常之好。"

正因如此，越来越红火的草药园还成了当地政府的典范。20世纪60年代，桐乡县卫生局专门组织了全县的赤脚医生来陈氏草药园开现场会，边参观边研讨，一时轰动整个县城。

陈学奇老师得益于草药园，在成长过程中对中药疗效有了深刻的印象，对中医的兴趣更浓厚了。"在跟随父亲诊疗的过程中，对于草药在中医临床上的应用有了生动形象的切身感受。每一味草药，在我脑海里，自然而然就会联想起与之相关联的药典，从此可以信手拈来。20世纪90年代，我们几个朋友一起去山上玩，遇到一群马蜂。其中一位朋友脖子上被马蜂咬伤了，瞬间就生出水泡，过敏情况非常危急。当时从山上送到医院，从抢救时间上来看，肯定来不及。因为马蜂咬伤产生的过敏会引起休克，会有生命危险。

我于是就地寻找到几把草药在泉水中洗干净，然后放嘴里嚼烂给他敷上，竟然马上就消肿了，水泡瘪了下去，疼痛感也消失了，我们大家顺利下了山。"

很多当时种的草药，陈学奇一直沿用至今，尤其是一些感染性疾病需要内服和外用结合治疗时，草药的运用会使治疗疗效更佳。有时，陈学奇甚至会带着病人上山采草药。

二、独诊伊始，忐忑不安

陈氏草药园的成功，让县里意识到草药种植的重要性。1975 年，桐乡县指令桐乡县医药公司择地成立了桐乡县灵安乡路家园草药试验场，大约占地40 多亩，由医药公司拨发种子，由医药公司包收。这个试验场离陈大堃诊所十几公里。县里特地派人赶来诊所，邀请陈学奇前往担任技术指导。那一年，陈学奇刚十八岁。

更让陈学奇没有想到的是，草药试验场所在的村同时还提出了一个要求：让他兼任当地赤脚医生，为附近的人看病。因为陈大堃的名望，方圆五六十公里的百姓都很信任陈氏的诊疗水平。而作为父亲的徒弟，小小年纪的陈学奇竟然也连带得到了大家的信任，真是让他又惊又喜。

那个时候，陈学奇虽然已经在父亲身边抄了四五年方子，但一直就是抄着学着，基本没有自己的主观性。所以听说去试验场要独当一面当医生，他不禁忐忑不安地与父亲说："现在让我独立看病，我真不知自己行不行啊……"

"当时最担心的就是给女性看妇科病，一个 18 岁的毛头小伙，既要给小姑娘看病，也要给老太太看病，如何是好？"谈及这段往事，陈学奇老师不禁露出了羞涩的表情，"我同时还困惑于一些复杂病情，比如已婚妇女的出血、宫外孕和月经失调的不规则出血很像，该如何鉴别诊断？看妇科病最怕的是内科病夹妇科病，妇科病中的急症比如宫外孕亦相当棘手。再比如病人痛经夹阑尾炎，平时虽然看父亲诊断的时候都是十拿九稳，但若当我面对这样的病人，我能做到精准诊断吗？"

父亲陈大堃却拍拍他的肩膀，说道："这两年，你偶尔作'代班'医生，不也挺像样的么？要对自己有信心！"陈大堃指的是他患冠心病去上海瑞金医院就诊时，虽然离开仅一周之内，但因为当初交通、通讯都不方便，病人也不知道他不在，依旧每天蜂拥而至。"见父亲不在，他们便转而问我能否帮看一下。那时我 15 岁，为父亲做了整整一个礼拜的代诊，大多数赶来的病

人都选择让我看病，所以我每天也要看七八十位病人，有初诊者，也有复诊者。"陈学奇回忆道。

事后让陈学奇感到有点小得意的是，父亲回来之后，因为他的门诊总排很长的队，得等候良久才能叫到号，便有心急的病人和陈大堃说："陈医生，上次小陈医生给我看的蛮好，我赶时间，可不可以这次让小陈医生先给我看看算了？"

"就这样，我也慢慢得到了病人的认可，好些更年期综合征、睡眠障碍、月经不调等的病人找我看病了，吃了我开的药效果都不错。当然，我的诊疗方案还是完全根据父亲的用药原则进行的，因此总的疗效还是挺不错的。渐渐地，我父亲身体不好期间，或者休息期间，都由我代诊。"陈学奇说。

那时候每天都有来自上海，或者杭州、临平、超山等地赶来找陈大堃看病的人，他们坐火车到斜桥，再走十多里路来看病，逢到陈大堃因故不出诊难免感觉遗憾，但发现有陈学奇代诊，往往也就欣然请他代诊一下，也觉得是个挺好的弥补方案。"当然，这种时候我基本把方子开好后，最后还是要给我父亲过目一下的。渐渐地，越来越多的病人对我有了信任感，在我父亲面前也对我评价不错。也基于这一经历，18岁的时候有了独立出诊的这一机会，父亲就放心放我出去了。"

尽管如此，陈学奇还是感觉心事重重。"我在临行前想了很多，也不停地找父亲请教，复盘以往的病例。终于到了要出门的前一晚上，父亲和我不知不觉聊到夜里12点多。那一晚，真有些临阵磨刀的感觉。父亲将一些具体症状的鉴别，包括一些高热、阑尾炎、消化系统疾病等这些急症的诊断，再次拎出要点好好地给我上了一课。我认真地做了一大本笔记，一点一滴都不想遗漏。"

第二天一早，陈学奇便背着行囊，内心翻来覆去地默念着父亲传授的陈氏家传诊疗秘籍，独自出发了。那时候桐乡交通非常不方便，全靠走路。晌午时分，陈学奇方才抵达桐乡县灵安乡路家园草药试验场。"来到这里我才发现，这个地方不通汽车，不通电话……我感觉自己就好像进入了深山老林一样，就这样被孤独地放飞了，思前想后，心里面压力一时好大好大。"

三、十八岁踏上行医路

桐乡县灵安乡路家园草药试验场专为陈学奇开设了村卫生室，条件非常简陋。就在这里，心神不宁的少年陈学奇，开启了独立接诊生涯。

然而真是怕什么来什么，陈学奇迎来的第一位病人，就是行前最最担心面对的——小姑娘痛经。"其实一开始我也奇怪，在这闭塞的小村庄里，这个年轻姑娘怎么会来找我这样一个小伙子看这涉及女性隐私的疾病呢？原来，是因为她早就听闻我们陈氏家传妇科，同村有很多姐妹都已经赶来找我父亲看过病。她痛经已经有几年了，我来到路家园草药试验场的时候，她正好痛经发作，听说陈大堃儿子来坐诊了，所以鼓足了勇气来找我。"陈学奇说道。

来自病人如此巨大的信任，让陈学奇老师顿时放下了心理负担。"虽然出门前觉得心虚，然后此刻当我独自面对病人那充满期待的目光，一种神圣的责任感油然而生。并且由于我跟我父亲抄方子时间比较长，对痛经治疗已了然于心，适遇患者经行第一天，于是我结合父亲以往的处方，为她拟了三帖中药。"三天后姑娘又来了，说一帖药下去就见效，现在是一点都不痛了！首战告捷，令陈学奇信心倍增，于是很快进入了状态，也渐渐获得了当地百姓的信任。

路家园草药试验场在陈学奇的指导下种了几十种草药，开始规模化生产，主要种木瓜、生地、太子参、紫苏叶、荆芥、薄荷、藿香、大青叶、一见喜等几十种草药，长势喜人。"我一边负责指导当地村民种植草药，一边给村民们看病，每天都过得特别充实且有成就感。"

当时陈学奇接触的基本都是一些常见病，如果是一些大病、重病，他会建议病人去十几公里外找父亲陈大堃看，或者去城里大医院看。那时候农村卫生条件不好，得皮肤病的病人特别多。"我跟着父亲经过几年的摸索，对中草药治疗各种皮肤病功效已经比较了然，所以每有皮肤病患者来求诊，比如疔疮、疮疡患者，我就拔些草药给他们敷，往往很快就见效。还有些比较顽固的皮肤病，比如有位村民患牛皮癣十多年，我给他配了几味草药，每天下班去给他换药。那时候是8小时工作制的，我下了班也没事干，又想稳固疗效，就索性每天走个一两公里路上门去给病人换药。如此精心照料半个月左右，患者多年难愈的牛皮癣竟然还真好了！"

但是在有些凶险病情面前的无力感，让陈学奇至今想起来还是不禁黯然神伤。当时农村里条件不好，老人们得重病了，为了省钱，往往也就放弃了外出就医的念想，只能无奈等待死神降临。"我记得有个老太太，80多岁了，饭已经吃不下了。她儿子让我去看看，我跟着去了她家，发现她各器官功能

都衰竭了，全身浮肿，面色苍白，脉象则更是父亲之前与我说过的可怕的'鱼翔虾游'感。我紧张地说，这个病我无法看了，要马上送县医院，不然可能也就几天时间了！家人征求老太太意见，老太太却坚决不去，觉得自己已经80多岁了，还浪费那个钱干嘛！过了两天，那个老太太真的就去世了。我闻知后心里觉得空落落地难受。唉，也怪我水平有限，虽然后来也给她开了一点药，但实在无力回天啊……"

就这样，陈学奇在桐乡县灵安乡路家园草药试验场工作了三年，一直到后来上高复班。"我离开后，听说试验场规模慢慢缩小了，后来因为取消计划经济，土地分包到户了，这个试验场就解散了。"

第四节 灵魂烙印

一、祖辈父辈薪火相传

"我的童年就是在目睹祖父和父亲每天治病救人的环境中长大的，中医在我的眼里充满了神奇。祖父和父亲就是我的偶像。"这是陈学奇老师的肺腑之言。

祖父和父亲潜移默化的影响，早已在陈学奇幼小的心灵撒下了中医的种子。正是在他们一步步的引领下，陈学奇逐渐成长为一个熟悉中医、了解中医、热爱中医、继承中医的世代传人。

"祖父的好学、对业务的精益求精，言传身教地传给了父亲。父亲对自己的要求也很严，他常教导我学无止境。那时在当地，虽然父亲也算是中医界的重量级人物了，但他一直虚心学习。父亲的临床工作一直非常繁忙，但从不中断学习。记得从20世纪60年代开始，他就坚持订阅很多中西医的杂志，每期必看，看到有兴趣的还认真琢磨，做了大量的读书笔记。家里至今还留着他的一些笔记。因为在基层，什么病都容易发生，对医生的要求是多面手，所以父亲总是想懂得多一些，再多一些。"陈学奇老师感慨道，"在我的记忆中，我的祖父和父亲论起自己的专业来，从不分内外妇儿。在缺医少药、交通不便的乡村，农民有病都是当地解决，只要有病就都找陈医生。我的父亲不仅是内、妇科医生，也做过骨伤科医生，还做过产科接生。父亲不但在妇科方面造诣很深，在治疗各种危重病、急症病、疑难病方面疗效都很好，而且他在内科方面的临床治疗经验也非常丰富。"

祖父与父亲手不释卷的习惯、多学科并重学习的思路，也传承给了陈学奇。更重要的是，他们将那种敢于探索用多种疗法给病人治疗的精神，永远烙在了陈学奇的生命中。"在以后的临床中，我经常会为一些复杂病人动脑筋想办法，帮助患者解除痛苦。目睹父亲一个个成功的案例，使我在临床中遇到许多内科疑难疾病也能从容对付，而且疗效较好。"

父亲陈大堃善用内科基础知识。"比如纠正电解质平衡补液的理论，以及急症的一些鉴别诊断，在我迈进大学前我就知道这些理论的重要性，这为以后大学的学习奠定了基础。"

为了更好地解决病人的问题，大堃先生非常注重现代医学的一些诊断与中医的治疗结合，在中医辨证的基础上结合辨病治疗。如对冠心病的治疗，他从 20 世纪 60 年代就开始重视益气的基础上加活血化瘀的办法；对食道癌术后医院拒绝治疗的病人，注重分清西医的癌症分型，加中药预防癌症的复发；对肿瘤治疗，他专门总结出了扶正祛邪在肿瘤治疗中的应用经验；对不孕不育患者，早期开展男性精子质量的检查，大大提高了治疗疗效，他还根据精液常规总结出一套治疗弱精的中医治疗方案……这些宝贵的经验，陈学奇在临床中一直沿用至今。

二、三代传承，精神永续

陈学奇生平的第一次抄方，其实是为祖父当助手。"记得那是在我 10 岁那年，那时我已经认识不少药方上的字了。有一天，来了个邻居，急急忙忙地来找我爷爷，说是她女儿产后 8 天没有奶水，孩子没奶吃总哭，大人也痛苦不堪，向爷爷求一张药方。我刚好在爷爷边上写字，爷爷戴老花镜写字不方便，看我几个字写得还不错，叫我马上给他抄方。我现在还记得方子上的一些药名，如黄芪、当归、白芍、桂枝、王不留行、路路通、鹿角霜、泽兰、益母草、通草等，这个药方至今还指导着我临床用药。爷爷见我干得不错，又有兴趣，从此便常让我跟他抄方。"

从陈学奇 15 岁开始，父亲陈大堃便有心将陈木扇女科代代传承的医学经典以及他多年积累的中医知识与诊疗经验，倾囊相授之。"父亲会每天让我背诵一些汤头歌诀、药性赋，背脉学、背《黄帝内经》的一些条文，再大一点让我背一些名家的医案，如《临证指南医案》、明清验案、《丁甘仁医案》等，那时只知道背，常常不能理解，有些直到现在才有所理解。从现在的角

度来看，我那时只是个孩子，父亲让我背是让我先记忆再慢慢理解，但我那时毕竟太小，尚未到读得懂、读得通的程度。尽管一些条文和汤头背得很熟，也是囫囵吞枣、半懂不懂。但这些医文熟记在心，却为我今后中医的学习和临床打下了良好的基础。我现在还记得当年在我家的书屋里的情形，记得那时我每天要背的一些书，并认真完成父亲每天给我布置的一些作业。"

父亲陈大堃是个好老师，他不仅仅只是就医论医，只要有空，他也会给儿子讲一些历史故事。他告诉陈学奇，历史上不少大文豪都谙熟中医，有许多开始是从儒从政，最后以医为生，有不少医学大家本身就是学问渊博的大学者，如徐灵胎、孙思邈、张景岳、李东垣，还有妇科的传奇人物傅青主等，他们都深谙《易经》《道德经》《论语》及诸子百家等，"不为良相，便为良医"。

"父亲给我上课的时候，都会穿插一些中医史，既增加了我学中医的兴趣，又让我对历史有所了解，从更广阔的视角来理解中医、理解世界。父亲给我讲项羽的垓下之围，也讲杨时的程门立雪……各种典故他总是信手拈来。在这些故事中，我也渐渐悟得了如何做一个正直而有抱负之人的准则。"

第二章

名师指引

非学无以广才，非志无以成学。父亲陈大堃经常对陈学奇讲，作为一个医生，一定要广种薄收，跟的老师越多越好。他举例说："清代著名医家叶天士跟了 18 位老师，你要像他一样，无处不在地学习，三人行必有我师。"

对此，陈学奇深以为然。"这些年来，我在从医路上总是遇到良师益友。正是他们，给予了我无穷无尽的知识、经验，更让我深深体悟仁心仁术乃医之灵魂。"

第一节　初登殿堂

陈学奇老师的求学之路，可谓走得非常坎坷。

"我只上过 3 年正规的小学。1977 年，因中考、高考制度恢复，我有了考初中、中专的资格，并通过复习上了中专分数线，但不幸还是因为历史原因落榜了。1978 年我有了考高中、中专的资格，通过复习再次上了分数线，但没想到仍落榜了。次年，我的年龄超过规定，已经不能再考中专了。我非常失落。"虽然时隔多年，但回忆起那段痛苦的岁月，陈学奇老师的情绪还是有点低落。

"然而父亲的鼓励给我带来了莫大的力量。他让我去读高中复习班，准备直接考大学。他一心想要让我上中医学院，这个愿望是美好的，但对一个只读过小学三年级的学生，这简直是不可能完成的任务。我小学中途停学，初中、高中都没有读过，学业整整断层九年，凭什么去考大学？"陈学奇深深地沉

浸在往事中，"但当时，我却也是一根筋地想继承陈木扇女科，不知从哪里来的勇气，我和父亲意见高度一致——去上高复班！"

于是，陈学奇开始疯狂学习，高强度地补习小学、初中、高中的内容，包括语文、数学、政治、物理、化学等各门课程。"我一边自我安慰，反正如果考不上，继续给父亲当助手就是了；一边靠自己顽强的毅力一刻不停地学习。渐渐地，我竟然从高复班里的倒数走向了前列。尤其是英语，从一个单词都不认识到成绩名列前茅。1982 年，我终于考上了大学，而且还考出了高分！"

当时，陈学奇的高考成绩高出重点线很多，和他同档分数的人听说都进了复旦大学、浙江大学、西安交通大学等名校。但陈学奇却在父亲要求下，将第一志愿、第二志愿、第三志愿都只填报同一个学校——浙江中医学院。"这是铁了心要让我学中医继承家业。而且得益于政策的恢复，这次我竟然被顺利录取了！我的父母非常高兴，一连几天陶醉于从未有过的喜悦之中，因为他们觉得陈木扇女科真正后继有人了！上学前，他们千叮万嘱，让我一定要认真学习，把各位老师的真本领学到手。"

报到后，陈学奇方知自己竟然是本年级考生中高考分数第一名，比其他同学分数高多了。同学们都笑他，这样的高分居然读中医学院，不可理喻，但他丝毫没有悔意。"因为我一直以来的信念就是这辈子一定要读中医学院，我的志向就是当一名优秀的好中医。我出生在一个中医世家，我的肩上承担着继承发扬祖业的使命，我血脉里早就烙上了中医的烙印。于我而言，终于能够一偿夙愿来到中医学院就读，迎来人生一大转折。"就这样，陈学奇在浙江中医学院开启了求学生涯，为他往后从事中医临床工作打下了坚实的理论基础。

"我们那一批新生共有二百人左右，学制五年。当时，浙江中医药大学还叫浙江中医学院，学校位于庆春路上的老浙大里面。记得那时候的校园很狭小，我们连操场都是租用。在大学的五年里，我每天坚持早晚锻炼，早上五点起床，沿操场跑 4000 米，然后找个地方打太极拳，晚上九点晚自习结束后，还要再锻炼一个多小时，打一套太极。这样五年坚持下来，我的身体一直非常健壮，对保持旺盛的学习精力很有帮助。"在大学期间，品学兼优的陈学奇还被委以年级学生会主席、学校学生会副主席等职位，并获得了浙江省优秀学生干部等奖项。

第二节 医缘深厚

一、大学见识中医大师

在陈学奇眼里，大学生涯最幸运的事，便是遇到了多位中医大师。"我们那一届是'文革'后恢复高考的第六届招生，非常难得的是，当时浙江中医药界德高望重的老先生基本都还健在。他们每一位在祖国当代中医教育界中都灿若星辰，由他们引路让大家遨游于祖国博大精深的中医海洋，让我们充满了求知热情，个个如饥似渴地向他们学习着，只想多学一点，再多学一点。"

在浙江中医学院五年的学习生涯中，陈学奇有幸接触到了许多中医界声名显赫的老师。如国医大师何任老先生，为当时国内外公认的"研究《金匮要略》第一人"。他出身于中医世家，幼承家学，博采众术，兼收各家，临床用《金匮要略》方多有良效，一生勤苦习医，精诚行医。"我们上大学时，何老为浙江中医学院院长，但他仍然在公务繁忙之余保证抽出时间来为我们讲课。能够亲耳聆听这样一位中医大师给我们细细讲析《金匮要略》，实乃此生幸事。何老讲起《金匮要略》来真的特别精彩，旁征博引，融古通今，独具匠心。他十分讲究授课艺术，每上一堂课都认真备课，深入浅出，语言生动活泼，条理清楚，说理透彻。他对文中的诸多难点进行了绝妙的注释，大量的病机、病理在他的讲述中一一深植我们脑海之中。至今想起他授课的情景，仍历历在目，每每想起总不免心潮澎湃。"

吴颂康老师，早在1957年，浙江日报头版即报道了他治愈再生障碍性贫血的新闻，震动医林，享誉神州。吴老在当时属于非常难得的科班出身之中医名家，之后追随多位医学前辈，同时潜心修学、宗法经典，借鉴历代先贤之验例的同时摸索自己的心得，在血液病与内科杂病上博珍多识、屡用达药，建树颇高，他对温病学的研究尤有专长。"我因从小跟父亲学中医，每每听吴颂康老师的授课，感觉尤其致用，一直到现在，他课堂上教授我们的那些方子，相关临床思路至今都还一直印在我脑子里。他主要是运用温病的卫气营血理论治疗血液病，有一次他讲了一个再生障碍性贫血的安徽患者，确诊后曾输血和用西药治疗无效，当时患者高热40℃以上，用抗生素治疗不退，血色素只有2克，红细胞不到100万/mm^3，神志昏迷，全身皮肤见有紫癜。

医院邀请吴老师前去会诊，吴老师认为该患者属真元衰竭，既有出血，又有邪热，而正气已虚，治当标本兼顾，用生脉饮合清营汤加减，服用两剂后患者热度下降、神志渐清，后经中西医结合治疗9个月后血色素、红细胞数值转为正常。后再以中医补肾治疗为主，逐渐停用西药，继续治疗半年，患者康复。得益于吴老师的临床经验，在我后来从事小儿科病房工作时，我按照吴老师运用温病卫气营血辨证法治疗小儿再生障碍性贫血，常常会取得意想不到的疗效。"

吴颂康老师还有一个案例使陈学奇老师印象非常深刻。当时，吴老师为一例长期使用抗生素引起霉菌性肺炎高热不退的患者会诊，用了补中益气汤甘温除大热法使患者一帖退热，疗效神奇。"2008年的一个秋天，我的门诊也遇到一位在一家大医院住院一个月余高热不退的男性患者，每天高热寒战，体温在39～40℃，西医检查未见明显异常。医院用了当时最好的二联抗生素，高热仍不退，每天靠消炎痛栓退热，患者每天大汗淋漓，全身乏力，住院期间经介绍被人背到我这里求助。患者当时面红，舌苔光绛，我想起了吴老师的这个案例，就按我们中医温病的辨证理论，甘温除大热治疗3天，患者已气阴两伤，先予益气养阴佐以祛邪，以黄芪当归五物汤为主治疗，患者服药后第二天体温开始下降，3天后体温基本正常，患者自己能走上二楼，告诉我服药后体温已下降，在37.5～38℃了，再服3剂患者就热清出院了。后来病人告诉我，这家医院的西医医生已把我的那张方子要了去，患者一周后出院。后来，经人介绍，又来了几位同样的患者，用中药治疗每每获效。所以我常认为，中医的临床体会非常重要，如果没有吴老师的那堂课，我对温病中用补中益气汤甘温除大热的方法就理解不深，也很难在临床上得到较好的运用。"

潘国贤老师，同样出身于中医世家，并曾受教于国学大师章太炎。他是省内乃至国内中医治疗肿瘤的鼻祖，擅长运用通法治疗各种肿瘤，并很早就提出中医防治肿瘤理念。"记得潘老声如洪钟，授课风趣幽默，并且写的一手好字。他上课时从不看讲稿，但每每才思泉涌，比喻层出不穷，既联系了中医的基本理论，又富含人生哲理，间杂举例他治病救人的曲折经过，引人入胜。在20世纪60年代，他就常选用养阴生津的石斛、玉竹等结合夏枯草、半枝莲、蒲公英等清热解毒药治疗肿瘤，这些方法至今仍指导着临床。"

陆芷青老师，潜心于心病、胆病之研究。陆老诊断强调望诊，有一套自己独特的经验。在治疗胆囊炎方面，陆老提出，胆病要疏要通，要调理气机，以通为补。陆老临证治病思路开阔，辨证立法常以气化学说为依据，注重调理人体脏腑阴阳、气机升降。遣方用药注意升降相因，寒热并用，疏敛配合，攻伐兼施。"他的这些学说，无不给予我莫大的启发。如他曾经举例一个急性胰腺炎患者的治疗医案，该患者上腹剧烈疼痛4天，疼痛阵作彻背，呕吐黄色苦水，大便秘结，陆老师当时诊断为少阳阳明合病，热结里实，以疏少阳通阳明的方法，用大承气汤加减治疗，患者大便通后症状明显好转。这个案例对我影响深远，后来临床上遇上的一些阑尾炎、肠梗阻、急性盆腔炎等腹痛患者，以通为用的治疗思路就会出现在我的脑海，非常实用。"

蒋文照老师，精于《黄帝内经》等经典理论，对运气学说和温病学说造诣精深，临床经验丰富，治疗肺病、脾胃病尤为见长。他的肺病治疗思路，主张宣化、温化、清化、润化四法为主，不离乎化。化者，化其痰浊，利其肺气，肺利则气化，浊行而变为津液。脾胃诊治思路则主张脾宜升、宜健、宜补；胃宜降、宜和、宜泄。"我还记得他反复与我们说：'学中医，一定要记住十二个字：熟读经典、融会贯通、熟能生巧。'至今铭记于心。"

马莲湘老师，精于儿科和肾病，在治疗咳嗽上也有一套独特方法。"还记得他说'百日咳不看头，伤寒症不看尾'，意即要与病人就其真实情况做充分沟通，此类慢性病急不得，从起病到康复需要一个过程，不可能服下几帖药就能药到病除，治疗必须循序渐进。直到现在，遇到小儿百日咳病人或急性肾炎病人，我还在采用马老教导的辨证方。如马老治疗百日咳的'百龙汤'用于现在气管高敏的咳嗽患者，忍冬藤汤治疗急性肾小球肾炎的患者，都是不可多得的经验方。"

这些德高望重的老先生，躬耕临床、广济苍生，都可谓新中国中医药事业的先驱、奠基者，而他们也都是浙江中医学院最早的创始人，是足以记载入中国医药史的当代中医大师。"中医人生开启之初便得到他们的精心哺养，我何其有幸！所有这些大师厚积薄发的倾心授课，不仅让我们获得了对中医四大经典专业性的温故知新式教导，更使我们从中医理论基础到行医理念，都得到了飞跃性的提高。"陈学奇对此充满无限的感恩之情。

二、恩师李老领我悟道

陈学奇老师的毕业实习与临床实习生涯，都是在浙江省中医院度过的。

浙江中医临床名家·陈学奇

在一年的临床实习中，接触受教的老师很多，但最让他钦佩的是温病学派叶天士流派传承人叶熙春与史沛棠先生的弟子李学铭老师。他一生勤奋好学，中医理论造诣深厚，临床实践经验丰富，当时也是浙江中医界的领军人物之一，是浙江省中医院的内科主任。毕业实习期间，陈学奇有幸追随李学铭老师，成了他的实习生。李学铭老师在肾病治疗方面特别著名，找他看病的患者从全国各地赶来，甚至医院后来都把他当作肾病专家来重点宣传。然而他自己却经常说："我最不喜欢别人仅仅把我当作肾病专家对待，其实，我何止是精通肾病治疗！"事实上，李学铭老师看内科各种疾病疗效都非常好，陈学奇在李老师那里获益亦是无穷无尽。

李学铭老师对《黄帝内经》《伤寒论》《金匮要略》《温病条辨》《本草纲目》及金元四大家学说等都娴熟于心，尤其应用《黄帝内经》指导临床匠心独运，对病机十九条运用自如。"李老师不仅临床经验极其丰富，课也上得很棒。《黄帝内经》条文很枯燥，很不容易讲好，但李老师能把这些看似无趣的条文讲得很生动、形象、具体，让大家对《黄帝内经》产生浓厚的兴趣，进而理解条文的作用和意义。他几乎不假思索，不看书就能把要讲的经典条文朗朗道来，而且每个条文都可以讲出临床很多应用医案，使条文通俗易懂，便于理解，同学们听他的课都很认真，个个全神贯注，很少有人会开小差。他的讲解，对我后来临床上许多内科疾病的治疗帮助很大。"

"李老师对《黄帝内经》病机十九条的临床解析，使我受益匪浅，对我现在疑难病的治疗思路影响很大。他将病机十九条结合临床反复研究，并详加注撰，颇多发挥。他常说病机十九条是各种病因（外感与内伤）与出现相关症状之间的机理，是疾病变化和众多症状之间的内在联系，是指导辨证论治中对疾病'定位''定性''定治疗'的方法学。只有'审察病机，无失气宜'，才能达到'疏其气血，令其条达，而致和平'的治疗目的。"

陈学奇还记得李学铭老师曾讲解过的一个经典医案。一位68岁的老年男性病人，来自黑龙江某市，因排尿不畅四处求医。主要表现为尿后余沥难净，舌胖苔薄，脉细尺弱，排尿并无涩痛，尿检亦属正常，以往曾行西医检查，除B超提示为前列腺肥大，膀胱残余尿增加以外，无异常发现。病人多方求治无效后来李老师处求诊。李老师认为本例据"诸厥固泄，皆属于下"，便知诸症责之于下焦之肾。固是前后不通，泄为二阴不固，应按癃闭论治。此老年肾虚，阳气式微，气化不及州都，膀胱不利而又失约，加以病久，难免积瘀。处方用滋肾通关丸加减。龟板、炒黄柏、炙知母、上肉桂（后下）、炙当归、桃仁、瞿麦、车前草、苍耳子、炒杜仲、潼蒺藜、锁阳，服药14帖后复诊，排尿不畅症状明显好转，尿后淋漓不净略有改善，原方出入带回当地继续治疗后，患者明显好转。这个医案给了陈学奇很大的启发，为他后来治疗前列腺疾病打开了思路。

"李学铭老师虽然极度繁忙，但他对于带我这样一名实习生却非常用心。我的毕业论文写的就是李学铭老师的咳嗽治验，我仔细研究了李老师的治疗体系，写的时候就从常见病开始入手写。我把李老师治疗咳嗽的方法分类，从常用经验方、常用药、用药规律等各方位出发，做了一个系统总结。终于成稿之后，我惴惴不安地提请李老师审定。没想到，李老师竟然花了一个礼拜认真地修改了我的论文。只见他用红笔一丝不苟地逐行修改，字里行间凝聚着他大量的心血。见我站立在一旁紧张不安的神情，他笑说：'你这篇论文是我带的几百个学生里修改的最多的一篇，但不是因为你写得不好，而是因为你这篇论文有可改的基础我才改的。有些论文就是抄来抄去根本就是敷衍了事，我看都不想看，所以基本就直接还给他们。'在李老师的精心指导下，我的这篇论文在大学里获得了优秀论文奖。通过写论文总结李老师的临床经验，加上李老师反复的修改提高，对开拓我的医学视野帮助非常大。"

从李老师那里学习到的咳嗽经验，对陈学奇来说真是终身受益。因为他跟过父亲学医，父亲治疗咳嗽的处方效果也很好。"因为父亲与李老师治疗咳嗽的理念都来自于孟河派，所以我看了李老师开的方子和药，其脉络与我父亲的很接近，感觉到尤其亲切。特别有几张李老师常用的方子，比如'清气化痰丸''金水六君煎'等，真的都非常好。尤其是李老师用张景岳的'金水六君煎'治咳嗽，疗效神奇。""金水六君煎"出自《景岳全书》，"新方八阵·和阵"之首剂，具有滋阴化痰的功能，主对素体阴虚、痰浊内留而致病。"李老师当时为我讲解了此方，他说方中熟地、当归填精补阴、补命门精血，以治其本，为方中之补法。二陈汤燥化湿痰、燥湿运脾、化肺中之痰浊，为方中之消法。两者相合，滋阴而不致腻滞，化痰又不碍养阴，一补一消，以调金水之目的。他还说：'叶桂亦主张，久嗽，治肺不愈，金水同疗'。"

当时门诊来了位女性患者，31岁，咳嗽2个月，时轻时重，痰少质稠，咯痰不松，咽干咽痒，苔薄燥，脉细涩，经中西医治疗疗效欠佳。李老师说，此患者久咳伤阴，痰热不清，肺失清肃，于是给予处方：生地12克，熟地9克，当归10克，法半夏10克，橘红10克，茯苓10克，炙苏子，炒黄芩16克，虎杖根40克，黛蛤散20克，生甘草5克，生姜2片，5剂。二诊症状缓解，

咳痰已松，咳嗽减轻，原法出入，又5剂痊愈。患者欣喜万分，治疗了两个多月的咳嗽，终于被李老师治愈了。后来，李老师专门就此给陈学奇讲解，该方取归、地温润，治咳嗽上气，意在补北；二陈化痰，旨在生金；生姜味辛，散肺表之余邪，防当归、熟地之滋腻；黄芩、虎杖清肺热，黛蛤散以消木火刑金之因。服药后阴液复、痰热清、肺气顺，咳嗽愈。本方名冠以"金水"，意在调整肺肾母子关系。因肾为水脏，肾精充盈，中州健运，则水湿岂能犯肺。后来在临床上陈学奇也反复用该方治疗咳嗽难愈的患者，每每获效。

在李老师的悉心指导下，陈学奇还学到了肾病、红斑狼疮、类风湿关节炎等内科疾病的治疗方法，这些都让他终身受益。"如今我的很多病人，有的是免疫系统疾病，有的是内分泌疾病，他们在患免疫系统疾病的同时还伴有月经不调、闭经、不孕等疾病，来找我诊疗，我就综合运用妇科、内科治疗理念对患者进行诊治，有时在治疗妇科病的同时把病人的肾病也慢慢调治好了，把类风湿关节炎也治疗好转了，病人往往因此而喜出望外。"

"或许因为我和李老师都是从骨子里痴爱中医，所以当时尽管一个是54岁的中年人，一个是30岁的年轻人，整整相差了24岁，但心灵的相通把我们的年龄差距缩短了，成了忘年之交。"陈学奇幸福地回忆道。"我工作后，也会习惯性地经常去李老师处请教中医的一些问题，甚至成家后买房子，也买在与李老师同一小区里。那些年一有空，我就会往李老师家跑，常常去聆听他的教诲，这于我是最珍惜的时光。他并不因为我年轻而小看我，而是非常乐于我的拜访，甚至有空就会让我去他家吃饭。那时他会亲自下厨炒上几个菜，拿出他最喜欢的茅台酒，让我陪他喝，边喝边聊医案，聊近期疑难病症的治疗。只要李老师有好的医案，他就会拿出来和我分享。酒足饭饱之后，他还常常会在书房里教我一些对经文的全新理解和疑难病案的诊治思路。夜晚的柔和灯光下，他慢条斯理地讲解着，那情景仿佛就在眼前。比如他说起正在不断摸索和改进痛风的治疗方案，考虑哪几味是关键性药物，还让我到临床上去试一试。还有一次，在开车送李老师回家的路上，他还告诉我，升麻是一味非常好的凉血药，我们说好找时间细细探讨，谁知后来他便病倒了，我也就再没机会聆听他详解升麻的用处了。而在他生病前一周，他还兴奋地对我说他找到了治疗肾性高血压的有效方法……"

李老师是位谦虚好学的学者，他常说："中医永远是个谜，我学到老做到老，还没摸到门道。有时我们还应该向病人学，有些病人会有一些单方，疗效很好，我们临床可以试一试。"有时遇上疑难病疗效不好，他也会让陈学奇先好好思考一下，共同探索辨证治疗的思路。"那时的我胆子很大，竟敢于时常在老师面前发表一些自己的临床体会，现在想来也真是有些无知者无畏。"

李老师生前写下了二百多例医案，记载了他的治疗成功经验，现在也一直是陈学奇老师学习的重要医书之一。"他每次写上一些医案，便会打电话让我到他家。他总是把医案郑重地交付给我，并告诉我这些都是非常有用的医案，让我回去好好学习。我对其中的几个医案印象特别深，因为李老师专门和我讲解过。其中有一例是'治痿独取阳明治愈周期性瘫痪'案，一个47岁的男性患者，因发病二年余，反复出现二足软弱无力，甚者不能站立，一年中发病1～3次，发病前无明显不适，亦无其他明显诱因，每次发病时检查示血钾降低，诊断为周期性瘫痪，病发时西医采用补钾治疗而缓解。但就诊时述服用补钾剂后仍自觉双足萎软、抬腿费力，来找李老师就诊。患者面容无殊，精神尚佳，胃纳、二便与夜寐俱正常，舌质红，苔黄厚而腻，脉细滑，查血钾为3mmol/L。李老师辨证此属湿热阻络，气血受阻，肢体失养；以清化湿热、健脾助运治疗。给予处方：制苍术12克，炒黄柏12克，生米仁12克，川牛膝12克，炒泽泻12克，姜半夏12克，炒陈皮6克，炒枳壳12克，姜竹茹12克，3剂。并嘱患者暂不应用补钾治疗，严密观察，若下肢萎软症状明显加重，立即补钾处理。病者3天后复诊说，因症状无明显加重故未应用补钾剂，服中药2剂后下肢萎软情况明显减轻。再以原处方7剂。患者三诊时症状消失，舌苔白腻，脉沉细兼滑，查血钾为4.2mmol/L。再以处方：姜半夏12克，炒陈皮6克，茯苓12克，生米仁12克，生甘草5克，炒枳壳12克，姜竹茹12克，川连3克，藿香10克，制川朴12克，党参12克，14剂。此后以此方出入调理，每月服药15～20剂，历经4个月，上述症状未再出现，曾查血钾一次，为正常范围。一年后因感冒再来李老师处就诊，述旧病未发作。"

李老师说，本例所见症状当属中医痿证范畴，考《黄帝内经》论痿以"肺热叶焦发为痿躄"为提纲，缘因"阳明主润宗筋，宗筋主束骨而利机关"，复从经络而言："阴阳总宗筋之会，汇于气街而阳明为之长"，故有"治痿独取阳明"之训。本例初诊所见之症状，有足痿见证而无阳明功能失调之临床症状，故诊断为湿热之邪痹阻络脉，以致气血运行受阻，致使局部肌体失去正常的气血涵养，由此而出现了下体萎软无力。乃宗《黄帝内经》中"湿热不攘，大筋软短，小筋弛长，软短为拘，弛长为痿"的理论，采用四妙丸

为主方直清经脉之湿热病邪。复因胃为多气多血之乡，多湿多热之处，内生之湿热，大半来自胃府，并关乎脾土之升降，故又以温胆汤清中焦与之配合。首诊已得应手，复诊仍守原法，三诊起以黄连温胆汤为主方，参入藿、朴、党参者，乃宗湿热相合，清热必先化湿，乃吴鞠通气化则湿化的理论。循此以进，最后归入四君子汤治本为巩固的措施。"后来，我在临床上正好遇上同样的一位患者，我就按李老师的医案进行运用，结果治疗取得了意想不到的效果。"

就这样，陈学奇在家传的基础上，经过系统专业的学习，再通过跟李老师的临床学习，不仅积累了更为丰富的临床经验，更是大大地开拓了诊疗思路，为其一生的学术发展奠定了重要基础。"几年前，李老师因病溘然离世，实在令我痛彻心扉。这些年，我总是在默默地怀念他，时不时地会想起他。我一直想将李老师传授予我的临床经验一样一样地总结出来，但由于各种繁忙事务，至今尚未完成这一心愿，实在惭愧。"

三、广结医缘，博采众长

"我毕业实习跟的另一位导师——裘昌林老师，在我的成长路上也是一位非常重要的引路人。他既擅长中医，对西医也很娴熟，中西医融会贯通，堪称学验俱丰。他待病人随和，善于应用中西医结合手段治疗中风、头痛、肌肉疾病、帕金森氏病、癫痫、神经衰弱等各种疾病，尤为擅长治疗肌肉疾病、头痛和帕金森氏病。通过跟随裘老师学习，我在治疗偏头痛、三叉神经痛以及带状疱疹后遗症所致头痛等方面，都有了新的了悟。"陈学奇说。"就在最近我还接诊了一位85岁的老人，三叉神经痛得厉害。他一边的三叉神经已经开了三刀了，但就算神经割断了还是痛，痛得整晚睡不着觉。然而通过我一个月的治疗，他从原来24小时痛苦不堪的持续疼痛转为间歇性，疼痛程度也有所缓解，目前还在继续治疗。另一位来自安徽的老太太是带状疱疹造成的三叉神经痛，在全国各地大医院都治疗过，但还是痛得一个晚上最多只能睡一个小时，在我这里反复诊治了三个多月，如今已慢慢稳定下来。类似这些对三叉神经痛的治疗和对中风后遗症的治疗，我都是通过向裘昌林老师学习后，在他的验方基础上又结合了自己临床经验进一步完善个性化诊治，才有今天的疗效。"

毕业实习时，陈学奇还有幸跟随了魏氏内科传人魏睦森老师。"魏睦森是著名脾胃病专家魏长春的儿子，他特别有学问，尤其是古文修养，对一些医理医论，条分缕析，常有自己独到的见解。他治疗胃病的经验对我启发很大，我经常向他请教。记得那年夏天，我在门诊跟魏老师实习，他叫上我一起去出诊看一位病人。这是一位 80 多岁的老人，患者当时倦怠乏力、低热、恶心欲吐，胃脘痞满、胃纳不思，卧床不起，舌苔白厚腻，魏老师诊断她为中暑加食积。当时魏老师用了黄连泻心汤合霍朴夏苓汤加减，共 10 味药。3 天后患者自行上门来魏老师门诊求医，说是基本好了，再来巩固治疗。魏老师用药非常轻灵，常常轻可去实，在调理脾胃方面对我的指导意义很大。之后我也遇上了类似的患者，一位 90 多岁的老人，认为自己快不行了，让儿子赶快回家。患者儿子是我的一个熟人，于是赶紧叫上我去他家出诊。那是一个非常热的夏天，连续高温一周多了，我进他家门一看，四面窗户关着，拉上窗帘，密不通风，家里空调关着，老人昏昏欲睡，低热，已一周吃不下食物了，恶心欲吐。我们呼唤他许久才把他叫醒，他说胃脘痞满，极其难受。我当时的第一反应就是老人中暑了，这跟魏老师出诊那次见的患者症状很像，连忙让家人先开空调通风，再开了几剂药让他们马上煎服。当天晚上，他儿子告诉我老人已经可以喝粥了，第二天说好了大半了。这个案例使我体会到，老师的临床经验是我们最直接可以借鉴的经验。魏老师的父亲魏长春先生留下的五花芍药饮治疗胃脘痛，也是一张神奇的药方，我现在临床上常会遇到一些有焦虑症又胃脘不适的患者，用魏老的治疗办法非常奏效。魏老师还赠送给我好几套中医古籍。"

"一晃几十年过去了，有那么多学富五车、仁心仁术、有丰富临床经验的老师培养了我、成就了我。他们留给了我无穷的中医知识，更为我铸就了守望致敬的精神坐标。他们的中医经验和医德医风，是我终生的宝贵财富。"跟随他们学习的美好经历让陈学奇深深地体悟到，只有在前人的基础上，我们才可以少走弯路，所以跟师真的太重要了。

第三节 广结名师

一、幸为陈老助手

1997 年，陈学奇在浙江省卫生厅工作，机缘巧合，得以近距离接触上海海派中医陈氏妇科传人陈惠林老先生。他是清朝末期至"中华民国"初期的

著名上海老中医陈氏妇科陈筱宝的孙子。陈筱宝先生的爷爷是清朝的太医，陈筱宝在中年时得到一手抄本，这本书也正是陈木扇女科家传的医书，叫《陈素庵妇科补解》，这本书对他的医学生涯影响颇深，使他的妇科疾病治疗水平得到了更大的提升。当时杭州胡庆余堂请来了上海的陈惠林老先生为顾问，请他来杭州坐诊行医，彼时需要给老先生派一名得力的助手帮他抄方。"时任浙江省卫生厅老厅长张承烈想起了我是学中医出身，于是就指派我去给陈老抄方。于我而言，有这样难得的机会近距离跟随陈惠林学习，心中实乃窃喜不已。"

陈惠林老先生为人随和、博学，谈吐儒雅，对病人特别有耐心。在辅助陈老抄方的过程中，陈学奇总会涌起一种莫名的亲近感。"后来陈老和我讲起，他世代家传的用药，也是借鉴了陈木扇女科验方的一些精华理念。难怪让我感觉特别亲近，原因在于其用药风格跟我们家比较接近。"

话虽如此，但细细体会陈老的用药，那种轻灵之气又绝非一般人所能及。"他的处方用药很清淡、平和，或许这就是'四两拨千斤'之妙吧。比如在补益气血、补益肝肾的用药上，看似一点不复杂，但疗效却非常好，实在令人五体投地。见我十分好学，他便也找时机经常给我讲一些医案以及用药的经验。记得我有位崩漏病人，西医诊断应该是绝经期异常子宫出血，B超提示子宫内膜增厚，诊刮后仍病情反复，病理提示子宫内膜单纯性增生，当时我治疗了近一个月，出血量是减少了，但仍会反复，时淋漓不止，疗效总是不理想。恰逢当时陈老来义诊，我就请他为这个病人看一下，结果老先生的药用下去，病人马上就好起来了，令我感悟良多。老先生以益气摄血为主，我是以凉血止血为主，可见辨证的重要性。这个案例对我以后治疗崩漏启发非常大，拓宽了我的用药思路，并得以触类旁通，对我临床经验的积累帮助很大。老先生还常喜欢用对药治病，如白芍白术同用，肉桂桂枝同用，肉桂黄连同用，陈皮青皮同用等，让人受益匪浅。直到现在，我每年还会去上海拜访陈惠林老先生，同时也会请教他一些最近遇到的疑难杂症。陈老不仅耐心分析作答，还给了我很多经验手稿，令我深深感念。"

二、遍访名师，学无止境

有一次，陈学奇老师出差来到上海中西医结合医院，得以拜访奚九一老先生，触动也很大。奚老先生在全国中西医结合治疗血管病领域是泰斗级的人物，他主管的上海中西医结合医院血管病病房堪称全国最大，有一百多张床位，但还不足以满足全国各地赶来的求医者。"初见奚老，便觉得他亲切温和，面对我深切的求教之心，他毫不吝啬，知无不言，从此我与他也结下了难得的师生之缘。记得他九十多岁时得了肺癌，西医建议他手术，可他还是选择坚持吃中药，结果病灶竟然都吸收掉了！他将这一切方略都细致地传授给了我，他告诉我，他的主药是附子，最后把附子用到了120克。他和我讲解了中医温通的重要，还有包括他在血管病治疗上的诸多经验方，他也都毫无保留地跟我进行深度交流，使我对相关病例的治疗能力得以突飞猛进。"

还有浙江省里的骨科名医、富阳张氏骨伤科第五代嫡传、原富阳骨伤科医院院长张玉柱先生，也是陈学奇非常敬重的同行前辈。遇到病人有骨伤方面的疑难问题，陈学奇便会去请他诊治。"趁此机会，我就会特别认真地站在张玉柱先生背后，看他如何临证用药。张氏骨伤真乃'接骨有神术'，张玉柱先生那手法，实在是令人叹为观止。他的高超手法我自知难以拜习到那种出神入化的境界，但内治的张氏经验方，我也学了一些。他在开药的时候，我也会具体地请教他，比如如何治疗腰椎间盘突出症的腰疼、股骨筋缺血性坏死、膝关节炎等，张院长竟也欣然倾囊相授。渐渐地，我在为病人治疗膝关节炎时也深切地体会到了张氏骨科的神奇疗效。我有位熟悉的女病人，膝关节不小心损伤，肿得像皮球一样，去大医院做了核磁共振显示半月板损伤、膝关节平面塌陷，医生建议她手术。出于对我的信任，她打电话来征求我的意见。我说，要不你到我这里来吃两剂药试试？吃好了最好，吃不好你再去手术也不迟。结果吃了一个礼拜的药，她的膝关节肿竟然真的消除了，还能穿着高跟鞋走来走去，也真是令我倍感欣慰。"

还有江苏南通的国医大师朱良春，他是全国著名的中医内科专家，治学严谨，医术精湛，对内科杂病的诊治具有丰富的经验。他在治疗类风湿关节炎上每显奇效，有一年浙江省举办全国名中医讲习班时，特意将他请来讲学，陈学奇也由此获得了绝佳的机会得以结识朱老，从此经常向他求教，他总是知无不言地回复所有问题。"我在方回春堂门诊的第一年，来了一位非常严重的类风湿关节炎患者，长期依赖西药治疗，多次住院，后因肝功能损伤，来寻求中医的治疗。当时，患者疼痛明显，四肢关节已开始变形，我用常规的中药给她治疗后，疗效却不明显。于是我就带她到南通请朱老高诊，朱老开了7天的药，患者服后明显好转。在后来的类风湿关节炎疾病的诊治中，我以他的治疗理念为发端，在类风湿关节炎的临床用药中有了新的领悟，效

果明显提高。2015 年，朱老于 98 岁高寿无疾而终，我至今仍缅怀他。"

第四节　寻　觅　医　道

一、上下求索，灵魂觉知

不积跬步，无以至千里；不积小流，无以成江海。

"对我来说，学习与呼吸一样，几乎成了生命存在的本能。在追随大师、博采众长的历程中，我突然有一种豁然开朗的感悟——向这些大师学习，其实并不仅仅在于潜心学习其一方一药、一招一式。大师们所传递给我的精髓，不是医术，而是医道。"

中医路上，学无止境。为了寻求医道，2016 年，陈学奇老师曾专门去上海跟年逾九旬的海派中医朱氏妇科传人——国医大师朱南孙学习抄方。朱老为朱氏妇科第三代传人，她性格坚毅，睿智好学，锲而不舍，在继承和弘扬祖业上奉献了毕生精力。"如今朱老已经 97 岁了，但她思路依旧非常清晰，令我极其敬佩。朱南孙认为，妇女疾患虽与五脏六腑皆有关，妇科临床辨证用药时，多应以肝肾为纲，肝肾同治善用药对，组方简捷，或二味成对，或三、四味成组，药精不杂，丝丝入扣。她的这些辨证施治纲略，与我们陈氏妇科祖传理念有着异曲同工之妙。我在细细品味之余，将两者予以相辅相成的研发，因而在妇科各疾患的诊治上获得了更精准的把握。"抄方是一个体会医理的过程，在抄方中陈老师发现朱老师处方平和、用药精炼轻灵，却效如桴鼓。究其医理，"从、合、守、变"四个字为其辨证论治要点，"从"即顺应疾病、对症下药；"合"即为善用药对、攻补兼施，寒热并用；"守"即对于慢性疾病守方治疗；"变"即根据不同病症、不同时期果断改变用药组方。这四字真言对于临床非常重要。如崩漏经验方"将军斩关汤"祛瘀生新止血，益母草配仙鹤草、莪术配白术等药对的运用，都体现了这四字真言的临床指导意义。

在上下求索的过程中，陈学奇从年复一年寻觅医术的行动中，渐渐探索医道之灵魂觉知。"终于，我似乎悟到了什么叫医道——"道"是一个大的规律，而所有这些大家的医道之境，拥有一个共同的特点：用药轻灵，用药严致。他们用药的方向都特别稳，只要方子用下去，疗效肯定好。由此我得以体悟出，最好的中医大师，其诊病疗疾的过程就仿若春风拂面，微微春风拂过，枯木逢生,万物复苏。只有这样高超的医术、用药,方能得以抵及医道之高圣境界。"

二、医道圣境,梦寐以求

得益于多年的传承和学习,进入中年后的陈学奇老师开始总结前辈学术,结合流派独到的临床经验,系统而全面地提出了具有流派特色的中医学术思想和理论,如流派自编"陈氏女科十问",治病主张审病求因、治病求本,认为妇人病多隐晦,必须详察四诊,首重问诊,方能诊断确切;"治妇人诸病,以调经为先",调经"以调和气血为先",在月经病治疗中,体现出"调和气血,调和阴阳,调和脏腑"等特点,意在气血并重,阴阳平衡,肝脾肾同治;调经以"和"为贵,用药以"和"为期,切忌攻伐太过;强调"疗妇人疾,重先后天"等学术观点,倡导清热凉血、补益气血的安胎法等。这些医案医理传承着陈木扇女科千年之精华,凝聚着祖辈们的心血,更蕴藏着丰富的中医理论和临床经验。

在继承家学的基础上,陈学奇老师虚心学习,融会各家学术,潜心研究,大胆发挥,创新发展,对妇科病的中医治疗提出了自己独特的见解,提出治妇人疾病,应以"调"为用,以"和"为期。他认为,妇人体质娇嫩,不耐攻伐,妇科处方应以"和"为期的中医平衡观为总则,在临床运用中结合妇女生理病理特点,根据调经、求嗣、止带、产后之不同,着重辨其属肾、属肝、属脾之异,在气、在血、在冲任督带之别,结合个体的阴阳、气血、脏腑平衡状况,通过遣方用药来调整人体阴阳气血的动态平衡,达到防病治病的目的。临床中陈老师特别注重"调"字,认为人之所以生病就是阴阳失去相对平衡,出现阴阳偏盛或阴阳偏衰的结果,治疗应以调和阴阳平衡为期;人体若"气血不和"则"百病乃变化而生",陈老师认为妇人以气血为本,妇科疾病的用药治疗上,要注重治气必治血,治血必调气,调和气血尤为关键;人体是一个有机的整体,脏腑之间在生理上相互协调、相生相克,在病理上也是有相互影响、相互制约的作用,"脏腑健旺"才不导致机体"失衡",从而"生机乃荣"。陈老师认为妇女病与肝脾肾关系最为密切,故治疗调理妇女疾病,应重视先天、兼调后天,以后天养先天,以健脾补肝肾为要。通过总结,陈老师又把这些学术思想用于指导临床,尤其是对疑难病的治疗收到了较好的疗效。

于陈学奇老师而言,在行医路上潜心追求医道,是他生命中最重要的修

行。在陈学奇老师眼里，中医是本，但很多功夫道法要从课外悟得，进而回归至内心，于不自觉中运用到中医临证乃至整个人生。他深信，道法自然，万法归宗。因而他广交益友，潜心向身边的朋友学习，他们中有大文豪，有史学家，有大书法家，也有科学家……陈老师珍视每一位值得交往的朋友，他希望能和这些各个领域的优秀人物，从不同的出发点，共探医学圣境所在。前不久，陈老师还特地请一位著名书法家题了一幅字——"医道圣境"，高挂于书房，时时沉吟相望。

"云山苍苍，江水泱泱。先生之风，山高水长。诸位前辈、大师之高洁身影，常常令我愧叹莫如；而身边这些珍贵的好友，又每每在我前行路上给予满满的支持。我感恩此生竟然能拥有如此多的良师益友，在他们的高贵精神之感召下，我愿穷极一生，以永不停歇的努力追觅医道圣境。"

声 名 鹊 起

　　陈学奇老师是国家中医药管理局确定的第六批全国老中医药专家学术经验继承工作指导老师。现为中华中医药学会第六届理事会理事，中国中医药研究促进会中医学术流派分会副主任委员，中国中医药研究促进会妇科流派分会副主任委员，中华中医药学会妇科专业委员会常务委员，浙江省中医药学会第五届理事会副会长，浙江省中医药学会妇科专业委员会副主任委员，浙江省中西医结合学会妇科专业委员会副主任委员，世界中医药学会联合会女性生殖医学专业委员会常务委员。陈学奇临证 40 余载，为无数患者解除了病痛、带来了福音，但他仍在医学的道路上不断努力和探索。

　　小时候，父亲陈大堃常告诫陈学奇："刚学医，你会觉得天下病皆可医；再学医，你会觉得天下病皆难治。要做个好医生，不仅要努力学习，总结别人的经验，总结自己正反两方面的临床经验，还要有深厚的中医理论水平和渊博的人文科学知识。"

　　"现在想来，这番话非常有哲理。我学中医 40 余年，从心底里觉得当个'好医生'真的不容易，一个医生不可能把每种疾病都治愈，所以医生常会有内疚的时候，永远都在努力的路上。尽管如此，我还是竭力要求自己往'好医生'的方向不断地努力前行。"陈学奇老师是这么说，也是这么做的。

第一节　牛刀小试

一、从小儿科学到大学问

1987 年，陈学奇毕业于浙江中医学院中医专业，时年已然三十。

"当时非常兴奋。我终于结束了赤脚医生的历史，即将成为科班毕业的省级大医院医生了！然而并非事事尽如人意。当时按政策规定工作分配可以自主选择的，所以我就选择了浙江省中医院内科。但没想到报到以后医院却把我分配去了小儿科，这让我一时回不过神来，情绪一落千丈。讲真的，我对小儿科兴趣不大，因为我祖传的专业是中医妇科，学习内科还是有兴趣的，让我从事小儿科，这和我的期望相差太远了！"

多年以来，陈学奇一心只想要传承家里的妇科医术，所有的学习与努力都以此为目标。而来浙江省中医院选择内科，也是父亲和他商量后的决定。"因为父亲说中医妇科是以内科为基础的，在大内科打好基础后，再学习妇科就比较容易了。所以我在毕业实习的时候也在大内科实习，在导师的指导下，对内科的一些基础操作，如西医方面的'望触叩听'以及胸腔腹腔穿刺等实操，还有中医方面的'望闻问切'等，都反复练习，在临床上积累了一些经验。"

郁闷的陈学奇向父亲一股脑地诉说了这一堆心事，孰知父亲竟然很淡定，非但没有说一句小儿科的不好，还热情鼓励陈学奇要好好工作，好好学习。"记得当时父亲说，在小儿科工作也是非常难得的经验，多精通一门专业，那是好事啊！学习中医，内外妇儿都要懂，中医是一个全科医学，熟悉中医各科的疾病，便于你今后的临床积累，方能成为一个真正受欢迎的好医生。"

父亲的一席话，让陈学奇老师茅塞顿开。于是，他慢慢地安下心来，将当好一名优秀的儿科医生作为自己的小目标。"事实果真如父亲所言，小儿科亦有大学问。我在此接触到了许多优秀小儿中医专家，如大名鼎鼎的马莲湘教授，不仅临床经验丰富，而且作风严谨，在辨识病症、因疾下药方面有独特建树，擅长内科，尤精于儿科和肾病；出身于三世业医之家的詹起荪教授，重视按小儿体质特质临床辨治小儿疾病，以及强调顾护脾胃之气，用药清灵纯正，量轻味薄，创立的'定痫豁痰汤'使小儿癫痫治愈率大大提高；俞景茂主任，当时明确指出脊柱隐裂与小儿遗尿症的相关性，主张用温壮督脉的方法治疗遗尿症，首先提出小儿反复呼吸道感染应分感染期、迁延期、恢复期三期进行辨证论治；陈蓉蓉主任，擅长于治疗小儿呼吸系统疾病、儿童性早熟及疑难杂症，在易感和哮喘的防治方面有丰富的临床经验；盛丽先主任，为马莲湘的传人，在咳嗽、哮喘、小儿肾病等疾病的防治方面有丰富的临床经验；宣桂琪老师，为杭州宣氏儿科第三代传人，尤其擅长治疗顽固性哮喘、癫痫、抽动症、多动症及小儿高热惊厥……"

身处小儿科，这些低调而又谦逊的名医令陈学奇受益匪浅，由此他在很多方面都获得了长足的提高和进步。"首先是儿童发热病人的中医治疗,当初我们科室基本都是用中药,有些急症病人,我们还自己煎药,包括中药灌肠、急症服药以及对于发热病人的一些其他中药救治措施,这些使我在实践操作上得到了很大进步;其次是对小儿肺炎、哮喘等呼吸系统疾病的诊治,在实践中我逐步结合各位前辈的理论摸索出了一套自己的经验和规律,因此我在小儿咳嗽、小儿哮喘、小儿肺炎的中医治疗方面,都有能力收获较好的疗效;再次,对于小儿消化系统疾病的治疗,如小儿营养不良、小儿腹泻等,我也学会了很多灵验的应对处方;此外,我在小儿血液系统疾病的诊治方面,如在小儿再生障碍性贫血、小儿免疫性血小板减少的中医中药临床上治疗上,也有了很多体会。"

　　渐渐地,陈学奇老师在浙江省中医院小儿科也有了些小名气。亲戚朋友甚至医院同事的孩子有不舒服的,都会信任地找到他,这让他拥有了些许成就感,这种感觉愉悦而美妙。"记得当时我一位老乡的孩子才一岁半,却已拉肚子半年。孩子骨瘦如柴,严重营养不良,看起来可怜极了。我给孩子开了7剂中药,结果第二天腹泻就止住了。我接着再为他调养了一个月,让他的健脾养胃,饮食慢慢也跟着适当调整,结果不久便痊愈了,老乡感激不尽。还有一位4岁多的小女孩,住院半个多月,天天腹痛不止,后来被诊断为肠系膜淋巴结炎,多种治疗疗效欠佳,孩子的父亲请求我用中药给她治疗,我想起了我父亲常用的验方,加减后给她服用,结果令我自己都不敢相信,一剂下去患者就不叫痛了,5剂后就出院了,后来孩子的父亲和我成了好朋友。我不禁再次感叹中医之博大精深,有时药证符合,疗效神奇到自己都会诧异。"

　　小儿科的临床积累,对陈学奇日后内科、妇科疾病的治疗确实也很有帮助。陈学奇老师曾经在妇科遇上一位月经不调伴血小板减少性紫癜的患者,她多处周转不见好转,因为妇科医生让她去血液科,血液科医生让她去妇科,后来在别人的介绍下找到了陈老师。这可谓非常恰当,因为小儿科有很多血小板减少性紫癜患者,陈老师有临床治疗经验,治疗月经不调又是陈老师专长,患者治疗半年后痊愈,非常高兴。还有一位闭经不孕伴慢性肾炎的患者,也是通过别人介绍而慕名找到陈老师。小儿科时常诊治急、慢性肾炎患者,闭经又是妇科的常见病,中医理论都是气血不调、肝肾不足,结果这位患者经过四个月的治疗就怀孕生子了,而且慢性肾炎也慢慢好起来了。陈老师的门诊中,还经常会有一些哮喘患者前来求治,陈老师常说:"这得益于小儿

科的临床积累，虽然大人与小孩有不同的特点，但在治疗上也常常可以相互借鉴。"

回首来时路，陈学奇常感叹："一切都是命运的安排。在浙江省中医院小儿科工作的五年令他终身受益。由此我终于深深地体会到父亲所说：'中医的内外妇儿是相通的，中医是个整体医学，要当个好医生，融会贯通太重要了。'"

二、祖辈传承开起膏方

陈学奇老师在浙江省中医院小儿科工作期间，还有一段记忆比较难忘，是极具挑战性的经历，那就是膏方门诊。

在20世纪三四十年代，中医膏方在江浙沪民间流传广泛，因其补虚治病两大特点，备受推崇。然而，膏方的理念，在中医历史长河中也曾经有过一个断层，其间差不多有四十年处于完全空白阶段，一些著名的老中医先后去世，很多的膏方理念也渐渐失传。

1989年，浙江省中医院率先恢复了膏方门诊，由李学铭老师、陈意老师、徐志瑛老师等专家组成了膏方研制课题小组进行技术攻关，旨在全面恢复宝贵膏方经验。当时各位老师们手上资料也不多，只有几十张叶熙春老先生的膏方手稿，以及丁甘仁老先生的几张膏方医案。膏方研制课题小组就是反复研究这仅有的膏方资料，总结归纳出膏方的几大原则，然后和中药房的徐锡山主任再三切磋探讨，形成膏方基本思路。当时，浙江省中医院的膏方攻关可谓开全国之先河，其后十年间，其他各省市方才先后启动了膏方的挖掘和拯救。

浙江省中医院推出膏方门诊的时候，陈学奇还在小儿科工作。他看到内科立冬以后开始加工膏方，于是忍不住找到中药房徐锡山老师商量："我们小儿科是否也可以做一些膏方？"徐老笑问："你知道中医内科他们花了多少心血，为了这几张膏方研究了多久啊？你会开膏方吗？你知道开膏方的诀窍吗？你开的膏方我们若是收不起膏，那可是要被你吓死的！"

陈学奇凭着年轻气盛，鼓足了勇气对徐老说："徐老，我父亲以前给我讲过一些开膏方的道理和原则，小时候我在乡下也帮着父亲给一些家境好的人开过几十张膏方，大致窍门我基本掌握。膏方讲求阴阳、寒热、脏腑、气血都要调和、平衡。而在制作上，膏方要成功，关键在于这几点：第一，膏方要有滋质药，没有滋质药，膏方熬不稠的；第二，阿胶的比例要恰当，阿胶少了收不起膏，阿胶多了又会收胶太硬；还有，糖的比例要适当。"徐老听陈学奇讲完，竟然颔首赞许道："既然你懂，那你就开吧。"

于是，陈学奇在浙江省中医院小儿科率先开起了膏方门诊。当时膏方实在是个稀罕的概念，尤其在小儿科，更少有人会想到开膏方。然而事实证明，有些患儿特别是一些易感、哮喘、消化不良者，以及一些慢性病如慢性肾炎、过敏性疾病的患儿，用膏方调理疗效稳定，且膏方味道好，患儿容易接受。陈学奇老师的小儿膏方很快受到了家长们一致的认可。

第二节 脱 颖 而 出

一、业精于勤，汇溪成河

伴随着时光的流逝，陈学奇在浙江省中医院小儿科的工作渐入佳境。然而到了1991年，因工作需要，他来到了浙江省中医院医教科；1994年，还是因为工作需要，陈老师来到了浙江省中医药管理局工作，主要从事中医医政管理工作，2010年任浙江省中医药管理局副局长直至2014年退休。

然而，也许命中注定他就是中医大夫，如果无法诊治患者，就会心意难安。"就算我身处省中医药管理局，我依然坚持每周六周日出门诊，整整20余年风雨无阻。其实在我从事儿科工作、行政工作的这些年中，了解我成长经历的一些朋友、亲戚若有内科、妇科问题，还是会习惯性地来找我。我非常感恩亲友们对我莫大的信任，在这个过程中，我得以积累起了很多经验。令我高兴的是，通过我治好的病人又帮我四处传播美名，内科、妇科患者来找我看病的越来越多。"

2002年，方回春堂于杭州著名历史街区——河坊街恢复名号，盛邀陈学奇先生前来坐诊。"我对方回春堂讲究'道地药材'的理念颇为认同。药材必须注重质量，用我们医生说的话就是'叫得应'，药好疗效会更好。因为在机关做行政工作，平时工作日出不了门诊，所以我周末来到了方回春堂坐诊。没想到几年后，这里成了我施展技能的绝佳平台。"

其实一开始，陈学奇老师在方回春堂坐诊时病人并不多，每周末只开半天门诊，也就接诊五至七个病人。然而没想到在仅有的这些病人口碑相传之下，循环往复中病人成倍增长，一年后，陈学奇半天门诊的病人数量骤增至

六七十位，于是方回春堂就请他增加门诊时间至一天。又过了两年，门诊量达到了一天一百多位，于是门诊就又增加了一天。至陈学奇老师2014年退休后，在病人的需求下，每周门诊时间有了进一步的增加。

陈学奇老师之所以如此受病人认可，究其原因，一是他把陈木扇流派家传的经验运用到妇科疾病的治疗中，如闭经、月经量少、月经过多、崩漏、绝经期综合征、先兆流产、复发性流产、产后病等的治疗，常可以取得较好疗效；二是他同时又将家传的中医学术思想和李学铭老师、陈惠林老师等的临床经验相结合，运用到内科杂病的治疗中，如痛风、高脂血症、糖尿病、消化系统疾病等，对顽固性失眠、腰腿痛、痤疮、荨麻疹等疾病也有较好的临床治疗经验。

二、家传妇科屡显奇效

在门诊，陈学奇老师遇到的妇科病人特别多。很多是从外地赶来的病人，有常见的多囊卵巢综合征、早发性卵巢功能衰退、崩漏、不孕不育、痛经、复发性流产等，也有产后腰疼、产后关节酸痛等产后病，还有许多绝经期综合征患者伴焦虑、失眠等，很多是多处就医，最后投治于陈老师，我们侍诊时，见证了陈老师独特的临床疗效，受益匪浅。陈老师的秘诀当然在于家传诊疗理念——"扶正祛邪""益气养血""调和阴阳"等，这些理念都很起效。

有一位产后尿失禁半年余的女性病人，她本是优雅的银行高级职员，因高龄产子，又胎儿过大，产程过长，产后竟然尿失禁，近半年来一直使用尿不湿，体面尽失，痛不欲生。她去了很多大医院，遍求名医，但效果不佳。病人因此不敢喝水，无法出门，无法正常上班，非常痛苦。当她找到陈学奇时，竟然决绝地说再治不好，她想死的心都有了，她甚至已经认真设想过怎么自杀。安慰之余，陈学奇老师为她进行了仔细的诊疗。患者面色无华，腰酸畏寒，下肢发麻。"产妇自然分娩困难，故上产钳助之，产后气血耗损，元气大伤，肾虚不摄，膀胱失约则小便失禁，诊为元气不足，肾虚不摄。故先予中药大补元气，补肾固摄，然后精心定制了处方。一个月后，她欣喜地向我报告，小便有知觉了，并可略加控制，下肢发麻明显好转，后来又告诉我小便可以自己控制了，好了很多！治疗三个月余，她的小便情况完全正常了！她一再说，陈医生救了她的命！"

还有位上海的女孩子，结婚3年未孕，曾患有子宫内膜异位症、卵巢囊肿，已行宫腹腔镜手术，在上海的医院治了两年，但仍痛经明显、月经量逐渐减少，后因停经 3 个月，她经人介绍转而找到陈学奇求诊。陈学奇老师首先谨守家传的"种子先调经，经调后助孕"，看她满脸忧愁，倦怠乏力，先以益气养血、疏肝调经使月经增多为先。患者为后天继发不孕，因冲任戕伤而致，术后血海空虚、冲任损伤、外邪乘虚而入，稽于冲任，蕴于胞宫，使血脉不畅，属冲任虚损、肝肾不足，夹寒、夹热、夹瘀。治疗以调理冲任为先，补肝肾、调气血，佐以清热活血、温经通络，以扶正祛邪、调经助孕。标本同治，虚实兼顾，使肝肾得补、气血得养、胞脉畅通而达到助孕种子的治疗目的。两个月后患者就怀孕了，这个女孩子高兴得不得了，此后还推荐了很多上海病人过来找陈学奇医生看病。

有些病症看似很简单，如"养血安胎"大家都懂，但真的临床应用起来，常不知该如何下手，有时就连很多老中医都不敢轻易尝试。"比如对'当归安胎'开始就有很多争议，很多医生有顾虑，主要是怕活血伤胎，但我们家传一直沿用至今。事实上，养血活血是相对而言的，所以如何拿捏好分寸才是关键。我家还常用'凉血清热安胎'，如今这两个安胎理论都得到了现代医学的佐证。不少复发性流产的病人都是因为子宫动脉血流增高，血凝增加，所以现代医学多用阿司匹林、肝素来改善这些指标，达到安胎效果。但我们中医用的当归养血安胎比西医用肝素安胎效果更好更安全，尤其我们还有凉血清热安胎法，对很多临床上先兆流产病人因胎火旺出现口腔溃疡、口干、大便干结等都有很好的疗效。"

还有些疾病听起来简单，但治疗却不容易。比如痛经，多数患者疗效不错，但也有一些顽固性痛经治疗非常困难。陈学奇曾遇上一位高中女患者，自 12 岁初潮后，经来腹痛明显，后逐年加重，曾多方治疗 2 年余，病情未见转机。因高中学习紧张，近年每次腹痛加剧、甚至昏厥，一连几个月经行就得打 120 送医院急诊，父母苦不堪言，前来求助于陈学奇。陈学奇认为此乃肝经郁热，肝郁化火，上扰清空，下干血海，热烁营阴，胞脉瘀滞。因此对患者施以清肝解郁、理气活血，服药后次月经行腹痛未作，月事正常。患者家属欣喜万分，后来患者家属又介绍了她的表妹来陈学奇老师处看痛经，调治一个月，顽固性痛经也告愈。患者一家感激不尽。

通过不断实践，陈学奇对妇科病人的治疗越来越有信心，对家传的一些治疗原则体会也越来越深。门诊病人日益增多，使身为陈木扇女科流派第25 代嫡传的陈学奇被越来越多的病人广为相传。2014 年陈学奇老师退休以后，

更认真地总结研究流派的特色和经验，推出了陈木扇女科专科，为更多的患者服务。

第三节　口碑相传

一、学有小成，慕名求诊

络绎不绝慕名找陈学奇老师的患者，来自天南海北。不仅省内各地的患者蜂拥而至，还有来自新疆、内蒙古、福建、广东、江西等地患者，更有德国、意大利、西班牙的患者专程远道赶来求诊……他们来到陈学奇专家门诊，不为别的，全都冲着临床疗效。

有位八十多岁的老太太心脏不好，在外面大医院就诊，因血管阻塞面积较大，医院要求其装心脏支架，但她在装支架的过程中，遭遇到了 2 次支架没有成功撑开的经历，这经历让她害怕不已，就不敢再装支架了。但她的冠状动脉梗死却日渐严重了，胸闷胸痛加剧，厉害的时候彻夜难眠。陈学奇根据中医心阳不足、气血两亏的原理，尝试着用黄芪桂枝五物汤、生脉饮、附子理中汤等加减益气养血、温阳通络，以达之效。她的症状开始逐步得到缓解，胸痛、气急明显好转，心率也渐渐正常，经陈老师调理两三年后，患者病情基本稳定。

另一位八十岁的老太太是慢性心衰病人，她面色㿠白，胸痹二十余年，形体瘦羸，言语气微，动则气急，心绞痛频作，寐劣，纳差，每天只能吃二两粥，脾胃虚，食入即泄，大便常年不成形，一日多次，舌淡苔薄，唇紫，脉沉细结代。患者前来就诊时，陈老师建议她去住院治疗，但该患者说她已经是常年住院，不想再住院了，坚持要来服中药治疗。陈老师认为，患者耄耋之年，体弱多病，脏气渐衰，这在中医来说就是久病耗损，心阳不振，脾肾两虚；陈老师以温阳益气、大补气血、活血通络，兼以补益肝肾治疗。当时以野山参、淡附片、炙桂枝、炒白芍、黄芪、党参等大补元气、温通心脉，病人在服中药后大有好转，胃纳逐渐复常，体力逐渐恢复，病人可以自己走上二楼，胸痛基本不发，大便已成形。后来又在陈老师这里调理了几年，渐渐地心脏功能也逐步好转。家人非常感激，他们说原来整天去医院陪老人，现在她生活终于可以自理了，家人也放心了。

还有位外省来的溃疡性结肠炎病人，已近 70 岁，患慢性腹泻、便血已 2

年余，西医诊断明确，在当地大医院反复治疗，近半年以住院为主，长期依赖激素治疗，稍减用或停用激素等西药则病情加重。患者倦怠乏力，少气懒言，形寒肢冷，腰膝酸软，头晕耳鸣，不能纳食，每餐后病情加重，长期住院，靠支持疗法维持营养，经住院西医治疗后，便血次数减少，但大便仍频溏，每日6～7次，伴腹胀、少腹隐痛，时大便夹血与脓液，舌淡苔白，脉沉细无力，尺脉弱。就诊时适逢夏天，但病人仍穿着羽绒衣，骨瘦如柴。慕名找到陈学奇老师时，体重已降至35公斤，只能进食一点粥汤，稍微多吃一点就胃疼、便血。陈学奇老师仔细诊疗后，认为患者年事已高、命火衰微，病程日久，耗损真元，火不生土，中阳虚馁，腐熟不能而不能纳食，加之脾肾阳虚、湿热蕴结使肠道传导失司，先予中药补命火、温脾阳、补气血为主，兼以清湿热、化瘀血治疗一周，服药后腹泻次数减少为每日二次，腹痛、便血未作；两周后精神明显好转，已能进食半流质。经过调理，一个半月后，病人反馈饮食基本正常，大便转常，腹痛、便血从此未作，精神逐渐恢复，体重也增加到50多公斤了。因患者为外省病人，为方便治疗，陈老师再予膏方一料调治固本，患者后来恢复良好，随访至今未再复发。

伴随着病人的增多，陈学奇老师各方面经验的积累也越来越多。"但同时各种疑难杂症找上门来的也就更多了，病人的诉求也更高，我的挑战与压力也在同步增加，我必须不断钻研不断论证治疗方案予以攻克，不辜负病人之信任。"

二、疑难杂症，迎难而上

陈老师的患者，除妇科患者以外，常能见到许多疑难病例患者，如高热不退、类风湿关节炎、强直性脊柱炎、胃溃疡、慢性萎缩性胃炎、溃疡性结肠炎、胃炎及息肉、冠心病等疾病患者，运用中医中药治疗起来效果都非常好。

曾经有一位中年女性患者，夏天六月份来就诊，患者却上身穿羽绒衣、下半身穿夏天裙子，由其丈夫背着前来就诊。患者形体羸弱，面色㿠白，胃脘痞胀，纳食即胀，食水即胀，得食则呕，纳食不进，日见消瘦，自觉上身很冷、下身很热，心悸，寐劣多梦，关节酸痛，腰酸，大便不畅。病起二年前子宫肌瘤全切术后，在外地多方治疗，做各项检查均未见明显异常，病情逐渐加重，畏寒恶风伴潮热、汗出、得食则呕，纳食不进，日见消瘦，就诊时每天仅靠营养液维持，体重不足40公斤。西医诊断为绝经期综合征，经陈

老师治疗一周后胃纳渐开，古人云："得胃气者昌"。抓住纳食不进为关键，健脾和胃为先，扶正以祛邪。以黄芪当归桂枝汤合藿朴夏苓汤加减后，患者病情开始好转。一年后回访至今，患者生活正常，病情未见反复。

还有一位女性患者，因反复阴道不规则出血半年不止前来就诊，因为患者因肾功能衰竭于17年前做肾移植手术，后长期服用抗排异药及激素类药物。经行淋漓不净半年，量时多如崩，前往省级大医院行诊刮术后血止，2个月后又见阴道不规则出血，量时多如崩，医院要求其再行刮宫术，患者拒绝，而前来就诊。诊断：子宫内膜增厚症，陈老师予以中药治疗后第3天出血明显减少，后继续治疗至痊愈，至今未复发，现在患者每年冬天来开一次膏方调理。

陈学奇还常以父亲当年教导的理念来指导临床治疗一些疑难病。"记得2005年，一位患者因面瘫来找。问起病因，他告诉我，这几天太辛苦了，家里6岁的孩子得了一种怪病，每天两脚丫子瘙痒难忍，以晚间为甚，入睡前更剧，但皮肤光滑，没有任何异样，带去儿童医院、皮肤病专科医院求诊，医生都说不用治疗。也有的医生同情地开了一些药，但服用后未见疗效，一到晚上小儿哭闹不能入睡，因而心情烦躁，夫妻俩轮流给他抓痒都不能入睡，白天还要工作，实在是苦不堪言。经他这么一说，我倒是来了兴趣，因为我想起了父亲解释的《黄帝内经》相关条文及治疗皮肤病的经验，我说可以让孩子吃点中药。他先是非常怀疑地看看我，但后来还是同意试一试，因为没有其他办法了。于是，我就开了7帖药给他。结果第二天一早，他就打电话给我，称我为神医，他说昨天一帖药下去，晚上小孩就不叫痒了，他们夫妻总算睡了一个好觉。后来他的面瘫也在我这里治好了，从此，他的亲戚朋友只要比较难治的病，他就推荐他们来找我。受父亲的启发，我认为皮肤为肺所主，但与心有密切关系，'诸痛痒疮，皆属于心'，治疗这个疾病时，在清心火的基础上辅以清热祛风，效果显著。这也让我越来越觉得《黄帝内经》的博大精深，只是我们对条文理解太少。"

当年草药园种草药的经历，对陈老师以后的临床也很有帮助。曾经有一位70多岁的男性患者，双下肢淋巴管炎反复发作，下肢红肿疼痛，不能走路，每天的安排就是往各大医院跑，住院与门诊交替进行，每次要静脉输最好的抗生素方能缓解，后来有了耐药疗效就很差了。他儿子于心不忍，找到陈学奇，问陈老师家里是否有什么家传秘方可以治他父亲的病。陈老师告诉他确实有，他大喜，于是陈老师带着他去山里采了一种草药外洗加中药内服，一个月后患者就可以自由行走了，后来他只要脚有点不舒服，就自己上山拔草药了。这位患者一直到去世，下肢淋巴管炎也未再发作。

在陈学奇老师这里，常常会因一位病人治疗成功后获得信任，引得其一家老小都过来看中医，陈老师成了患者全家信任的医生。有一位患者，先是带夫人来治疗多年反复发作的盆腔炎，夫人治愈后生子。接着自己来治疗萎缩性胃炎伴息肉，因胃息肉位置不好，医生当时未在胃镜下摘除，结果中药治疗半年后，胃镜复查多次，2颗息肉消失，1颗变小，后来每年复查未见息肉复发，他欣喜万分。他的事在当地一传十、十传百，很快在他的安徽老乡中传开了，现在他越来越多的安徽老乡会从安徽赶来杭州找陈老师看病。有些大人疾病看好了，会带孩子来看，有些更是一有风吹草动就先带到陈老师这里报到，小孩长大后，一生病首先想到的也是先来陈老师处吃点中药。陈学奇老师常开玩笑说："我培养了一批中医小支持者。"

三、陈氏膏方，阴阳平衡

陈老师的膏方也是非常有影响力，每年到冬天，都有一批忠实患者，有从安徽结伴开车过来，更有从广州组团坐飞机赶来，也有从西班牙、意大利等回国探亲的侨胞。广州的这支膏方队伍，源起于三年前。当时有位常年多病的女患者，吃过陈老师的膏方后感觉特别好，说简直让她脱胎换骨了。因此之后她便呼唤朋友赶来杭州找陈老师开膏方，到现在这支亲友团已经是不断壮大了。

最早服用陈老师所开膏方的老人，现在已95岁高寿。每年冬季，他都会早早地来到陈老师的门诊。吃膏方已成为他迎接冬至到来、保证健康长寿的重要方式。

"在我孩提时，父亲就多次和我提起过膏方。他说爷爷每年会有几天被当地的富绅请去开膏方，但开普通方易，开膏方难。一张好的膏方可以使病人花较少的钱买到最好的营养保健品，真正使就诊者起到防病治病、延年益寿的目的，体现出我们中医治未病、治病求本的特色。父亲把膏方称为'膏滋药'，他说这个'滋'就是润物细无声，慢慢地补。但如果一味投补，补其有余，实其所实，往往会适得其反。膏方因服用时间长，药用得当会使人感到精力充沛，第二年少生病，但药用不当则会出现胃脘不适、皮疹、齿浮、鼻衄、便秘、低热等不适症状。医者必须深思熟虑，立法力求平衡，不能有偏差。偶有疏忽，与病情不合，医生与病人皆遭损失。"

对于膏方，陈老师常说："我逐渐体会到了父亲生前常说的一句话的内涵，中医的辨证治疗最终是一个阴阳平衡。父亲常说，在膏方的组方用药中一定要用好中医的平衡理论，膏方就是通过调整人体阴阳气血的动态平衡，而达到防病治病、延年益寿的目的。我们家传医术讲究的就是'和'法，不管什么疾病，只要阴阳平衡了，人体也就健康了。父亲的这种思想，一直指导着我的临床用药。灵活运用中医药，以平衡观治病，常能取得一些意想不到的效果，所谓奇招制胜，大约就是如此。"

所有这些理论一直留在陈学奇老师的脑海里，就连他现在开膏方，也处处都体现着他父亲当初教导的"阴阳平衡"原则。临证时既要考虑"形不足者，温之以气，精不足者，补之以味"，又要使其滋而不腻，补而不碍，通过"缓补"以调解和改善人体脏腑气血功能，增强抵抗力，达到防病治病的作用。很多月经量少、不孕症的外地病人，陈学奇老师常以膏方为她们治疗，服药2个月后，常常有人来报喜。去年陈老师去外地一个县城出差时，一对结婚3年的夫妻一直未孕，年龄逐渐增大，双方父母比孩子们还着急。女方月经量少，西医诊断为卵巢早衰，男的也被诊断为弱精，他们慕名找到陈老师。陈老师想到外地患者治疗也不方便，就给他俩一人开了一张膏方，意想不到的是，吃完膏方的第二个月，女方就怀孕了。去年膏方季节到了，经他们一介绍，门诊涌来了好几对不孕症患者要求膏方治疗。陈老师常说，我们要多思考，祖辈们的经验是几代人的临床积累，我们在做好中医传承的同时要将其发扬光大，这将为患者带来无穷的福祉。

第四节　弘扬祖业

一、巨大信念支撑拼搏

在成长的岁月中，祖父与父亲共同探讨钻研过的一些病案，于陈学奇而言，可谓是极其珍贵的"遗产"。

令陈学奇记忆深刻的是一位痛经的女病人，其丈夫在部队服役，平时聚少离多，一直也没怀上孩子。她每次来例假都痛得要休克过去，判断她是患了子宫内膜异位症，当时陈大堃给她开了方子，但效果并不明显。陈大堃感觉有点挫败，便去请教其父陈韶舞。陈韶舞指点道："当以辨证论治，因为这才是治疗疾病的关键。"按此思路，陈韶舞帮改了两味药。难以置信的是，女孩服了药，三个小时后腹痛就止住了，她惊喜地说："难道我服的是仙丹！"如此调理三个月，丈夫回来探亲后，竟然很快怀上了孩子。

"同样的病例居然在我大学毕业第二年就碰上了。当时我太太在外地工作，她医院里有个护士，痛经20多年，每次都痛不欲生，有时要靠杜冷丁才艰难度过。当她向我太太诉说的时候，我突然想起了祖父指点父亲的那张方子。于是我给她开了同样的方子，奇迹再次发生了，她在服药后的第二天就完全不痛了，当月就没有痛经，而且从此再也没痛过！这个患者到现在还时时念叨我那张方子神奇的疗效。我想这大概就是传承的重要，如果完全靠自己摸索，我想可能会走很长时间的弯路。"陈学奇深有感触道。

陈大堃先生接诊过无数不孕不育的患者。记得有一天，上海枫泾那边来了一对夫妻，一个是弱精症，一个是输卵管堵塞，多年来到处求医，都未能怀上孩子。他和父亲陈韶舞先生商量后，决定沿用陈木扇女科家传的秘方对他们分别予以辨证施治，奇迹竟然真的发生了！

还有个篮球运动员带着妻子从上海赶来，他们结婚多年不孕不育，甚是烦恼，四处就医不见喜讯，他妻子在上海检查过，没发现什么问题。而这篮球运动员有两米多高，非常壮实，根本不认为自己会有问题。但陈大堃坚持让他好好检查一下。检查结果发现，他竟然是无精症！陈大堃先生并没有被他的无精症吓倒，而是通过全面分析他运动员的体质，辨证论治后，给他开了处方调养了两个多月，不多久就喜得贵子。"父亲之所以一再坚持检查男方，正是因为有祖父的教导和他自己多年临床经验的积累。这让我在日后的临床中，对弱精症的治疗也能有较好的认识和有效的治疗。"

"祖父常说，陈木扇女科传承到现在不容易，他的先生当年是非常有仪式感地传承予他，他一心一意想将陈木扇女科代代传承下去。记得祖父临终前躺在床上，不是非常清醒的时候，还在与父亲商量怎么样让孩子学中医。"说到这里，陈学奇不禁有些唏嘘，"所以改革开放后，我终于有机会考大学了，不管有多艰苦，我硬是将高考扛了下来。虽然前面几次因为历史问题不顺利，但我最终还是得以踏入浙江中医学院之门。这个过程太痛苦，要不是因为来自于祖辈父辈巨大的信念支撑，我是真的挺不下去。"

回忆过去，祖屋尚在，但两代先辈已驾鹤西去，尽管岁月让一切消逝了，却磨不掉记忆。"他们给予我的不仅是取之不尽如宝库般的中医知识与理念，让我一次次地被中医之博大精深而震撼，更重要的是他们将中医刻入了我的灵魂，让我心甘情愿用一生去感受中医之魅，用所有的身心向人间传递中医

之精良。"

二、家传医术理论升华

1979 年，祖国的中医事业迎来了春天。当年 10 月，陈大堃接到县卫生局的通知，要求他代表桐乡参加 11 月中华全国中医学会浙江分会成立大会和中医学术研讨会，还指定他在大会上发言交流，做学术报告。

"父亲当时非常激动，十分欣喜。但接到通知到交稿只有 2 周的时间，那时交通不便，邮寄还要好几天。繁忙的父亲白天根本没有时间写稿子，只有晚上才能动工。于是，父亲给了我一个任务——帮助他誊抄论文，即他写好后由我誊抄校对。"陈学奇说。这是陈学奇第一次撰写中医论文。

陈大堃的文学功底很好，又有丰富的临床经验，所以在短短的 2 周内，他每天写到凌晨，居然写出了 10 余篇介绍中医临床经验的论文。陈大堃首先想到的就是要传播其父陈韶舞的临床经验。他一笔笔写下了陈木扇女科学术思想之精华，有陈韶舞的产后病治疗经验，也有他自己对痛经、闭经的治疗经验；有中草药治疗皮肤病、无名中毒等的临床经验，也有结合《黄帝内经》学习的临床体会，为我们后辈留下了珍贵的历史资料。

"父亲晚上一有空就开始写作，我负责誊抄。在誊抄的过程中，父亲还谦虚地让我提意见。其实，以我当时那点水平，哪能提得出什么意见！我也明白，父亲只是想让我在誊抄论文的过程中，同时多学习一点家传的临床经验。父亲告诉我，写论文是件苦差事。首先要在临床经验的基础上全面梳理出陈木扇女科的学术思想特色，比如立法、处方、用药有哪些特点？经验的独到之处是？要经过反复推敲、反复琢磨，才能把经验上升为理论。他还说，写文章要有自己的见解、要有深度，他是有意让我在这过程中也能学到一点关于怎么写论文。"言及父亲的用心良苦，陈学奇感慨万千。

中华全国中医学会浙江分会成立大会和中医学术研讨会如期举行，陈大堃应邀在大会上做了陈木扇女科学术经验交流。他的演讲一结束，嘉宾们便纷纷赞扬。会议期间，德高望重的中医学会副会长潘澄廉、何任老先生等多次前来和陈大堃交流，他们为陈木扇女科还有嫡传感到十分欣慰。"父亲觉得非常荣光，会后回家还和我们讲了很多会议花絮，他很高兴地说，这次会议是新中国成立以来浙江省规格最高，规模最大，最隆重的中医界盛会，我一个来自基层的医生能有幸出席这次大会，并做大会发言真是倍感荣幸。"

也正是从那个时候起，陈氏父子明白了学术会议对学术交流的重要性。

后来，陈大堃又参加了首届浙江省中医妇科学术交流会、嘉兴地区的首届中医学术交流会，这些会议都指定要他在大会上发言交流，做学术报告，他的学术论文也在那个年代逐篇得以发表。后来，中华全国中医学会浙江分会和浙江省中医研究院编写的浙江省名老中医学术经验选编第四辑《医林荟萃》时，也收集了陈大堃的《陈韶舞学术经验简介》和《陈韶舞医案选按》等学术论文。

陈学奇老师说道："我也是从那时帮父亲誊抄论文开始，从学术层面上，体系化地逐渐熟悉了陈木扇女科世代传承至祖父与父亲的学术思想和临床经验，为我现在的妇科临床奠定了良好的基础。我逐渐体会到，写论文其实是一个对临床经验总结并上升为理论体系的过程，它反过来又清晰地指导着临床，让我们在行医中能达到举一反三的效果。"

三、传承重任，责无旁贷

在陈学奇老师的医学生涯中，最令他欣喜的事莫过于这些年来陈木扇女科流派得到了国家的重点支持和保护。

"在求师与行医的漫漫历程中，我一直有一个强烈的愿望——振兴家传的陈木扇女科。数十年来，在无数个从医瞬间，我经常有这样的体悟，即我之所以成为我，全然因承袭着陈木扇女科的血脉。"

2013年，陈木扇女科以其1000余年历25代的辉煌传承，而有幸成为全国首批64家全国中医学术流派传承工作室之一，而陈学奇老师作为陈木扇女科流派的代表性传承人和工作室负责人，责无旁贷地挑起了传承的重任。

作为一个具有重要历史地位的流派，陈木扇女科所创造的学术理论和独特方法不仅以较稳定的家传形式传承下来，具有连续性和稳定性，而且还在继承中发展壮大，而陈木扇女科博采众长，又不局限于一家之学。陈木扇女科系统而全面地提出了具有创造性的中医妇科理论，治病主张审病求因、治病求本，认为妇人病多隐晦，必须详察四诊，首重问诊，方能诊断确切，自编"陈氏女科十问"；宗前辈"治妇人诸病，以调经为先"，调经"以调和气血为先"，在月经病治疗中，体现出"调和气血，调和阴阳，调和脏腑"等特点，意在气血并重，阴阳平衡，肝脾肾同治；调经以'和'为贵，用药以"和"为期，切忌攻伐太过；强调"疗妇人疾，重先后天"等学术观点，

倡导"清热凉血，补益气血"的安胎法。

陈木扇女科体系中有许多独特的理论，经现代医学的验证，其正确和精准令世人震惊。与时俱进而不废，陈木扇女科那些珍贵的凝聚无数祖辈心血结晶的处方，至今仍然在为解除患者病痛而用之不辍。

纵观中国医学史，不仅延绵不断地存在过众多的医学流派，而且还出现过许多医学流派百家争鸣的局面。其结果是医学流派得到发展，同时多元化的学术理论也得到了相应的发展。在中医药事业漫长的发展历史中，正是因为有了许许多多灿若星辰的中医药各学科的流派，才组成了我们中医药学术发展绚丽的画卷。

国家中医药管理局确定的全国中医学术流派传承工作室，目标是培育一批特色优势明显、学术影响较大、临床疗效显著、传承梯队完备、辐射功能较强、资源横向整合的中医队伍。

"我深知自己所负使命之重大，从此倾尽全心建设陈木扇女科流派工作室。"经过五年的努力，陈学奇老师已为陈木扇女科流派发表相关论文30余篇，并建立流派工作室网站，成立陈木扇女科流派工作站，开设流派的示范门诊，开展流派科普宣教工作，并积极在全国各地开展陈木扇女科流派学术思想的推广活动。他同时开展了流派特色制剂的研究，获浙江省中医药科学技术二等奖、浙江省政府科技进步三等奖，省部级和厅局研究课题7项，专利2项。

因历史的曲折，历代传人的秘诀、医案大多已佚散。陈老师花费三年时间，根据家传和第23～25代传人留下的完整医案医论，倾心总结了陈木扇女科的学术思想和临证精华，潜心主编了《陈木扇女科临证辑要》。这些医案医理传承着陈木扇女科千年之精华，凝聚着祖辈们的心血，更蕴藏着丰富的中医理论和临床经验，具有较高的临床价值。

陈学奇老师还应邀担任《全国中医妇科流派名方精粹》《傅青主女科临症解析》的副主编，其中收集了陈木扇女科家传的名方，写下了他个人对《傅青主女科》一些条文的理解和心得，深得读者好评。

薪火相传，生生不息。让工作室成为中医妇科理论传播的重要途径，亦成为医学人才培养的摇篮，才是其长远意义之所在。陈木扇女科在开枝散叶的过程中，陈学奇老师还致力于培养一批又一批医学人才，如今已有许多新人成为陈木扇女科的继承人。

承载着先辈的厚望，陈学奇老师的愿望是为中医药事业腾飞奋斗终生。杏林长春，愿岐黄薪火传承，在全新的激情新时代迎接腾飞。

第四章

高超医术

第一节　经方活用

　　经方，即《伤寒论》与《金匮要略》的方剂。所代表的辨证论治理论体系充分彰显了中医药学的实用价值。由于疗效显著，经方一直以来被广泛应用于临床，在跟随陈老师抄方的学习过程中，我们深刻地认识到了中医的灵魂在于经典，经典的实用体现在经方。陈学奇老师业医40余载，深研《伤寒论》与《金匮要略》，尽得仲景之法。笔者有幸从师陈老师门下，聆听教诲，受益良多。陈老师在中医临床中，常能正确掌握辨证方法，发挥经方的疗效和优势，以经方作为母方，依辨证论治的原则而化裁出一系列的方剂，临床灵活运用经方治疗内科、妇科疾病，常常效如桴鼓。现就跟师临床应用经方体会举例如下。

一、活用麻黄附子细辛汤

　　麻黄附子细辛汤为仲景治疗少阴病兼表证之代表方，出自《伤寒论》301条："少阴病，始得之，反发热，脉沉者，麻黄附子细辛汤主之。"原方由麻黄二两、细辛二两、附子一枚组成。麻黄发汗解表，附子温经助阳，细辛既能助麻黄解表，又能助附子温经散寒。全方三味药配伍，可温可散，可表可里，可内散少阴之寒，外解太阳之表，或为表里双解之剂。陈老师临证运用本方远远超出《伤寒论》的治疗范畴，尤其擅长将麻黄附子细辛汤与他方合用应用于阳虚寒盛、水不化气、表寒湿阻的内科、妇科疑难杂病，投之多能取效。

陈老师认为，对于麻黄附子细辛汤而言，其本为治疗太少两感证，但麻黄附子细辛汤的主要作用是温经通阳、散寒通痹，临床应用并不局限于太少两感证，不必拘泥于有无发热恶寒之表证，抓住太少两感之证"少阴本病，外感寒邪"这一基本病机，根据异病同治的基本理念，凡邪由外入，治疗当因势利导，用麻黄附子细辛汤辛散与温化相佐，透邪外达，发挥扶正祛邪、温经解表的作用。

疾病发生的主要因素是正气不足、邪气乘虚而入。阳虚体质之人感受外邪，因其本身阳气不足，邪正斗争不剧，易为邪气所乘。同时，陈老师还认为，妇女生理上有经、孕、产、乳，数伤于血，血虚阳气不足，易使冲任失养；同时，现代生活中女子起居不慎，因贪凉饮冷致阳气受损，或产后、经期感受风寒湿邪，侵犯胞宫，而使阴寒内盛、冲任受阻而发妇科病者为数众多，留着筋骨、经络关节、肌肉，发为妇科疑难疾病；因此女子易发阳虚感寒病证，即表实里虚、表里俱寒证。而麻黄附子细辛汤中麻黄辛温发越，最能表散风寒、开宣肺气；附子辛热、能壮元阳、补命火，搜逐深陷之寒邪；细辛大辛大温，可入髓透骨，既助麻黄表散风寒，开通上焦清窍，又助附子温暖命门。因此，此方已不仅局限于伤寒之太少两感证，临床中再配合他药或他方适当配伍，则可广泛应用于阳虚感寒的多种病证，尤其是一些妇科疾病。因病机相切，故疗效显著。陈老师在临床中取本方加味，治疗各种因寒邪内伏于里，而症见于表的病症，如过敏性鼻炎、哮喘、妇科产后病、痛经等，疗效满意。现举例验案如下。

案 1：过敏性鼻炎

张某，女，35 岁，2000 年 3 月 1 日初诊。

主诉：反复鼻痒鼻塞、喷嚏流涕 3 年余。

病史：病起 3 年前的冬天，经行受寒发热，治疗后发热虽退，但从此出现反复发作性鼻痒、喷嚏、流清涕、鼻塞，遇寒则喷嚏频作，涕泗交加，鼻痒难忍。西医诊断为过敏性鼻炎，经抗过敏治疗有效，但仍发作频繁，脉象沉细，舌淡、苔薄白。

中医诊断：鼻鼽；证属：风寒袭肺，卫表失和。

西医诊断：过敏性鼻炎。

治法：温经散寒，调和营卫，宣肺利窍。治方用麻黄附子细辛汤合桂枝汤加味。

方药：麻黄 6g，附子（先煎）6g，桂枝 6g，白芍 15g，辛夷（包煎）、白芷、鹅不食草各 6g，细辛 3g，生姜 3 片，红枣 10g，生甘草 10g。服 3 剂后喷嚏即止，唯舌淡脉沉细，继以黄芪建中汤连服 10 剂以巩固，后 3 年未作。

按： 过敏性鼻炎多因阳虚之体卫表不固，风寒之邪侵入，壅滞鼻窍，肺失宣肃而致，病程日久主要涉及肺、肾两脏，切合麻黄附子细辛汤主治。其表现在肺，因肺开窍于鼻，但其病理变化与肾气虚也有关系，因而用麻黄宣肺散寒，又用附子温经助阳，更以通彻表里之细辛祛风寒、通鼻窍，合桂枝汤及辛香通窍之品，使寒散邪去而病愈。

案 2：哮喘

徐某，男，28 岁，2001 年 1 月 30 日初诊。

主诉：反复咳喘 10 个月余。

病史：10 个月前寒冬风雪夜长途跋涉，次晨寒战高热，迭经西药治疗后寒热得清，但咳嗽仍频作，甚则气喘，久治乏效，每遇寒则哮喘作，服平喘之剂而缓解。今值冬令，咳喘又作，咳势较剧，喘息抬肩，咯痰色白清稀，舌淡，苔薄白，脉沉细。

中医诊断：喘证；证属：寒邪宿肺，肺失宣降。

西医诊断：哮喘。

治法：温肺散寒，宣肃肺气。治方用麻黄细辛附子汤合三子养亲汤。

方药：麻黄、附子各 6g，细辛、白芥子、干姜各 3g，苏子 10g，莱菔子 10g，炙甘草 10g，红枣 10g。服 7 剂后，咳喘平息。后调理 1 个月而痊愈。随访 1 年，哮喘未发。

按： 旧恙十个月，反复发作，乃寒邪宿饮不解，使肺气失于升降之故。本案患者因外感风寒起病，然前医一见"炎症"、咽痛，则妄投清热解毒之品，复伤卫阳，使寒邪内侵入于少阴，少阴阳郁不宣，寒湿凝滞，而发为此病。故以温化寒邪，荡涤宿饮为主，取麻黄附子细辛汤。使离照当空，则阴霾自散。再合三子养亲汤加强化饮降逆之功，寒饮消散，肺气宣肃如常，则顽疾告愈。

案 3：产后荨麻疹

邱某，女，29 岁，1999 年 9 月 14 日初诊。

主诉：反复周身散在淡红色风团发作 2 年余。

病史：患者就诊时周身散在淡红色风团，略高出皮肤，大小不一。自述产后未满两周曾用冷水洗衣服，后即患此症，经常于面部、手臂皮肤出现散在风团，渐及腰围等处，时发时止，瘙痒难忍，后一遇冷水寒风则全身发作，

平时时隐时现,西医诊为慢性荨麻疹,用抗过敏药效不显,病程缠绵近两年,症状反复发作,瘙痒不已,影响正常生活,前来就诊。患者形体消瘦,面色无华,常伴胃脘隐痛,腰酸,大便一日两行,偏溏,舌质淡,苔薄白腻,脉细。

中医诊断:痒症;证属:气血虚弱,风寒外袭,营卫不和。

西医诊断:慢性荨麻疹。

治法:补气养血,调和营卫,疏风散寒祛邪。

方药:炙麻黄 6g,制附片 6g,细辛 3g,炙黄芪 15g,炒当归 10g,炙桂枝 10g,炒白芍 15g,生熟地各 10g,炒川芎 6g,炒防风 6g,白鲜皮 30g,地肤子 15g,砂仁(后下)6g,甘草 6g。5 剂。服 3 剂后皮疹完全消退,胃脘隐痛未作,5 剂后,随访至今未复发。

按: 陈师认为,患者发病 2 年余,曾多方求医疗效不显,经详细问诊,慎思审因,方知病起产后。"产后百脉空虚",风寒邪乘虚而入,侵袭于皮肤腠理间,致营卫不和发为风疹。方从病源论治,用麻黄附子细辛汤发表温经散寒,尤其细辛开肺气而走腠里,达邪外出;黄芪桂枝五物汤调和营卫而固腠理,以四物汤养血活血祛风,适其"治风先治血,血行风自灭"的治疗方法,白鲜皮、地肤子疏风止痒;砂仁和胃理气,甘草调和诸药,合用以扶正为本、祛邪为标而效显。

案 4:子宫腺肌病

管某,女,42 岁,2014 年 6 月 6 日初诊。

主诉:反复经行腹痛 4 年余。

病史:4 年来经行腹痛,痛势剧烈,常需服 2 天止痛药物,平时腹痛绵绵,影响正常生活和工作。患者已婚,月经周期 35 ～ 45 天,经行量多夹块,十余日净,1-0-2-1。平素畏寒肢冷,时有腰酸,既往超声检查提示:子宫腺肌病,右侧卵巢内膜异位囊肿;血清肿瘤标志物提示:CA199 143.2ng/mL,CA125 244.4ng/mL,患者要求保守治疗。来诊时,患者经行第 3 日,临期腹痛剧烈,为下腹持续性坠胀痛,服止痛片后仍需卧床休息,得温稍缓,月经量多,色暗红,夹有血块,伴四肢厥冷,舌红,苔薄白,脉弦细。

中医诊断:痛经,癥瘕,月经后期,经期延长;证属:寒凝血瘀,郁久化热,寒热互结,虚实夹杂。

西医诊断:子宫腺肌病,子宫内膜异位囊肿。

治法:养血调经。拟少腹逐瘀汤加减。

方药:小茴香 3g,酒当归、鹿角霜、制大黄、杜仲、丝瓜络各 10g,

炒白芍、大血藤、豨莶草、鸡血藤、蒲黄（包煎）、蚕沙（包煎）各30g，紫石英（先煎）、地肤子、盐续断、花蕊石各15g，牛膝12g，川芎、艾叶、红花各6g。7剂。

6月13日二诊：诉服药后腹痛大减，经行稍畅，6月11日经净。时有腰酸乏力，纳眠尚可，大便正常，舌红，苔薄白，脉弦细。拟方：忍冬藤45g，炒白芍、大血藤、鸡血藤、蒲黄（包煎）各30g，砂仁（后下）5g，地骨皮、半枝莲、炒川断、大枣各15g，生地黄、香附、炙桂枝、炮姜、鹿角霜（先煎）、炒杜仲、莪术、土鳖虫、佛手、甘草各10g。7剂。

6月20日三诊：服药后大便溏，小腹隐痛，时感疲乏无力。患者病程日久，虚瘀夹杂，血失温煦，此当月经中期，以暖宫散寒，化瘀消癥为法。拟方以麻黄附子细辛汤加减：前方减砂仁、半枝莲、炒川断、生地黄、炒杜仲、莪术、佛手，加炙麻黄5g，淡附子（先煎）6g，细辛3g，小茴香3g，炒当归、威灵仙、莪术各10g。7剂。

6月27日四诊：经期将至，诉腹痛大减，乏力好转。效不更方，前方酌加温肾暖胞、活血理气止痛之品。拟方：上方减忍冬藤、威灵仙、莪术、土鳖虫、甘草、地骨皮、大枣，加延胡索、盐续断各15g，艾叶、红花各6g，杜仲、丝瓜络、大腹皮各10g。7剂。

7月4日五诊：经行第1日，阴道少量出血，暗咖色，伴头痛，腹胀，稍有乳房胀痛，大便正常，舌红，苔薄，脉细。此月事如期而至，痛势已减，守前方酌添焦栀子清热止痛。14剂。

7月18日六诊：诉7月4日至7月11日经行，腹痛1日，以胀痛为主，病势明显好转，经来量中，色红，无明显血块，7日净。依前法调理半年后，患者痛经症状基本消失，卵巢囊肿消散，随访半年痛经未再发作。

按：本案患者据症首辨虚实寒热错杂之证；患者形体消瘦、神疲乏力又兼气血不足之象，在月经期治疗以养血调经为主，予四物汤合少腹逐瘀汤加减温阳化瘀兼以止痛；经后血海空虚，注意扶正，以生地、鹿角霜、炒杜仲、炒川断补益肝肾，以麻黄附子细辛汤温经散寒、活血通络，炮姜、艾叶温肾助阳以治本，炙桂枝、红花、丝瓜络温阳活血通脉；月经中期正气已复，当以攻邪为主，酌添莪术、土鳖虫、大血藤、鸡血藤、忍冬藤、半枝莲活血清热消癥，莪术、土鳖虫等化瘀消癥。诸药合用，气血得养，气机条畅，正气恢复，胞脉畅通，其症自消。

二、活用黄芪桂枝五物汤

黄芪桂枝五物汤出自《金匮要略·血痹虚劳病脉证治》："血痹阴阳俱微，寸口关上微，尺中小紧，外证身体不仁，如风痹状，黄芪桂枝五物汤主之"。方由黄芪、桂枝、芍药、生姜、大枣组成，具有益气温经、和营通脉除痹之功。陈老师认为，该方原主治血痹证，主要用于虚劳引起的血痹，出现肌肤麻木、游走疼痛等症状，而其在妇科临床应用中已经远远超过了原方血痹的范畴。在妇科临床中，血痹这种病证较为常见，妇女以血为本，气血互依互存，凡伤于血者，必耗其气，伤于气者，亦损其血，尤其是产妇，产后易耗气伤血，可出现因气血两亏而产生的关节酸痛、恶寒怕冷、汗出等症状，治疗当以大补气血为先，以黄芪桂枝五物汤补气养血、祛风散寒、调和营卫，常常能药到病除；又如绝经期妇女，年届半百，气血虚衰，临床常表现出潮热出汗、关节酸痛、肌肉麻木等一系列绝经期综合征症状，该方能调营卫、补气血、养血疏风通络，治疗后常能起到良好的疗效。陈老师在临床运用中，在黄芪桂枝五物汤中常加上一味当归，取黄芪当归补血汤之意，更使之成为妇科的常用方。陈老师分析到，黄芪桂枝五物汤加当归后化裁组合，实际上涵盖了4个方剂，其中桂枝汤有调和营卫的作用，所以对一些气血不足、营卫不和的怕风、颈项强几几、肌肉酸楚都有良好的疗效；该方还包含了小建中汤和黄芪建中汤，对气血不足、中阳不足的患者出现脾胃虚寒、怕冷、胃脘隐痛喜按、面色不华等症状，疗效显著；加当归后的黄芪当归补血汤，以气血双补为主，气为血帅，血为气母，具有益气生血功效，对妇科劳倦内伤，气血虚，阳浮于外之虚热证常用。

陈老师将黄芪桂枝五物汤加当归灵活合用为基本方，应用于多种复杂妇科疾病中，常收显著疗效。如对绝经期综合征出现潮热出汗的，加龟板、鳖甲、黄柏，出汗多的加龙骨、牡蛎、稽豆衣、糯稻根，失眠的加远志、百合、麦冬，出现疼痛、胸痛的加瓜蒌、薤白，出现胃痛的加良附汤，便溏的加香砂六君子汤，头痛的加川芎茶调散，眩晕的加羚角钩藤汤。对痛经、慢性盆腔炎、产后病等的治疗，灵活化裁加减也取得了较满意的疗效，现将陈老师临床医案例举如下。

案 1：绝经期综合征

徐某，女，45岁，2010年3月15日初诊。

主诉：反复失眠一年余。

病史：停经 1 年半余，因工作劳累、思虑过度，常感头晕心悸，胸闷气短，常莫名悲伤，已西医抗抑郁治疗一年余，一夜仅睡 2 ～ 3 个小时，伴潮热出汗，关节酸痛，腰酸乏力，便溏，舌淡红苔薄，脉细缓。心电图检查未见明显异常，甲状腺功能测定正常，生殖激素测定：FSH 57.3U/L，LH 35.5U/L，E_2 21.7pmol/L。B 超示：左侧卵巢变小，右侧卵巢回声变实。妇科检查：子宫略小。

中医诊断：不寐；证属：心脾两虚，肝肾不足，阴阳失调。

西医诊断：睡眠障碍。

治法：益心脾，养肝肾，调阴阳。先拟黄芪当归桂枝汤合归脾汤加减。

方药：黄芪 10g，炒当归 6g，炙桂枝 5g，炒白芍 15g，炒白术 9g，太子参 10g，茯神 12g，炒丹参 15g，青龙齿 15g，百合 10g，合欢皮 30g，灵芝 10g，炙远志 10g，杜仲 10g，女贞子 10g，仙灵脾 30g，陈皮 10g，淮小麦 20g，红枣 15g，炙甘草 9g。7 剂。

二诊：服药后夜寐明显好转，一夜能睡 6 ～ 7 个小时，头晕心悸、胸闷气短、关节酸痛减轻，心情转好，苔脉如前，潮热出汗未见明显好转，前方去太子参、茯神、青龙齿、炙远志，加鳖甲 10g（先煎），地骨皮 15g，独活 10g，桑寄生 15g。14 剂。

服药后诸症好转，以调营卫、补肝肾、益心脾为法再处方加减治疗 3 周后，患者症状皆除。

按：绝经期综合征属于中医"绝经前后诸证""脏躁"等范畴。临床常潮热出汗、畏寒、恶风、关节酸痛同时出现，心烦易怒、倦怠乏力、寐劣、盗汗等同时存在，所以常寒温并用、补泻并用。本病的发生以肾虚为本，以肝郁为主，以营卫失和、阴阳失调为综合表现，调理营卫、调治阴阳平衡是本病治疗的一个重要环节，黄芪桂枝五物汤加减可和营卫，调阴阳，使阴阳平衡。

患者思虑劳累过度，伤阴耗血，肝肾亏虚，冲任失调，绝经较早，久病及阳，使肾阴阳两虚，及心肝脾失养、营卫失和，故以黄芪当归桂枝汤合归脾汤、甘麦大枣汤和营卫、养心脾，再加女贞子、鳖甲、地骨皮、杜仲、仙灵脾补肝肾、清虚热，阴阳同治，使营卫得和，阴阳平衡，诸症得平。

案 2：痛经

何某，女，37 岁，已婚，2014 年 6 月 8 日初诊。

主诉：经行腹痛一年余。

病史：患者一年来出现经行腹痛，经行量多如崩，腹痛绵绵不止，面色㿠白，心慌乏力，平素过食肥甘之品，形体肥胖，带下量多，动则气喘。末次月经为2014年6月6日，纳呆便溏，舌胖嫩，苔薄腻，脉迟。

中医诊断：痛经；证属：脾虚血少，胞脉失养。

西医诊断：痛经。

治法：益气升阳，和血调经。方以黄芪桂枝五物汤合补中益气汤加减。

方药：黄芪15g，当归10g，桂枝10g，炒白芍10g，川芎10g，炒丹参15g，怀山药15g，炒白术10g，熟地黄10g，砂仁（后下）5g，柴胡10g，升麻10g，炒谷麦芽各15g，大枣15g，甘草10g。7剂。

2014年6月22日二诊：服药后腹痛明显好转，纳谷渐增，精神状态明显好转，带下仍多，伴有外阴瘙痒，便溏脘胀，再以前意化裁，上方去熟地黄、砂仁，加土茯苓30g，绵萆薢15g，炒黄柏10g。7剂，同时外用自制妇洗液外洗。

2014年7月6日三诊：述7月5日月经转好，痛经若失，带下减少，予一诊处方加葛根15g，7剂。

此后月经期未再出现痛经现象。

按：世人论治痛经常泥于痛无补法，多以活血行气止痛治之，对于虚性痛经，难免有南辕北辙之嫌。该患者脾虚气弱，冲任不固，致经来量多如崩，血海空虚，胞脉失养而经行腹痛。此乃因虚不荣之痛经，故陈老师在治疗上以"若欲通之，必先充之"的原则，血脉充盈始能荣而不痛。故以黄芪桂枝五物汤合补中益气汤加减化裁，调补脾胃以资气血营卫生化之源，益气以生血；再加柴胡、砂仁调气行滞，使脾胃清阳之气得以鼓舞，精微输布得以复常，气血充盈，使气血调和旺盛，冲任流通畅行，痛经自愈。二诊时因脾虚湿恋，故加土茯苓、绵萆薢、炒黄柏以健脾祛湿，再加萆薢以增强清热除湿止带之效。三诊时诸症好转，加葛根增强益气升阳、和血调经之力以善后。

案3：慢性盆腔炎

王某，女，38岁，已婚，2008年7月1日初诊。

主诉：反复双侧少腹疼痛5年余伴发热半月余。

病史：患者5年来双侧少腹胀痛反复发作，伴腰部明显酸痛，劳累后常发热，在38～38.5℃，每次抗生素静脉治疗后热退，但腹痛、腰酸症状不减。伴倦怠乏力，懒言，睡眠较差，经行或劳累后下腹胀痛、腰部酸痛明显加重，带下色白，大便溏，舌红，苔薄黄腻，脉濡数。此次就诊时，已发热半月，住院经抗生素治疗疗效不明显，于是前来中医治疗。盆腔检查提示：双侧附件增厚、有压痛。超声提示：子宫内膜单层厚 0.3cm，宫腔内可见液性暗区 2cm，盆腔少量积液。

中医诊断：腹痛；证属：气血不足，肾气虚寒，气滞血瘀兼有下焦湿热蕴结。

西医诊断：慢性盆腔炎。

治法：益气补肾，温经通络，化瘀止痛，佐以清热利湿。

方药：黄芪 12g，桂枝 5g，当归 15g，白芍 15g，川芎 6g，干姜 3g，肉桂 2g，香附 10g，延胡索 12g，杜仲 12g，续断 12g，鹿角霜（先煎）10g，茯苓 12g，鸡血藤 12g，红花 12g，丝瓜络 12g，黄柏 10g，茯苓 15g，忍冬藤 60g，鸡血藤 15g。7 剂。

复诊：热退，少腹疼痛渐除，腰酸明显好转。继以上方为基本方加减治疗 1 个月，无不适症状，随访一年未见复发。

按： 慢性盆腔炎根据其症状及体征，应属于中医"腹痛""带下病""癥瘕""痛经""月经不调""不孕症"等范畴，多数慢性盆腔炎患者都因正气虚弱、下焦虚寒、邪毒入侵，不能气化湿热瘀毒，致经脉瘀滞，气血运行不畅，不通则痛，属于中医本虚标实的范畴，因此治疗上扶正祛邪，从"虚"入手，以益气补肾扶正，温阳散寒止痛，活血化瘀止痛。患者因盆腔炎反复发作，正气虚衰，肾气不足，冲任失于温煦，胞脉寒冷，倦怠乏力，懒言，气血运行不畅，故少腹痛不减；久病阳虚，肾虚不足，故腰骶酸痛；湿热余邪与气血搏结于冲任胞宫，血瘀脉络，则彩超显示体内有包块积液。辨治上应抓住气血不足、肾气虚寒与气滞血瘀的疾病关键。陈老师投以黄芪桂枝五物汤合四物汤益气养血、温通散寒，以杜仲、川断、鹿角霜等温补肾阳，顾其根本；佐以鸡血藤、红花、丝瓜络等活血化瘀通络；佐以蒲公英、忍冬藤以清热利湿。此患者前后治疗一个月余，症状均消失，疗效显著。

案 4：产后关节痛

孙某，女，35 岁，2009 年 5 月 17 日初诊。

主诉：产后全身关节游走性疼痛 5 年余。

病史：患者 5 年前足月顺产第二胎，产后第十天感受风寒，腰背酸痛，后逐日加重，遍及周身肢节，并走窜疼痛，关节及全身怕风，遇寒加重。曾用中药及西药治疗未见好转。就诊时，全身关节游走性疼痛，以四肢尤

浙江中医临床名家 · 陈学奇

甚，伴有头晕，心悸，面色萎黄，便溏，舌淡，苔薄白，脉沉细无力。化验：抗"O"、血沉、类风湿因子、免疫指标均增高，曾西医免疫抑制剂治疗，治疗后全身乏力，白细胞下降，但四肢关节肿胀疼痛明显，未见好转，故前来中医就诊。

中医诊断：痹证；证属：气血虚弱，营卫不固，风寒湿邪入而为痹。

西医诊断：类风湿关节炎。

治法：益气温经补血，活血祛风止痛。

方药：黄芪 30g，桂枝 15g，当归 10g，白芍 30g，郁金 10g，杜仲 15g，续断 10g，桑寄生 15g，独活 10g，木瓜 10g，桑枝 30g，穿山龙 30g，鸡血藤 30g，香附 10g，徐长卿（后下）10g，干姜 5g，炒谷芽 15g，红枣 10g，甘草 10g。7 剂。

二诊：服药后关节疼痛明显减轻，已不恶风寒，伴有腰酸无力，便溏，脉沉细无力。原方桂枝减为 8g，加补骨脂 10g，炮姜 6g。

用上方加减调理月余，全身关节疼痛消失，四肢活动自如。检查指标均在正常范围。

按：患者产后气血俱虚，腠理疏松，风寒湿邪入侵，痹阻脉络，侵袭肌肉、关节而出现产后身痛诸症。风性善行故全身关节游走性疼痛，寒湿痹阻脉络，则四肢疼痛、畏寒，气血不足则面色萎黄，舌淡，苔薄白，脉沉细无力。方用黄芪桂枝五物汤加味补血养血、温阳通脉除痹；独活寄生汤加减补肾壮骨通阳、活血通络、祛风除痹等。诸药合用，可使气血补、筋骨壮、寒湿除、痹证通，诸症消失而愈。

三、活用半夏泻心汤

半夏泻心汤源于张仲景《伤寒论》："伤寒五六日，呕而发热者，柴胡证具，而以他药下之，柴胡证仍在者，复与柴胡汤。此虽已下之，不为逆，必蒸蒸而振，却发热汗出而解。若心下满而硬痛者，此为结胸也，大陷胸汤主之。但满而不痛者，此为痞。柴胡不中与之，宜半夏泻心汤。" 原治小柴胡汤证误下伤中而致的痞证。此方另见于《金匮要略·呕吐哕下利》："呕而肠鸣心下痞者，半夏泻心汤主之。"

半夏泻心汤由半夏半升、黄芩、干姜、人参、炙甘草各三两，黄连一两，大枣十二枚组成。该方是一首集辛开苦降、寒热补泻于一体的方剂，因其药味有寒、热、平之别，药用有补、泻、和之异。陈老师比较认同清代医家汪琥《伤寒论辨证广注》中认为半夏泻心汤是治疗"湿热不调，虚实相伴之痞"的方剂的观点，认为半夏泻心汤在临床上主要治疗脾胃不和、气机阻滞、湿热聚于中焦之病。方名"泻心"，即泻心下之痞，心下痞的产生是由于脾胃不和、气滞与湿浊相互胶结的结果，临床应用要抓住"脾胃气机升降失常"的病机关键，畅达气机、清利湿热是治疗首务。仲景立方，以祛邪为主，兼顾扶正。祛邪以姜、夏、芩、连辛开苦降，燥湿化浊；同时佐以人参、甘草、大枣扶正补虚，顾护胃气，以达辛开苦降甘调，泻不伤正，补不滞中的目的。陈老师认为，半夏泻心汤在临床的应用颇多，其辛开苦降、寒热并用、和胃降逆、补泻兼施的治法，治疗寒热结于中焦之痞塞及一切内科杂症，只要切中病机，均能收到良好效果。该方在临床中往往以治疗消化系统疾病为主，但陈老师在绝经期患者的顽固性失眠、焦虑症的治疗中屡见成效，现举例如下。

案 1：失眠

周某，男，52 岁，2018 年 8 月 11 日初诊。

主诉：寐劣难眠 10 余年。

病史：自述 10 余年前因劳累过度、工作压力较大开始出现寐劣，后逐渐加重，甚至彻夜难眠，医生让其服用艾司唑仑片，开始每晚服 1 片，后渐加至 2 片，现在加至每晚 2.5 片仍只能浅睡眠 2～3 小时。就诊时患者症见精神不振、倦怠乏力、口干心烦、胃脘作胀、大便干结，舌红，苔白厚腻，脉细滑数。

中医诊断：不寐；证属：心火上炎，湿热内蕴，心神失宁。

西医诊断：睡眠障碍。

治法：辛开苦降，清心火，化湿热，宁心神。方以半夏泻心汤加减。

方药：干姜 3g，黄连 5g，黄芩 10g，制半夏 10g，太子参 10g，炒丹参 15g，炒白芍 15g，陈皮 10g，厚朴 10g，藿香 10g，茯苓 10g，秫米 15g，制远志 15g，百合 10g，灵芝 10g，炒枳壳 10g，瓜蒌皮 10g，瓜蒌仁 15g，红枣 15g，炙甘草 10g。7 剂。

二诊：服至第 3 剂，寐劣明显好转，患者自停艾司唑仑片，已能入睡 5～6 小时，倦怠乏力、口干心烦好转，胃脘作胀除，大便转常，舌红苔渐化。于是去厚朴、藿香，加玉竹 10g，麦冬 10g，再进 14 剂，睡眠基本恢复正常。后又对症加减巩固治疗 14 剂。半年后随访，无复发。

按：失眠的病因很多，由劳倦、思虑、忧郁、胃气不和等导致，该患者因长期劳累过度、工作压力较大，思虑伤脾、脾胃失运、胃失和降，气机失调，上扰心神而致失眠。半夏泻心汤中黄芩、黄连苦寒降泻，伍半夏、干姜辛温开结，寒热并用以苦降辛开，调中和胃，加上陈皮、厚朴、藿香、炒枳壳理气化湿畅通中焦，太子参、大枣补气生血以补中焦之虚，从而达到恢复中焦升降、消除痞满的目的，加炒丹参、炒白芍、制远志、百合、灵芝养心安神。气机失调以除，气机升降正常，中焦和畅，则不寐自愈；气血生化充足，心神得养而神自安。诸药配合，共奏寒热并用、辛开苦降、补气和中、生化气血而达安神之效。

案 2：焦虑证

杨某，女，50 岁，2018 年 10 月日初诊。

主诉：心烦焦虑、寐劣难眠一年余。

病史：自述一年前停经后开始出现失眠，入睡难，易醒，后逐渐加重，甚至彻夜难眠，伴胃胀，医生让其服用艾司唑仑片，每晚仍只能浅睡眠 2～3 小时，后让其加服抗焦虑药，患者拒绝，前来中医治疗。就诊时患者精神萎靡、倦怠乏力，胃脘痞满不适，泛酸嗳气，心悸胸闷、情绪波动较大，遇事恐惧，经常莫名哭泣，不能从事正常工作，不想出门，怕冷，胃脘作胀，嗳气，便秘，舌红苔黄腻，脉细弦。

中医诊断：不寐；证属：心脾两虚，湿热内蕴。

西医诊断：睡眠障碍，焦虑症。

治法：辛开苦降，健脾化湿，宁心安神。方以半夏泻心汤合半夏秫米汤加减。

方药：干姜 3g，黄连 5g，黄芩 10g，制半夏 10g，炒党参 10g，炒丹参 15g，炒白芍 15g，陈皮 10g，绿梅花 6g，厚朴 10g，藿香 10g，茯神 15g，秫米 15g，制远志 15g，百合 10g，灵芝 10g，炒枳壳 10g，瓜蒌皮 10g，瓜蒌仁 15g，炙甘草 10g。14 剂。

二诊：服 14 剂后，乏力、入寐、心悸较前好转，自觉情绪好转，仍遇事恐惧，夜间可睡 4～5 小时，心烦时作，莫名哭泣减少，怕冷，胃脘作胀好转，嗳气泛酸好转，二便调，舌质红，苔薄黄腻，脉细弦。原方去厚朴 10g，加炙桂枝 6g，共 14 剂，水煎服。

三诊：服上药 14 剂后，心悸未作，夜寐进一步好转，可睡 7 个小时，情绪逐渐稳定，患者能带着症状去从事日常活动，心烦偶作，哭泣渐除，仍怕冷，胃脘胀时作，嗳气，原方去瓜蒌皮、瓜蒌仁，加炒当归 10g，仙灵脾 30g，共 14 剂，水煎服。

四诊：服 14 剂后，患者病情平稳，夜寐渐佳、倦怠乏力好转，怕冷、胃胀、嗳气渐除，二便调，舌质红，苔薄黄，脉弦细。用前方加减治疗 3 个月后，患者逐渐恢复正常而停药。随访至今，未再复发。

按：不寐是焦虑症最常见的症状，患者停经后，因绝经期出现了阴阳失调、心脾两虚，忧愁思虑，影响脾胃功能，胃脘痞满不适，泛酸嗳气，脾胃不和；脾虚土不达则阻碍气机，致胃胀不适，土壅木郁之证，木郁化火，心火上炎而致失眠、便秘，脾虚卫气不固而怕冷，舌红苔黄腻，脉细弦，当为湿热之象。寒热错杂之证，当温中泻热，调和脾胃，消痞清心安神，以半夏泻心汤加减。方中以黄连、黄芩清心除烦，制半夏清中焦之热，厚朴、藿香化湿，枳壳理气导滞，炒党参健脾，炒丹参、炒白芍、桂枝调和营卫，陈皮、绿梅花、炒枳壳理气化湿、开郁醒脾，瓜蒌皮、瓜蒌仁润肠通便，秫米甘寒，甘缓益胃，泻阳补阴，使阴阳调和，佐以茯神、百合、制远志、灵芝宁心安神，甘草调胃以安其正。诸药配合，顾正气，湿热得以清化，营卫得通，气机得畅，心神得安，病证悉除。

第二节 祖方今用

陈木扇女科流派源起后唐，始自南宋，集唐宋之精华，发古今之幽篁，相传到陈学奇老师已是第 25 代。为了使陈木扇女科流派的学术思想得以更好地传承和发展，陈老师将近代流派传人留下的、曾秘而不宣的、凝聚无数祖辈心血的"祖方"加以归纳，并结合在临床中创新应用的经验，悉心编辑整理，奉献给大家。以下例举陈老师运用的陈氏经验方。

一、陈氏清肝通经汤

陈氏清肝通经汤由陈木扇女科第 23 代传承人陈韶舞先生所创。该方组成：炒生地 10g，炒白芍 10g，炒当归 10g，炒川芎 6g，炒丹皮 10g，焦山栀 10g，炒黄芩 10g，制大黄 10g，柴胡 6g，制香附 10g，红花 6g，丝瓜络 10g，炒艾叶 6g。该方具有清肝泻火、理气化瘀的功效。常用于因肝郁气滞、气郁化火或素体阴虚内热、肝火上炎、气滞血瘀所致的痛经。

陈韶舞先生认为女子"以血为用""以肝为先天""气有余便是火",将"滋阴清热、清热泻火"等清法灵活运用于许多难治性痛经病人,取得良好的疗效。适用于临床上许多重症痛经,多由肝郁气滞、气郁化火或素体阴虚内热、肝火上炎,气滞血瘀所致,这些痛经程度较重,甚至休克,经常规治疗疗效欠佳,此时仍以"审病求因"为法,当拟疏肝清热、泻火凉血,常能药到病除。临床症见:多见经行少腹剧痛,常进行性加重,痛时拒按,痛多胀少;月经量多,色鲜红或紫夹块或量少色紫夹块;伴经前乳胀、胸胁胀痛,心烦,口苦,伴面部痤疮、腰痛、大便干结等,舌红或暗有斑点,苔薄黄,脉弦或脉弦大。方中四物养血和血,调经止痛;炒丹皮、焦山栀、黄芩、制大黄清热凉血,泻火止痛,柴胡、香附、艾叶、红花、丝瓜络理气逐瘀,通络行滞止痛。全方寒热并用,瘀去新生,疼痛自止。痛经用药需处处顾护精血,讲究温而不燥,补而不滞,清而不留瘀。

附陈老师验案一则:

吴某,女,30岁,1991年8月2日初诊。

主诉:经行腹痛6年余。

病史:患者6年前曾流产一次,后出现经临少腹胀坠,疼痛难忍,牵及腰部,肛门下坠有灼热感,每年进行性加剧,痛甚则呕吐,甚则肢厥休克。经早7~10天,量多色紫夹有大血块。曾去当地医院就诊,诊断为子宫内膜异位症,经中西医治疗疗效不明显,有时痛甚以注射杜冷丁镇痛。伴有口苦,心烦,大便干燥,带下黏秽,舌质尖红,苔薄黄,脉弦数。

中医诊断:痛经;证属:肝郁化火,热瘀相搏。

西医诊断:子宫内膜异位症。

治法:清热泻火,化瘀行滞。方用家传"陈氏清肝通经汤"加减。

方药:炒白芍10g,炒当归10g,炒川芎6g,炒丹皮10g,炒牛膝10g,焦山栀10g,炒黄芩10g,炒川楝子10g,制香附10g,炒延胡10g,制大黄10g,红花6g,丝瓜络10g,炒艾叶6g,10剂。

服药后当月,病人自觉腹痛十去其八,未服止痛药。后继续治疗一个月,停药后回访3年,疼痛未反复。

按:现代女性的生活工作压力越来越大,女子之病易从热化,重症痛经以肝郁、肝火、血热居多,方中当归、白芍、川芎养血和血,调经止痛;丹皮、焦山栀、川楝子、黄芩清热凉血,泻火止痛,香附、玄胡、艾叶、红花、丝瓜络理气逐瘀,通络行滞止痛。全方寒热并用,瘀去新生,疼痛自止。

二、红花桃仁煎

红花桃仁煎是陈木扇女科一大名方，出自《陈素庵妇科补解》的"妇人经血不通属血瘀方论"，该方组成：红花6g，当归10g，桃仁10g，香附10g，延胡索15g，赤芍15g，川芎6g，乳香6g，丹参15g，青皮10g，生地10g。有热者，加酒炒大黄；兼寒者，加肉桂、熟艾。该方具有行气活血化瘀的功效，主要用于气滞血瘀、冲任失调之月经不调。

陈木扇女科认为"妇人月水不通，属瘀血凝滞者，十之七八。日久不治，则成癥瘕。有热结下焦而经闭者、有寒结胞门而经闭者。此症必时时作痛，或少腹板急，宜服红花桃仁煎。"认为月水断绝，虽有热结、寒结之分，然寒结久则生郁热，辛温之药亦不宜过剂也。方中于行血药中加顺气药，气行则血不滞，为气血并治之良方，为月经不调而有瘀滞者常用。陈木扇女科第24代传人陈大堃先生认为，气血失调是妇科疾病中最常见的发病机理之一，月经为血所化，气血互相化生，气为血帅，血随气行，气盛则血充，气行则血行；反之气滞则血瘀，气虚则血少，均可影响月经致失调。调经应以调和气血为先，红花桃仁煎于养血之中配以行气活血之品，以和气行气为先，调其气则血自行。该方四物养血，青皮、延胡索、香附行气开郁，气行则血行，养血以行气，达到气血同调、气血平衡之效。红花、桃仁、乳香皆行血，丹参去旧血生新血，生地、赤芍凉血破血，全方具有活血化瘀、理气止痛、疏肝解郁、散结养阴的功能，气行则血行，气血调和，气顺脉通，月事以时下，经血方正常。这些特点决定了该方可以广泛应用于各种类型的调经治疗中。只要加减得当，临床调经效果亦佳。具体加减：如月经色淡量少血虚有寒者，宜加党参、黄芪等；多次流产血气受伤经闭者，宜加"八珍"等；月经过多、崩漏者，宜加滋阴清热药。这种"治血以调气，治气以养血，气血并治"，以养血补血为主，辅以疏肝解郁之药，红花桃仁煎是陈氏调经的主要方法之一。

三、陈氏滋水涵木汤

陈氏滋水涵木汤由陈木扇女科第23代传承人陈韶舞先生所创。该方组成：炒生地10g，熟地黄10g，山茱萸10g，制首乌15g，女贞子10g，柴胡6g，炒白芍15g，炒丹皮10g，炙龟甲10g，煅牡蛎30g，黑山栀10g，炒陈

皮 10g。该方具有育阴清热、滋水涵木的功效。主要用于肝肾阴虚、相火偏旺为主的青春期、更年期妇女崩漏。

陈韶舞先生认为崩漏之病常迁延日久，耗血伤阴，多为肝肾水亏、木火失养，相火妄动，热迫血行，致漏下不止，间或血崩。强调治崩漏重在滋补肾水，通过滋肾水以治其本，潜肝阳而治其标。尤其提出青春期、更年期妇女崩漏，临床多见"虚火"。滋水涵木汤适用于月经淋漓不净，或量多如注，头目眩晕、口舌干燥，或面部痤疮，五心烦热，潮热盗汗，腰膝酸痛，四肢无力，舌质红，脉细数等症的病人。该方以生熟地、山茱萸、制首乌、女贞子、炙龟甲等滋养肾阴为主，"壮水之主，以制阳光"，以柴胡、炒陈皮、炒白芍、炒丹皮、黑山栀、煅牡蛎解郁清肝，令其条达，使肾阴足、肝体自养，肝阴足、肝气自平，肝阳得潜，水充而火自灭，使阴阳平衡，崩漏自治，全方共奏育阴清热、滋水涵木止血之功。该方重在滋补肾水，通过滋肾水以治其本，潜肝阳而治其标，阴足则阳伏，阳平不灼阴，实为肾肝同治，标本兼顾之方。

附陈老师验案一则：

叶某，女，47 岁，2003 年 6 月 7 日初诊。

主诉：月经先期 1 年，月经量多半年。

病史：近 1 年无明显诱因出现月经周期提前 10～15 天，常伴经行淋漓不净。半年前突然月经量多如注 20 余天，甚则如崩，去当地医院行诊刮术后血止，病理检查提示：子宫内膜单纯性增生。2 个月前无明显诱因又见阴道不规则出血，量时多如崩，夹有大血块，时淋漓不净，血常规检查：血红蛋白 60g/L，医生要求其再行刮宫术，但患者拒绝。前来中医就诊。伴倦怠乏力，潮热汗出，头晕腰酸，少腹时有疼痛，心烦易怒，寐劣，舌质红，苔薄，脉弦数。

中医诊断：崩漏；证属：阴虚火旺，血热妄行，冲任不固。

西医诊断：异常子宫出血。

治法：滋水涵木，凉血调冲。

方药：炒白芍 15g，生地炭 10g，焦山栀 10 g，炒丹皮 10 g，炒杜仲 10g，炒川断 10g，化龙骨 10g，煅牡蛎 10g，炒陈皮 10g，海螵蛸 10g，茜草炭 10g，蒲黄炭（包煎）10g，血余炭 10g，艾叶炭 10g，阿胶珠 10g，炮姜炭 10g。7 剂。

二诊：患者自述服药后第 3 天出血明显减少，少腹不适、腰酸好转，继前治疗，再服 7 剂。

三诊：患者出血止，潮热汗出减少，但仍头晕腰酸、少腹时有不适、夜寐欠佳，大便溏，舌淡，苔薄黄腻，脉细弦，拟澄源、复旧为主，巩固治疗。

方药：黄芪炭 10g，党参炭 10g，炒白术 15g，煅龙骨 15g，煅牡蛎 15g，海螵蛸 15g，生地炭 10g，茜草炭 15g，黄柏炭 15g，龟甲（先煎）10g，阿胶珠 10g，紫石英（先煎）15g，花蕊石 15g，艾叶炭 15g，炮姜炭 10g，附片炭 6g，杜仲炭 15g，续断炭 15g，红枣 15g。7 剂。

四诊：患者出血未反复，头晕腰酸好转，再拟前方加减以澄源、复旧，巩固治疗。

五诊：月经适时而行，量偏多，继用滋水涵木汤加减。

方药：炒白芍 15g，生地炭 10g，焦山栀 10g，炒杜仲 10g，炒川断 10g，煅龙骨 10g，煅牡蛎（先煎）10g，炒陈皮 10g，海螵蛸 10g，茜草炭 10g，蒲黄炭（包煎）10g，藕节炭 10g，艾叶炭 10g，阿胶珠 10g，炮姜炭 10g。7 剂。

患者经行六天而净，无腹痛。后巩固治疗二个月，病情未反复。回访至今，崩漏未见复发。

按：本病因患者素体肾阴亏虚，阴虚失守，虚火动血，迫血妄行，子宫藏泄无度，加之年近"七七"（即 49 岁），肾气渐衰，天癸将竭，冲任失固，水不涵木，木火内生，扰动冲脉，不能制约经血遂致崩。病本在肾水阴虚，治拟滋水涵木，凉血调冲。更年期崩漏，常伴潮热汗出、头晕腰酸、心烦易怒、夜寐欠佳，此类患者出血期宜重塞漏、澄源以止血，但患者出血量大、期长，阴损及阳，至脾肾阳虚，故后期宜重养阴清热合益气健脾补肾以固本复旧。

四、陈氏安胎饮

陈氏安胎饮由陈木扇女科第 24 代传承人陈大堃先生所创。陈木扇女科在宋代就明确提出了"清热凉血安胎之新法"，最早记载于《陈素庵妇科补解》"妊娠胎动不安方论""妊娠下血方论"等，极力倡导清热凉血、益气养血补肾的安胎方法，自成一脉，独具特色，给后世产生了深远的影响。该方组成：当归 10g，川芎 6g，白芍 15g，黄芪 10g，白术 12g，炒杜仲 10g，炒川断 15g，黄芩 10g，地榆炭 10g，阿胶珠 10g，紫苏叶 10g，甘草 10g。全方益气养血和血，补肾清热安胎，具有较好的清热凉血安胎的功效。主要用于冲任气血不足、肾虚胎火上逆之胎漏或胎动不安。临床多用于以腰膝酸软为主

的先兆流产、习惯性流产，或孕后出现腰腿软，小腹隐痛，或伴见少量阴道出血，或屡孕屡堕，兼见乏力、口干、心烦、大便干结，舌红，苔薄，脉细滑者。

陈大堃先生认为，妇女胎动不安或胎漏大多为冲任两脉气血两虚，药方以当归、川芎、"佛手散"养血活血，但川芎用量要小于当归，突出当归养血活血之效，益血和血则胎有所养，佐以黄芪、白术补气健中以生血，阿胶珠滋阴养血，黄芩、地榆炭清热凉血，杜仲、川断固肾安胎，肾气壮实则胎有所系，多次滑胎更需固肾气强冲任，使胞胎稳固。此方补而不腻，药性平和，但凡冲任气血虚弱所致之先兆流产、习惯性流产者皆宜。

附陈老师验案一则：

张某，女，31岁，已婚，2012年4月15日初诊。

主诉：停经36天，下腹痛伴阴道流血3天，流产2次。

病史：患者14岁月经初潮，月经规则，周期28～30天，经期2～3天，量少，色暗红，婚后3年自然流产2次，均于孕后40～60天时流产。到医院行相关检查，已排除男女双方器质性、免疫性、感染等因素。现因停经36天，自测尿HCG阳性，近3天来出现腰酸，小腹隐痛伴下坠感，阴道少量见红，恐再次流产，前来中医治疗。伴倦怠乏力，纳呆，心烦口干，大便溏，舌质红，苔薄白，脉细滑。测血β-HCG 1191.63U/L，P 37.7nmol/L。

中医诊断：胎动不安，滑胎；证属：冲任气血不足，肾虚胎火上逆。

西医诊断：先兆流产，复发性流产。

治法：益气养血，滋阴清热，固肾安胎。药用陈氏安胎饮加减，并嘱卧床休息。

方药：陈氏安胎饮加桑寄生15g，莲草15g，苎麻根15g，南瓜蒂15g，连服7剂后腰酸渐除，小腹下坠之感减轻，出血已止，大便转常，但稍有呕恶之象。测血β-HCG 23803.42U/L，P 56.5nmol/L。

二诊：上方去阿胶，加姜竹茹10g以和胃止呕。续服7剂后诸症消失。测血β-HCG 93546.89U/L，P 85nmol/L。后随证加减调理至孕满3个月余，无明显不适，彩超提示：双顶径3.1cm，胎心规律，嘱停药。后足月分娩一男婴，体重3000g。

按：先兆流产病因甚多，陈老师认为该患者素体肝肾不足，孕后2次小产，致肾气更虚冲任不固，小产伤肾精、耗肾气的同时，多有瘀血停留，瘀血内阻，血不归经，肾虚挟瘀从而导致腰酸腹痛、小腹下坠，阴道少量出血不止；

患者素体阴虚，孕后阴血下聚以养胎，使之益虚，阴虚而生内热，而致胎火上逆而胎漏，伴心烦口干，舌质红，脉细滑等；患者先天不足，后天失养，故脾气虚弱、中气不足而见倦怠乏力、纳呆、大便溏等。同时，在治疗过程要调得适中，切不可过补，忌用大辛大热大寒之品。当归、川芎养血活血使血脉流通，胎有所系，胎有所养，杜仲、续断、桑寄生为补肝肾安胎之佳品。脾胃为生血之源，黄芪、白术健脾益气使冲任得固，其胎可安。阿胶、白芍补肾养血止血。地榆炭、旱莲草清热凉血，黄芩、苎麻根、南瓜蒂清热止血安胎，黄芩清脏热也清血热，为安胎之要药；苏叶顺气安胎。诸药合用，气血得调，脾肾得补，胎火得清，胎有所养，胎元得安。

五、安胎平胃散

安胎平胃散由陈木扇女科 24 代传承人陈大堃先生所创。《陈素庵妇科补解》的"妊娠痰逆不思饮食方论"中就记载了"妊娠痰逆不思饮食者，因水饮停结积聚为痰，少不为害，多必成病。妨食呕逆，甚则伤胎""治宜清痰温胃，则胎自安，安胎饮主之"。安胎饮以当归、川芎、"佛手散"养血活血，护养胎元，加白术、山药、陈皮、紫苏、姜竹茹、大枣组成。经几十代人的积累和发展，陈大堃先生结合自己的临证经验，在安胎饮的基础上予以加减，组成了安胎平胃散传之于后世。该方组成：当归、川芎、白芍、白术、山药、紫苏叶、紫苏梗、广藿香、炒黄芩、杜仲、川断、苎麻根、姜竹茹、知母、石斛。全方具有较好的健脾养血、泻火降逆的功效。主要用于"胃虚、肝热"所致的孕妇反复出现恶心呕吐，进食受阻，甚则食入即吐。

陈大堃先生认为本病的主要病机是脾胃气血亏虚为本；冲脉之血下聚以养胎元，若胃气素虚不能下降反随冲脉之气上逆犯胃，则胃失和降。因阴血下聚，而肝脏体阴用阳，故肝气偏旺，加之肝脉"布胸胁夹胃贯膈"，不论是肝气郁遏还是相火偏旺，均可使肝火夹冲气上逆而致呕吐。治疗以健脾养血，理气和冲，泻火降逆止呕为主要治则，本病以"本虚"为本，以胃弱为主，还包括肝脾不足。冲脉隶于阳明，若胃气素虚，冲脉挟胎气上逆，胃失和降而恶心、呕吐；脾胃虚弱，运化失职，则纳差，不思饮食。冲脉气盛，挟胃气、肝火、痰饮上逆犯胃，胃失和降，致恶心、呕吐。全方重在养血补脾胃、泻火降逆气、止呕安胎。

附陈老师验案一则：

戎某，30 岁，2014 年 3 月 20 日初诊。

主诉：停经 14 周，呕恶 8 周，加重 4 周。

病史：停经 14 周，患者于停经 42 天即开始出现呕恶、厌食、嗜睡。超声提示：宫内早孕。停经 60 天左右开始频繁呕吐，不能进食，或勉强进食，稍多即吐，呕苦吞酸，面色苍白，伴倦怠乏力，头晕、腹胀、口苦便结，尿酮（+++），曾予补液纠正代谢性酸中毒，但患者一直呕吐频作，不进食时亦吐，呕物泡沫状或黄绿色，口苦，皮肤口唇干燥，自觉发热，体重减轻。前来中医就诊，舌红苔薄黄，脉弦滑。

中医诊断：妊娠恶阻；证属：胎气上逆，胃失和降。

西医诊断：妊娠剧吐伴代谢性酸中毒。

治法：健脾养血和胃，清肝降逆止呕。

方药：炒当归 10g，炒川芎 6g，炒白芍 12g，炒白术 12g，炒山药 15g，紫苏叶 10g，紫苏梗 10g，广藿香 10g，炒黄芩 12g，杜仲 10g，川断 10g，苎麻根 15g，姜竹茹 10g，知母 10g，石斛 10g，甘草 10g。7 剂。嘱其充分休息，以适量多食清淡食物为宜。

服药 3 剂后，呕吐减轻，能少量进食，大便得润，续服 5 剂，恶心呕吐已止，尿酮检查已转阴性，胃纳增加。

按：患者频繁呕吐，不能进食，或勉强进食，稍多即吐，上腹胀满，倦怠乏力，面色苍白，尿酮（+++）。如《景岳全书》中指出："凡恶阻多由胃虚气滞。"妇人素体脾胃虚弱，受孕后，血聚子宫以养胎，子宫内实，冲脉之气较盛，循经上逆犯胃，胃失和降，反随冲气上逆而呕恶。方中以白术、山药健脾胃，和中气；当归、川芎、白芍养血安胎，紫苏叶、紫苏梗、广藿香醒脾和胃，降逆止呕；炒黄芩、苎麻根、姜竹茹泻火除湿，清热安胎；知母、石斛养阴清热和胃，杜仲、川断滋补肝肾安胎，甘草调和诸药，全方合用共奏健脾理气和胃，降逆止呕之佳效，有健脾益气、理气化湿清热之功。

六、陈氏养荣汤

陈氏养荣汤由浙江陈木扇女科第 24 代传承人陈大堃先生所创。该方组成：黄芪 12g，桂枝 6g，炒白芍 12g，炒当归 12g，桃仁 10g，红花 6g，香附 9g，独活 6g，秦艽 6g，桑寄生 9g，炒杜仲 9g，鸡血藤 30g。全方具有益气养血、祛瘀通络的功效，主要用于产后气血两虚、肝肾不足、瘀血内阻之证。

《陈素庵妇科补解·产后众疾门》云："产后以百日为准，凡百日内得病，皆从产后气血两亏，参求用药，即有伤寒、伤食等症，亦宜补气养血药中略加见症，从治一二味为正论，不可全用峻削攻伐，有忌寒凉酸涩之药。使瘀滞凝结、癥瘕、腹痛、寒热往来、骨蒸劳热、咳嗽所由来也。"产后百脉空虚、多虚多瘀，外感六淫之邪，内伤七情饮食致产后病。如有过早操劳，或起居不慎，或外受风寒湿邪，留着筋骨、经络关节、肌肉，致产后全身肌肉关节疼痛、肌肤麻木不仁等。陈学奇认为，妇人产后，耗气伤血，治产后病当以大补气血为先，故该方以黄芪桂枝五物汤补气养血，祛风散寒，调和营卫；黄芪为君药补气为先，加四物汤养血入血分，桂枝散寒通络，杜仲、桑寄生补肾强腰膝；独活、秦艽通利关节、祛风通络；鸡血藤养血活血，桃仁、红花活血化瘀通络。全方益气养血、活血通络，但凡产后病均可应用，共奏补气养血、祛风散寒、通络止痛之效，以治产后病。产后多兼杂病，临诊以扶正为本、祛邪为标，主要用于产后气血两虚、肝肾不足、瘀血内阻之证。方中补中有行，行中有补。祛瘀生新补血，实为陈木扇女科产后用药的代表，极具特色。滋补不留邪、祛瘀勿伤正是中医临床用药的一大原则，这一原则在陈氏养荣汤中也得到了明显的体现。

附陈老师验案一则：

竺某，女，43岁，2015年6月3日初诊。

主诉：剖宫产后9天，发热5天伴腹痛、汗多。

病史：患者9天前因巨大儿行剖宫产术，手术顺利。剖宫产术后第4天开始，每天出现下午发热至38.5℃，约6小时后体温恢复正常，外院予抗生素治疗效果不明显。2015年6月2日超声检查提示：内膜单层厚0.5cm，宫腔液性分离约1.14cm，内透声欠佳，可见云雾状及团状增强回声，CDFI示内血流信号不明显。子宫前壁峡部探及范围约2.8cm×3.8cm增强不均回声，内可见少量液性区。因发热不退故来中医就诊。症见面色萎黄、四肢无力、两少腹隐痛，得温则缓，汗出淋漓，伴有夜间盗汗、乳汁少、纳食不馨、恶露未净，色暗挟块，大便干结，舌淡，苔厚腻，脉细数，重按无力。平时无痛经病史。患者无畏寒、寒战，无流涕、咽红咳嗽，无恶心呕吐。

中医诊断：产后发热；证属：气血虚弱，营卫不和，瘀血留滞。

西医诊断：产褥感染。

治法：益气养血，调和营卫，清热化瘀通络。以陈氏养荣汤加减。

方药：黄芪 15g，炒当归 10g，炙桂枝 3g，炒白芍 25g，牛膝 10g，杜仲 10g，炒川断 15g，海螵蛸 15g，茜草炭 10g，棕榈炭 10g，蒲黄炭（包煎）15g，花蕊石 15g，焦山楂 12g，血余炭 10g，艾叶炭 6g，大血藤 30g，鸡血藤 30g，忍冬藤 30g，炮姜炭 6g。7 剂。

二诊：服药后约二个小时，小腹阵痛，恶露渐多，旋即下血块数枚，下腹疼痛逐渐减缓，恶露即少，发热渐退，出汗明显减少。第二天，苔腻渐化，脉细。2015 年 6 月 5 日超声检查示：子宫前位，切面大小约 9.4cm×7.2cm×6.9cm，形态饱满，肌层回声分布尚均匀，局部宫腔分离约 0.5cm，内膜毛糙。内膜单层厚 0.5cm，子宫前壁峡部见一大小约 2.5cm×1.6cm 低回声区，边界尚清。后予上方去棕榈炭、蒲黄炭、花蕊石、焦山楂、血余炭等，继续服 7 剂治疗以巩固。

两周后随访，发热未反复，腹痛除，出汗止，恶露净，胃纳好转，大便通畅。苔腻渐化，脉细缓。

按：陈老师认为产后发热，证候复杂，有外感、血虚、气虚、瘀血等。产后"正气易虚，易感病邪，易生瘀滞"，其中血瘀导致发热也是常见原因之一，临床辨证要注意发热的特点，辨恶露、小腹痛等情况。此患者产后发热 5 天，未见明显感冒及感染症状，恶露色暗有块，小腹压痛明显，辨证当属产后气血亏损，瘀血内阻，虽用抗生素治疗，但瘀血停滞，营卫不通，发热不退。产后恶露不畅，当下不下，故腹痛不止。复因产时气血耗损，卫阳不固，腠理不实，营卫不调而致自汗过多。治疗以陈氏养荣汤加减调补气血、活血化瘀、调和营卫为主。

该患者自产后出现发热、腹痛、汗出，但热不甚，腹痛不剧，动则汗出明显，加之乳汁少，大便干结，纳食不馨，舌淡，脉细数，重按无力，均为气血亏虚，故用黄芪桂枝五物汤益气温经，重用白芍配炙桂枝调和营卫，伍以茜草炭、棕榈炭、蒲黄炭、花蕊石、焦山楂、血余炭活血止血而不留瘀，艾叶炭、炮姜炭暖宫、温经通络，大血藤、鸡血藤活血祛瘀、祛风通络，忍冬藤清热通络。全方气血双补，活血养血，补而不滞，阴阳得调。上述方药共奏补气养血、活血化瘀、调和营卫之功效，营卫调和而发热汗多自止，瘀祛新生，腹痛自缓。补气固表、调和营卫，瘀血排出，大便通顺，也起到了散瘀泻热之功。陈老师同时还特别告诫，若产后妇女出现产褥感染等，应扶正祛邪为主，慎投黄芩、石膏、鱼腥草等寒凉之剂，以防冰伏其邪，留有后遗症。

第三节 融会中西

在长期的临床实践中，陈老师坚持在完整继承中医辨证论治思想和方法的基础上，要充分借鉴现代医学的知识，探索疾病的有效治疗方法。陈老师认为，任何一门科学、任何一门学科在不同时代、不同社会背景的前提下，只有开放、包容、兼收并蓄的态度，才能跟上时代发展的步伐。中医在不同时代的发展过程中，也要不断跟上时代发展的节奏，才能得到快速的发展和提高。如在两千年前，中医在阴阳五行学术发展的基础上，完整地形成了中医自己的阴阳五行理论体系；医学高度发展到今天，人类创造了许多先进仪器，如数码 X 光成像、核磁共振，同时在细胞学说、基因学说发展的前提下，人们能够微观地认识疾病病理的变化，了解疾病的本质。这些都是前人受条件限制所无法做到的，现在这些仪器设备可以作为我们中医四诊的延伸，随着医学的发展，我们也要坚持在中医理论指导下，导入现代医学的诊断技术，拓宽我们辨证论治的视野，提高方法、技术，从而提高我们中医的诊疗技术水平，这就是我们的中西医融合思想。

陈老师在临床中深深体会到中医在妇科领域的优势和特色，也看到了中西医融合在临床中的长处，中医学的发展也需要取长补短。尤其是随着患者生活环境的改变，患者疾病谱的改变，需要我们及时汲取现代医学的知识，知己知彼，方能提高疗效。在弘扬中医学辨证思路的同时，结合现代医学的诊察手段，将会提高对一些疾病的治疗疗效。本着教学相长的宗旨，陈老师经常会向同行、学生虚心请教一些西医知识，切磋疾病诊治的体会，在临床中将辨病与辨证相结合。在弘扬中医辨证思路与治疗方法的同时，积极利用现代医学的诊疗手段和现代中医药的研究成果，为中医药服务，提高临床疗效。

陈老师认为，中医的辨证和西医的辨病，有其各自的理论体系，但辨证和辨病是可以相互补充的，两者的有机结合能更准确地把握病情的发展、转归，并结合疾病的特异性进行处理，提高治疗效果。

陈老师认为中西医融合在临床中可以有三大优势。

（1）疾病的定位准确，提高治疗疗效。如对长期不孕且实验室检查未见明显异常的患者，可以通过输卵管造影了解输卵管是否阻塞，如果有阻塞，则考虑是炎性阻塞还是纤维化后阻塞。如果是纤维化则需要手术；如果是炎性阻塞，可以使中药的运用更具有针对性；对一些炎性输卵管阻塞不孕的患

者，可以加清热解毒、活血化瘀的药增加疗效，对一些阻塞已纤维化的严重不孕病例，主张西医介入加中药治疗，提高疗效，缩短治疗时间。在月经病的治疗中，通过B超、核磁共振、内窥镜等可以了解子宫内膜的息肉、宫腔粘连、卵巢囊肿、子宫肌瘤等疾病的性质，不仅可以和肿瘤有所鉴别、探查病情的愈后，决定病情后期的中西医治疗方案，还可以在辨证的基础上加一些对疾病有针对性的药，如卵巢囊肿、子宫肌瘤的患者，可以加一些清热解毒、软坚散结、活血化瘀的中药，提高中药的治疗疗效。

（2）疾病的定量分析准确，提高治疗疗效。如在多囊卵巢综合征、卵巢早衰的治疗中，可以通过生殖激素的检查判断排卵功能、卵巢功能，相应调整中医治疗这些疾病的方法，如运用一些补肝肾的药调节雌激素、黄体功能，运用补气养阴的药改善排卵、卵巢的功能；对不孕症的患者可以通过B超卵泡监测判断什么时候用补益肝肾、补益气血的药，什么时候用理气活血的药来帮助卵泡的成长、内膜的正常成长、促进卵泡的排出，并指导受孕，提高受孕率。通过测定激素，如果发现黄体功能不好，可以适当增加一些通过现代药理学研究证明可以提高黄体功能有效的中药，如温补肝肾的药。对高泌乳素血症的患者，可以增加清热疏肝理气的药，提高临床疗效。对妊娠疾病，如宫内瘀血、羊水过少、胎盘低置等，通过B超的监测可以发现宫内瘀血的大小、羊水的多少、胎盘低置的程度，为我们中医保胎提供了比较确切的宏观认识，使我们可以尽早地使用活血化瘀法、益气养阴法等改变患者的愈后，使胎儿得安。

（3）疾病的定性分析准确，可以判断疾病的愈后，提高治疗疗效。比如，在复发性流产、先兆流产的治疗中，汇入各项激素的检查、甲状腺功能的检查、优生优育全套的检查、子宫动脉血流的检查、B超检查等，不仅在治疗中可以在中医辨证的基础上，更加准确地加上一些清热凉血、益气养血、活血化瘀的中药，提高保胎的疗效；而且可以判断胚胎的愈后，最明显的是宫外孕可以在早期得以发现，避免一些后遗症的发生。又如通过男子精液常规检查等项目，判断男女的疾病原因，合理治疗，帮助患者提高受孕率。又如白带的异常、绝经期崩漏的发生，可以因妇科炎症、内分泌、肿瘤疾病、手术损伤等导致，通过相关检查如果发现是肿瘤疾病，让患者尽早手术，以免延误病情，术后中医调理，帮助病人尽快恢复。

附陈老师验案一则：

孙某，女，43岁，2014年5月9日初诊。

主诉：反复经行腹痛 4 年。

病史：4 年前无明显诱因出现经行腹痛，排卵期及月经期下腹疼痛伴坠胀感明显，于医院 B 超检查时发现卵巢包块，未经系统治疗。近一年月经先期 3～4 天，量中，色红夹少量血块，经行下腹疼痛加剧，经行乳房胀痛，畏寒肢冷，便秘，舌红，苔薄白，脉细。5 月 7 日（经行第五天）腹部 B 超提示：①子宫肌瘤；②双侧卵巢囊肿（右侧 3.8cm×3.5cm×2.5cm，左侧 3.5cm×1.6cm×1.7cm，考虑巧克力囊肿）；③双输卵管积液。遂来院求诊。

中医诊断：痛经，癥瘕；证属：气血不调，湿热瘀阻。

西医诊断：继发性痛经，卵巢子宫内膜异位囊肿，子宫肌瘤。

治法：理气养血通络，兼清湿热。方以调气饮加减。

方药：炒当归 10g，炒白芍 15g，川牛膝 10g，香附 10g，延胡索 10g，川楝子 10g，王不留行 10g，路路通 10g，莪术 10g，土鳖虫 10g，鳖甲 10g，蒲公英 15g，半枝莲 10g，大血藤 30g，鸡血藤 30g，土茯苓 30g，天葵子 10g，佛手 10g，川芎 10g，甘草 6g。7 剂。

2014 年 5 月 16 日二诊：服药后无不适，排卵期无明显疼痛，守前方再服 7 剂。

2014 年 5 月 23 日三诊：月经将行，小腹稍胀，舌红，苔薄白，脉细，拟调气饮合失笑散加减。炒当归 10g，炒白芍 15g，酒川芎 10g，红花 6g，王不留行 10g，延胡索 10g，香附 10g，艾叶 6g，桃仁 10g，益母草 15g，泽兰 10g，川牛膝 10g，鸡血藤 30g，大血藤 30g，土鳖虫 10g，莪术 10g，炒蒲黄（包煎）10g，五灵脂 10g，丝瓜络 10g，路路通 10g。14 剂。

2014 年 6 月 6 日四诊：末次月经：5 月 27 日～6 月 3 日，量中，腹痛稍减轻，未见明显血块，大便正常，舌苔薄白，脉细弦。经行后，酌加制玉竹 10g 养阴益肾，垂盆草 30g 清热利湿，14 剂。

2014 年 6 月 20 日五诊：适将经至，乳房胀痛，大便可，苔薄脉细，继予调肝饮加减 7 剂。

2014 年 6 月 27 日六诊：末次月经：6 月 23 日～27 日，4 天净。经行无腹痛，经后稍有腰酸，依前法调治 4 个月，复查妇科 B 超提示：双侧卵巢囊肿消失，子宫肌瘤缩小。

按：陈氏认为痛经之病，主要病在气血。气血失和，冲任失调，不通则痛。此患者经期提前，经色红挟少量血块，经前乳房胀痛，均为气滞血瘀之象；因瘀血阻塞胞宫内或胞络外，影响冲任失调，终年累月愈积愈多，遂凝聚成

浙江中医临床名家·陈学奇

瘕，兼湿热瘀滞。陈木扇女科认为谨守气血、疏通为用是治疗痛经的重要环节。陈氏调气饮以养血通络治本，养血以四物汤温养，使血得温而行；以牛膝、香附、红花、小茴香、延胡理气活血，使瘀血去而新血生；月经期加艾叶温通胞脉；结合现代医学的检查，针对卵巢囊肿、子宫肌瘤月经前期予莪术、土鳖虫、鳖甲、蒲公英、半枝莲软坚散结、清热化瘀通络治标。养血通络，标本同治，痛经自止。

第四节　验　案　选　录

陈学奇老师对月经不调、不孕症、妊娠病、产后病等妇科疾病及内科杂症中的疑难病的诊治独具特色，我们有幸随师临诊，受益匪浅。现将老师的验案，选部分摘录如下，以飨同道。

一、月经病

（一）月经先期

许某，49 岁，2014 年 1 月 3 日初诊。

主诉：月经先期 10 余日伴量多 3 个月余

病史：患者 3 个月来出现月经先期 10～15 日，月经量多，时用尿不湿，色红夹有血块，10～20 天净，临期少腹不适，末次月经：2013 年 12 月 20 日，就诊时月经仍淋漓未净，但拒绝西医再次诊断性刮宫，前来中医就诊。就诊时倦怠乏力，畏寒肢冷，腰膝酸软，头晕耳鸣，时有五心烦热，口干、便干。妇科 B 超提示子宫内膜增厚。2012 年出血期曾行诊断性刮宫，提示子宫内膜呈单纯性增生期变化。舌红，苔薄，脉细弦。

中医诊断：月经先期，月经过多，经期延长；证属：肝肾阴虚，热扰冲任，迫血妄行。

西医诊断：异常子宫出血，排卵障碍。

治法：滋肝肾，清虚热，固冲任。

方药：生地炭 10g，砂仁（后下）6g，柴胡 6g，炒白芍 15g，制香附 10g，焦山栀 10g，海螵蛸 15g，棕榈炭 10g，炒续断 15g，炒杜仲 15g，炙龟甲（先煎）10g，茜草炭 10g，炙鳖甲（先煎）10g，地榆炭 15g，炒白术 10g，仙灵脾 30g，鹿角霜（先煎）10g，红枣 15g，佛手 10g，甘草 10g。7 剂。

二诊：服药后第 5 天出血止，五心烦热好转，口干好转，大便如常。舌红，苔薄，脉细弦。

方药：炒生地 10g，砂仁（后下）6g，柴胡 6g，炒白芍 15g，炒丹皮 10g，焦山栀 10g，山茱萸 15g，制玉竹 10g，炒续断 15g，炒杜仲 15g，炙龟甲（先煎）10g，炙鳖甲（先煎）10g，地骨皮 15g，茯苓 15g，炒白术 10g，仙灵脾 30g，鹿角霜（先煎）10g，红枣 15g，佛手 10g，甘草 10g。7 剂。

三诊：服药后月经先期 5 天而行，2014 年 1 月 15 日月经来潮，五心烦热渐除，口干好转，大便如常。舌红，苔薄，脉细弦。

方药：生地炭 10g，砂仁（后下）6g，柴胡 6g，炒白芍 15g，制香附 10g，焦山栀 10g，海螵蛸 15g，棕榈炭 10g，炒续断 15g，炒杜仲 15g，炙龟甲（先煎）10g，茜草炭 10g，藕节炭 30g，地榆炭 15g，炒白术 10g，仙灵脾 30g，鹿角霜（先煎）10g，艾叶炭 6g，佛手 10g，甘草 10g。7 剂。

四诊：服药后月经量仍偏多，月经 8 天止，稍有少腹不适，继前方 7 剂。

五诊：服药后患者出血未见反复，继前方加减治疗。

方药：炒生地 10g，砂仁（后下）6g，炒白芍 15g，炒丹皮 10g，焦山栀 10g，山茱萸 15g，制玉竹 10g，炒续断 15g，炒杜仲 15g，炙龟甲（先煎）10g，炙鳖甲（先煎）10g，地骨皮 15g，茯苓 15g，炒白术 10g，仙灵脾 30g，鹿角霜（先煎）10g，制半夏 10g，红枣 15g，佛手 10g，甘草 10g。7 剂。

六诊：上方去茯苓、炒白术、制半夏，加土茯苓 30g、猫人参 30g、荔枝核 30g 等清热散结之药物继续 14 剂巩固治疗。

服药后月经渐准，月经于 2 月 23 日来潮，量较前减少，伴随症状明显改善，后加减治疗半年余，连续 3 个月月经周期规律，经量正常，月经第 6 天 B 超复查：子宫内膜，双层内膜 0.5cm。停药一年后，回访月经一直正常，B 超复查子宫内膜在正常范围。

按：月经先期是指月经提早七天以上，甚至一个月两行。陈韶舞先生认为，月经先期多有血热，如《陈素庵妇科补解·调经门卷之一》谓："先期至者为血热。有劳心火旺，不能主血。有怒动肝火，不能藏血。有脾经郁火，不能统血。以致经水先期而至。或营分受风，则阴血妄动。"，治当清热凉血。该妇女时值"七七"，肾气渐衰，天癸将竭，妇女真阴不足，处于阳常有余状态，故以炒生地、炒白芍、炒丹皮、焦山栀、山茱萸、制玉竹、炙龟甲、炙鳖甲、地骨皮养阴清血热为主；柴胡、佛手疏肝理气；茯苓、炒白术健脾；炒川断、炒杜仲、仙灵脾、鹿角霜补肾调冲任；在健脾固肾的基础上酌用土茯苓、猫

人参、荔枝核等清热散结。患者病起阴虚火旺、热扰冲任，故经早量多，服药以养阴清热，固摄冲任，使阴阳平衡，月经如常。

（二）月经后期

孙某，女，46岁，2013年7月26日初诊。

主诉：月经后期伴量少半年余。

病史：患者半年前开始出现月经周期延长，40～50日一行，伴月经量少，色红质黏，见小血块，4～6日净。无腹痛，经前略有乳胀。末次月经：2013年7月19日。1-0-1-1，顺产1胎，现已20岁。人流1次，未置环，工具避孕。生殖激素及子宫附件B超检查未见明显异常。面色晦暗，眼周黑斑，自觉倦怠乏力，五心烦热，腰膝酸软，偶有潮热汗出，胃纳一般，夜寐欠安，易早醒，二便尚调。舌质红见裂纹，边有齿痕，苔薄，脉细。

中医诊断：月经后期，月经过少；证属：气血亏虚，肝肾不足。

西医诊断：月经失调。

治法：益气养血，滋补肝肾。

方药：黄芪15g，炒白术15g，炒枳壳10g，炒丹参15g，炒当归6g，炒川芎6g，炒白芍15g，香附10g，炒陈皮10g，砂仁（后下）6g，炒生地10g，炙鳖甲（先煎）10g，地骨皮15g，制玉竹10g，炒杜仲10g，炒续断15g，覆盆子15g，菟丝子15g，鹿角霜（先煎）10g，仙灵脾30g。7剂。

2013年8月2日二诊：服药后胃脘无明显不适，烦热稍减，睡眠浅，健忘。舌红有裂纹，边有齿痕，苔薄，脉细。

方药：黄芪25g，炒当归10g，炙桂枝10g，炒白芍30g，炒丹参15g，香附10g，炒陈皮10g，炙鳖甲（先煎）10g，地骨皮15g，煅牡蛎（先煎）30g，炒杜仲12g，炒续断15g，肉苁蓉10g，益智仁15g，鹿角霜（先煎）10g，仙灵脾30g，远志10g，酸枣仁15g，焦栀子10g，甘草10g。7剂。

2013年8月9日三诊：诉睡眠好转，倦怠乏力、腰膝酸软减轻，治疗依上法，改远志、酸枣仁为炙龟甲（先煎）10g，炒黄柏6g，继续治疗7剂。

2013年8月16日四诊：月经将至，予以养血调经。

方药：黄芪25g，炒丹参15g，炒白芍15g，炒当归10g，炒川芎6g，香附10g，延胡索12g，炒杜仲10g，炒续断15g，怀牛膝12g，鹿角霜（先煎）10g，仙灵脾30g，泽兰10g，桃仁10g，红花6g，丝瓜络10g。7剂。

五诊：患者诉2013年8月22日经至，量渐旺，色鲜红，见小血块。依

86

法坚持调理3个月，患者月经周期逐渐缩短，35～37日一行，月经量明显增多。

按：《丹溪心法·妇人》云："过期而来，乃是血虚"。先天肾气不足，或房劳多产，损伤肾气，肾虚精亏血少；体质素弱，营血不足；脾气虚弱，化源不足；均可致营血亏虚，精血不足，冲任不充，血海不能按时满盈致月经后期、月经量少。患者年近"七七"，天癸渐衰，肾阴不足，精血衰少，血海蓄溢失常，故月经后期、月经量少；肾主骨，肾阴不足，故腰酸肢软；肾阴不足，水亏不制心火，心神不宁，故失眠多梦、五心烦热；阴虚内热，津液不足，舌红裂纹；气血亏虚，故倦怠乏力。方中黄芪、当归加四物汤益气养血；龟甲、炙鳖甲、制玉竹、女贞子等滋阴补肝肾；杜仲、续断、仙灵脾、鹿角霜、肉苁蓉、益智仁等温补肾阳，以阳中求阴，使阴阳调和；黄柏、栀子、地骨皮清热；灵芝、远志、百合、酸枣仁宁心安眠；香附、炒陈皮、延胡索、泽兰、桃仁、红花、丝瓜络等理气活血、通络调经。益气养血、滋补肝肾、理气活血同用，使血海充盈、冲任调畅，月经逐趋正常。

（三）月经先后不定期

黄某，女，26岁，2018年7月9日初诊。

主诉：月经紊乱半年余。

病史：患者13岁初潮，平素月经规则，7天/30天，量中，色鲜，无痛经。近半年来出现月经紊乱，周期20～50天，经期延长至7～10天，经量时多时少，色深，无痛经。2018年6月13日前次月经（PMP）示：量少，色深，8天净。末次月经为2018年7月1日，至今9天未净，目前阴道出血量少，色暗，无腹痛。2018年7月3日生殖激素检查：FSH 8.41U/L，LH 27.45U/L，E_2 168pmol/L，T 2.63nmol/L，硫酸脱氢表雄酮488μg/dl；2018年7月8日子宫附件超声检查：双层内膜0.6cm，双侧卵巢多囊样改变。患者未婚未孕，职业为护士，经常值夜班，夜寐欠佳，倦怠乏力。舌质淡暗，苔薄白，脉沉细。

中医诊断：月经先后不定期；证属：脾肾两虚，冲任失调。

西医诊断：多囊卵巢综合征。

治法：补肾健脾，调理冲任。

方药：黄芪15g，炒当归10g，炒白芍15g，炒白术15g，女贞子15g，墨旱莲15g，香附10g，延胡索10g，炒杜仲10g，炒续断15g，仙灵脾30g，菟丝子30g，焦栀子10g，炙龟甲（先煎）10g，炒黄柏6g，海螵蛸15g，茜草炭10g，地榆炭15g，藕节炭15g，焦神曲10g，山楂炭10g。7剂。

二诊：服药后 2 天出血干净，纳可，二便调。舌质暗红，苔薄白，脉细沉。上方去海螵蛸、茜草炭、地榆炭、藕节炭、神曲、山楂炭，加鹿角霜（先煎）10g，紫石英（先煎）15g，佛手 10g，红枣 15g，蜜甘草 10g。14 剂。

三诊：7 月 19 日至 7 月 23 日再次出现阴道出血，量少，色鲜。舌质暗红，苔薄白，脉细。

方药：黄芪 15g，炒当归 10g，炒白芍 15g，香附 10g，延胡索 10g，炒杜仲 10g，炒续断 15g，仙灵脾 30g，菟丝子 30g，焦栀子 10g，海螵蛸 15g，茜草炭 10g，王不留行 10g，路路通 10g，梅花 6g，玳玳花 6g，鹿角霜（先煎）10g，紫石英（先煎）15g，焦神曲 10g，山楂炭 10g。7 剂。

四诊：半月来无异常出血，纳可，二便调。舌脉同前。上方去当归、延胡索、菟丝子、梅花、玳玳花、紫石英、神曲、山楂炭，加女贞子 15g，墨旱莲 30g，炒谷芽 15g，炒麦芽 15g，炙龟甲（先煎）10g，炒黄柏 6g，山萸肉 9g。7 剂。

五诊：间隔 20 日，8 月 7 日至 8 月 11 日经行，5 天净，量中，色鲜，无腹痛腰酸，无血块。治疗 1 个月后，于 2018 年 8 月 13 日复查生殖激素：FSH 9.19U/L，LH 22.17U/L，E$_2$ 249pmol/L，T 2.55nmol/L，P 1.39nmol/L。舌质红，苔薄白，脉细。

方药：黄芪 15g，炒当归 10g，炒白芍 15g，香附 10g，延胡索 10g，炒杜仲 10g，炒续断 15g，仙灵脾 30g，焦栀子 10g，海螵蛸 15g，茜草炭 10g，菟丝子 10g，覆盆子 10g，女贞子 15g，墨旱莲 30g，炙龟甲（先煎）10g，炒黄柏 6g，炒白术 15g，炒扁豆 15g，红枣 15g。7 剂。

六诊：无异常出血，感倦怠乏力。舌红，苔薄，脉细。上方去延胡索、焦栀子、女贞子、炙龟甲、炒黄柏、炒白术、炒扁豆，加仙鹤草 30g，鹿角霜（先煎）10g，紫石英（先煎）15g，藿香 10g，苏梗 10g，佛手 10g，7 剂。

七诊：无异常出血，精神可，纳可，二便调，月经将至。舌质淡红，苔薄白，脉细弦。

方药：黄芪 15g，炒当归 10g，炒白芍 15g，香附 10g，炒杜仲 10g，炒续断 15g，仙灵脾 30g，海螵蛸 15g，茜草炭 10g，菟丝子 10g，焦栀子 10g，炒白薇 10g，炒椿皮 15g，梅花 6g，玳玳花 6g，泽兰 10g，益母草 10g，桃仁 10g，红花 6g，丝瓜络 10g，艾叶 6g。7 剂。

按：多囊卵巢综合征的临床表现具有多样性，可以表现为月经先后不定期、月经过少、闭经、崩漏等。该患者长期从事护理工作，经常值夜班，劳倦内损，脾肾两虚，肝失调达，气血不调，而致月经周期紊乱，月经先后不定期，经期延长；因反复出血半年余，导致阴损及阳，故出现倦怠乏力，少气懒言，面色㿠白等。方中予黄芪、当归、炒白芍、炒白术气血双补，养血健脾；杜仲、川断、仙灵脾、菟丝子、紫石英、鹿角霜等温补脾肾、调理冲任，寓阳生阴长之意；女贞子、墨旱莲、炙龟甲、焦栀子、炒黄柏，养阴清热凉血；茜草炭、地榆炭、藕节炭、海螵蛸凉血止血，止血而不留瘀。血止后常用黄芪四物汤合健脾固肾疏肝药物调和气血。全方益气健脾，滋阴固肾，养血填精，固摄冲任，月经得调。

（四）月经过少

医案一

张某，女，32 岁，2013 年 8 月 23 日初诊。

主诉：月经量少伴失眠半年余。

病史：患者 16 岁初潮，月经周期尚准，3-5 天 /28 天，经量偏少，色红，无痛经。近半年来，月经量愈减，色鲜红，无血块，2～3 日即净，伴夜寐欠安，心神不宁。末次月经：2013 年 8 月 20 日，已净。1-0-3-1，剖宫产 1 胎，现已 3 岁。人流 3 次，未置环，工具避孕。平时自觉口干舌燥，腰腿酸软，心烦乳胀。胃纳一般，小便色黄，大便秘结，3～5 日一解，面部时发痤疮。舌质红，苔薄，脉细数。

中医诊断：月经过少，不寐；证属：肾阴亏损，精血不足。

西医诊断：月经失调，睡眠障碍。

治法：滋阴养血，养心安神。

方药：炒丹参 15g，炒白芍 15g，香附 10g，炒青皮 10g，炒陈皮 10g，瓜蒌皮 15g，炒枳壳 10g，广藿香 10g，百合 10g，淮小麦 30g，天冬 10g，麦冬 12g，茯苓 12g，远志 10g，炒枣仁 15g，夜交藤 30g，合欢皮 10g，佛手 10g，红枣 10g，炙甘草 10g。7 剂。

2013 年 8 月 30 日二诊：患者服药后无明显不适，排便较前明显改善。原方去炒青皮、瓜蒌皮、炒枳壳、广藿香、佛手，加制玉竹 10g，川石斛 12g，炒山药 15g，炙龟甲（先煎）10g，炒黄柏 9g。14 剂。

2013 年 9 月 13 日三诊：自觉口舌干燥减轻，大便通畅，每日一解。适将经行，舌质红，脉细弦。予以养血调经，养心安神。

方药：炒丹参 15g，炒白芍 15g，香附 10g，炒陈皮 10g，百合 10g，淮

小麦 30g，茯苓 12g，远志 10g，炒枣仁 15g，夜交藤 30g，合欢皮 10g，桃仁 10g，红花 6g，泽兰 10g，丝瓜络 10g，绿梅花 6g，玫瑰花 6g，玳玳花 6g，炒谷芽 30g，炒麦芽 30g。14 剂。

服药后于 2013 年 9 月 18 日月经来潮，量稍旺，大便偏干，夜寐较前稍安，痤疮少发。依上法按照月经周期随证加减治疗半年。

2014 年 1 月 17 日四诊：末次月经：2014 年 1 月 10 日，月经量较前明显增加，色红，5 日净。近 2 日胃痛不适。舌质红，脉细数。

方药：炒丹参 15g，炒白芍 15g，香附 10g，高良姜 5g，百合 10g，淮小麦 30g，麦冬 12g，茯苓 12g，远志 10g，炒枣仁 15g，夜交藤 30g，合欢皮 10g，制玉竹 10g，川石斛 12g，炒山药 15g，炙龟甲（先煎）10g，炒黄柏 9g，黄芪 10g，红枣 10g，炙甘草 10g。7 剂。

按： 患者屡次堕胎，损伤肾气肾精，肾精亏损，肾气不足，冲任亏虚，血海不充；血虚阴亏无以养心神，故心神不宁，失眠心悸；患者心血不足、心火偏亢，暗耗营阴；心血不足，气血不畅、冲任失养而致月经量少失调，兼见口干舌燥、心烦、大便秘结等心火偏旺之症。因阴精不足使心血亏虚、心火偏旺而导致的月经病，宜滋阴生津、养心调经为主。方中丹参、白芍养心血，黄芪等养心气，炒山药、玉竹、川石斛、龟板等健脾养阴补肝肾，天冬、麦冬、百合、酸枣仁、远志、夜交藤、合欢皮等养心阴生心血，黄柏清火，适当加疏肝理气之香附、炒青皮、炒陈皮理气调经，佐以瓜蒌、枳壳加强润下通便。肾精足、心血充，气血调畅而月经量增多。

医案二

郑某，女，29 岁，2018 年 1 月 15 日初诊。

主诉：月经量少 4 年，停经 1 月半，屡孕屡堕 2 次。

病史：患者 4 年前出现月经量渐少，色深，子宫附件 B 超检查提示宫腔粘连。2015 年在长沙行宫腔镜下宫腔粘连分离术，术后经量未见明显改善。2017 年 12 月 13 日在上海再次行宫腔镜下宫腔粘连分离术并放置 "O" 形环，术后至今月经未复潮。经孕产史：平素月经规律，13 岁初潮，3 ～ 4 天 /25 天，量少，色深质稠。末次月经：2017 年 12 月 1 日。0-0-2-0，复发性流产史，2009 年孕 2 个月因 "不全流产" 行清宫术，2012 年孕 3 个月时因胚胎停育行清宫术。妇科检查提示左附件区增厚、有压痛。自觉倦怠乏力，时感左少腹刺痛，大便秘结，胃纳不馨。舌暗红，边有瘀斑，苔薄白，脉细沉。

中医诊断：月经过少，滑胎；证属：肾虚血瘀。

西医诊断：宫腔粘连，复发性流产。

治法：补肾填精，调理冲任。

方药：黄芪 15g，炒当归 10g，炒白芍 15g，制玉竹 10g，女贞子 10g，香附 10g，炒陈皮 10g，炒杜仲 10g，炒续断 15，仙灵脾 30g，炙龟甲（先煎）10g，炒黄柏 6g，炒党参 10g，炒枳壳 10g，茯苓 12g，红枣 15g，蜜甘草 10g，炒稻芽 15g，炒麦芽 15g。7 剂。

二诊：服药后于 2018 年 1 月 19 日月经来潮，量少色暗，经行左下腹痛较前缓解，舌暗红，脉沉细。

方药：黄芪 15g，炒当归 10g，炒白芍 15g，炒川芎 6g，牛膝 10g，炒陈皮 10g，炒杜仲 10g，炒续断 15g，仙灵脾 30g，大血藤 30g，鸡血藤 30g，威灵仙 10g，徐长卿（后下）15g，泽兰 10g，益母草 15g，炒蒲黄（包煎）30g，桃仁 10g，红花 6g，丝瓜络 10g。7 剂。

三诊：2018 年 3 月 10 日月经来潮，量较前稍旺，后于 2018 年 3 月 22 日在上海行宫腔镜下取环术，术后于 2018 年 4 月 5 日月经来潮，量少色暗，月经第 5 日来复诊。大便偏干，舌暗红，脉沉细。

方药：黄芪 25g，炒当归 10g，炒白芍 15g，炙桂枝 6g，香附 10g，炒杜仲 10g，大血藤 30g，鸡血藤 30g，王不留行 10g，路路通 10g，焦栀子 10g，制大黄 10g，炒枳壳 10g，瓜蒌皮 15g，桃仁 10g，红花 6g，丝瓜络 10g，瓜蒌子 15g。7 剂。

服药后复诊无不适，大便变畅，去瓜蒌子，加姜半夏 9g，炒陈皮 10g，威灵仙 10g，再 14 剂，于 2018 年 5 月 1 日月经来潮，量旺、色鲜。依上方治法随诊加减巩固治疗。

按：患者屡孕屡堕 2 次，又行宫腔内反复操作 3 次，病情复杂，病程较长，陈老师在诊治时认为，患者由于素体脾肾不足、冲任不固，胞脉失养，有反复堕胎和宫内手术，直接损伤冲任和胞宫、胞脉，耗气伤血，使肾气受损、戕伤冲任、血海亏虚，不仅无以濡养胞宫导致月经过少；且瘀血留滞体内，气滞血瘀，血行不畅，使患者反复发作腹痛不能缓；瘀久化热出现大便秘结等症状。

方中以黄芪、党参、当归、炒白芍健脾益气养血；杜仲、川断、仙灵脾温补肾阳；制玉竹、女贞子、炙龟甲滋阴补肾；在益气养血填肾精的基础上，加大血藤、鸡血藤、威灵仙、徐长卿祛瘀通络；泽兰、益母草、炒蒲黄、桃仁、红花、丝瓜络、王不留行、路路通、制大黄活血祛瘀、通络止痛；香附、陈皮、枳壳等理气；茯苓、炒稻芽、炒麦芽、红枣等健脾运滞，培补后天之本。

三诊后脾肾健旺，气血调畅，冲任得固，月经如常。

（五）月经过多

汤某，女，36岁，2018年12月4日初诊。

主诉：月经量多半年余。

病史：患者平素月经周期尚准，半年前起月经量多如注，每次行经需用成人尿不湿，色鲜，无腹痛，末次月经：2018年11月20日。就诊时头晕乏力，小腹时有疼痛，带下偏多，色黄，腰酸，寐劣，纳便尚可。舌质红，苔薄黄，脉弦数。剖宫产二胎，第二胎2岁，二胎孕7个月突发急性阑尾炎行手术治疗，既往左侧卵巢囊肿切除史，月经第5天B超提示：子宫多发肌瘤，最大为3.3cm×2.5cm。

中医诊断：月经过多，癥瘕；证属：肝肾不足，阴虚火旺，血热妄行。

西医诊断：月经失调，子宫肌瘤。

治法：滋补肝肾，清热养阴，固摄冲任。

方药：焦栀子10g，柴胡6g，炒白芍15g，香附10g，灵芝15g，制远志肉10g，百合10g，麦冬10g，炙鳖甲（先煎）10g，炙龟甲（先煎）10g，炒黄柏6g，地骨皮15g，炒杜仲10g，炒续断15g，大血藤30g，鸡血藤30g，石决明（先煎）30g，佛手10g，红枣15g，炙甘草10g。7剂。

二诊：服药后寤寐已安，头晕、小腹疼痛告缓，纳便两可。舌红，苔薄，脉弦细。

方药：焦栀子10g，柴胡6g，炒白芍15g，香附10g，延胡索10g，炙龟甲（先煎）10g，炒杜仲10g，炒续断15g，大血藤30g，鸡血藤30g，石决明（先煎）30g，佛手10g，女贞子15g，墨旱莲30g，景天三七30g，仙鹤草30g，白茅根30g，白薇10g，炒椿皮10g，炙甘草10g。7剂。

三诊：月经将行，小腹疼痛未作，纳便两可。舌红，脉弦。

方药：生地炭10g，砂仁（后下）6g，炒白芍15g，香附10g，佛手10g，炒杜仲10g，炒续断15g，石决明（先煎）30g，炙龟甲（先煎）10g，焦栀子10g，制大黄10g，景天三七30g，仙鹤草30g，白茅根30g，椿皮炭15g，蒲黄炭（包煎）15g，海螵蛸15g，茜草炭10g，焦山楂15g，炮姜炭6g。7剂。

四诊：适值经行第2天，量较前略减少，无腰酸，无腹痛，色鲜，纳便可。舌红，苔薄，脉弦。

方药：生地炭 10g，砂仁（后下）6g，炒白芍 15g，香附 10g，佛手 10g，炒杜仲 10g，炒续断 15g，石决明（先煎）30g，炙龟甲（先煎）10g，焦栀子 10g，制大黄 10g，景天三七 30g，石膏（先煎）30g，白茅根 30g，椿皮炭 15g，蒲黄炭（包煎）15g，海螵蛸 15g，茜草炭 10g，桃仁 10g，红花 6g，丝瓜络 10g。7 剂。

五诊：经行 7 天净，经量较服药前减少约一半，头晕乏力减轻，仍有腰酸。舌红，苔薄，脉细。

方药：生地炭 10g，砂仁（后下）6g，炒白芍 15g，香附 10g，佛手 10g，炒杜仲 10g，炒续断 15g，石决明（先煎）30g，炙龟甲（先煎）10g，焦栀子 10g，制大黄 10g，景天三七 30g，石膏（先煎）30g，白茅根 30g，椿皮炭 15g，海螵蛸 15g，茜草炭 10g，炒谷芽 30g，炒麦芽 30g，炙甘草 10g。7 剂。

上方继续加减治疗一个月，患者月经转常。

按：患者素体肝肾不足，月经过多，日久耗阴伤血，使阴血亏耗，血不足气便有余，气有余便是火，血热灼络，迫血妄行，血行脉外。抑木务先滋水，水足则木得涵；潜阳务先养阴，阴平则阳自秘也。故调理法取滋肾水以涵肝木，育阴潜阳以固摄冲任。以焦栀子、炒生地、炒白芍、石决明、炒丹皮、女贞子、制玉竹、麦冬、炙鳖甲、龟板、地骨皮、墨旱莲等清热养阴，火清而血调；炒柴胡、香附疏肝理气调畅气机；百合、制远志肉养心宁心；由于患者多次手术必夹瘀，因此在患者经行之际，用桃仁、红花、丝瓜络、焦山楂、制大黄、景天三七、仙鹤草、白茅根、椿皮炭、蒲黄炭、茜草炭等药活血祛瘀、凉血止血，使得瘀血去而新血归经，同时，加炒杜仲、炒川断补益肝肾，使阴阳并调，冲任安而月经正常；二诊即刻见效，虚火除、气机调畅而月经量减少，腹痛渐除，寤寐自安。通过 2 个月经周期的调治解决了经行量多的顽疾。

（六）经期延长

虞某，女，40 岁，2017 年 11 月 26 日初诊。

主诉：经期量多期长 3 个月余。

病史：患者 3 个月前出现经期延长，行经第 2～3 天量多，需穿成人尿不湿，经色紫暗，有血块，伴经行腹痛，后量减少，淋漓不净，10 余天净。伴乏力、腿酸、嗜睡，耳鸣如蝉，夜间明显，小腹隐痛，腰酸，胃脘胀闷不适，大小便尚调。舌暗红，苔根黄，脉弦大。经孕产史：14 岁初潮，平素月经周

期 28～30 天，月经量中等，经期 6～7 天，痛经，能忍。末次月经：2017 年 11 月 16 日，昨日月经干净。2005 年剖宫产一胎，1-0-1-1。2017 年 9 月 4 日 B 超提示：子宫多发肌瘤，宫腔内强光斑，剖宫产切口处积液，左卵巢囊性块，盆腔积液。

中医诊断：经期延长，癥瘕；证属：肾虚血瘀。

西医诊断：异常子宫出血，子宫平滑肌瘤（多发性），瘢痕憩室（待确诊）。

治法：补肾调经，活血化瘀。

方药：丹参 15g，柴胡 6g，白芍 15g，香附 9g，延胡索 10g，杜仲 10g，续断 15g，大血藤 30g，鸡血藤 30g，制玉竹 9g，女贞子 15g，炙龟甲（先煎）10g，黄柏 6g，佛手 9g，阳春砂（后下）6g，稻芽 15g，麦芽 15g，紫苏梗 9g，大枣 15g，甘草 10g。7 剂。

2017 年 12 月 10 日二诊：服药后腹痛明显减轻，胃脘不适好转，带下不多，仍有乏力嗜睡。舌暗红，苔薄，脉弦涩。

方药：丹参 15g，柴胡 6g，白芍 15g，香附 9g，延胡索 10g，杜仲 10g，续断 15g，大血藤 30g，鸡血藤 30g，姜半夏 9g，陈皮 10g，炒椿皮 10g，佛手 9g，阳春砂（后下）6g，稻芽 15g，麦芽 15g，紫苏梗 9g，仙鹤草 15g，大枣 15g，甘草 10g。7 剂。

2017 年 12 月 17 日三诊：末次月经：2017 年 12 月 17 日，现月经量中等，无明显血块，无经行腹痛，倦怠乏力。舌红点刺，苔薄，脉细涩。

方药：黄芪 15g，当归 10g，桂枝 10g，白芍 15g，香附 9g，延胡索 10g，杜仲 10g，续断 15g，焦栀子 10g，大黄炭 10g，泽兰 10g，益母草 15g，蒲黄炭（包煎）18g，花蕊石 10g，海螵蛸 30g，茜草炭 10g，桃仁 10g，红花 6g，丝瓜络 15g，艾叶炭 10g。5 剂。

2017 年 12 月 23 日四诊：服药后月经第 2～3 天经量较前减少，无需用尿不湿，无经行腹痛，现少量阴道出血，色鲜，口干咽燥。舌红，苔薄，脉细涩。

方药：黄芪 15g，当归 10g，白芍 15g，香附 9g，杜仲 10g，续断 15g，焦栀子 10g，大黄炭 10g，海螵蛸 15g，茜草炭 10g，女贞子 15g，墨旱莲 30g，煅龙骨（先煎）30g，煅牡蛎（先煎）30g，白茅根 30g，仙鹤草 15g，炙龟甲（先煎）10g，炒黄柏 6g，大枣 15g，甘草 6g。14 剂。

2018 年 1 月 15 日月经来潮，6 天经净，现无腹痛，稍有乏力咽干，纳可，二便调。舌尖红，苔薄，脉细涩。经后期继续予益气养血，补肾固冲，行经期予活血通络，固冲止血调理 2 个月，患者 2 月 14 日与 3 月 13 日均如期经行，经量中等，月经 6～7 天干净，随访半年，月经正常。

按：患者经期量多期长、经色暗、舌暗红、苔根黄、脉弦大皆为肾阴不足、阴虚内热，热扰冲任，迫血妄行，用制玉竹、女贞子、墨旱莲、炙龟甲、黄柏、焦山栀滋阴清热补肾为本；痛经及平素亦有腹痛，乃瘀血阻滞冲任，不通则痛，故以当归、桃仁、蒲黄炭、煅花蕊石、红花、泽兰、益母草、大血藤、鸡血藤、大黄炭、柴胡、香附等活血通络、理气止痛；因出血量多期长，使气随血泄，故乏力嗜睡，以黄芪、丹参、当归、白芍等调补气血；肾气虚则耳鸣、腰腿酸软，以杜仲、续断等补肾，煅龙骨、煅牡蛎固摄冲任，全方共奏滋阴补肾、活血化瘀、补肾固冲之效。服药后肾阴得复、虚火得平、血海得充、月经得调。

（七）经行头痛

郭某，女，27 岁，2017 年 3 月 29 日初诊。

主诉：经行偏头痛伴腹痛 2 年余。

病史：患者 2 年前出现经行偏头痛伴腹痛，头痛以一侧太阳穴疼痛为主，胀痛、跳痛，并连及耳部。头痛剧烈时，伴有恶心呕吐、畏光畏声。腹痛以经行第 1～2 日多见，喜暖喜按，腰酸腰痛，子宫附件 B 超及头颅 MRI 检查未见明显异常。经孕产史：平素月经尚规律，6 天 /28～32 天，经量中等，见小血块，色鲜红，经前乳胀。末次月经：2017 年 3 月 5 日。未婚未孕，有性生活史，工具避孕。患者形体瘦弱，神疲乏力，经期入睡困难，纳食不香，大便时干时溏，舌淡红有齿痕，苔薄白，脉细弦。

中医诊断：经行头痛，痛经；**证属：**血虚肝旺，冲任失调。

西医诊断：偏头痛，原发性痛经。

治法：养血柔肝，调理冲任。

方药：炒黄芪 10g，炒当归 10g，炒白芍 15g，炒川芎 6g，香附 10g，蒺藜 10g，钩藤（后下）15g，葛根 30g，炒杜仲 10g，炒续断 15g，大血藤 30g，鸡血藤 30g，威灵仙 10g，仙灵脾 30g，鹿角霜（先煎）10g，炒蒲黄（包煎）30g，花蕊石 15g，桃仁 10g，红花 6g，丝瓜络 10g。10 剂。

二诊：患者月经净后复诊，自述此次痛经缓解，偏头痛明显减轻，腰酸痛明显，手足欠温。舌淡胖，苔薄白，脉细弦。

方药：炒黄芪 15g，炒当归 10g，炙桂枝 10g，炒白芍 15g，炒川芎 6g，香附 10g，延胡索 10g，炒牛膝 10g，焦山栀 10g，蒺藜 15g，炒蔓荆子 10g，炒杜仲 10g，炒续断 15g，大血藤 30g，鸡血藤 30g，徐长卿（后下）15g，威

浙江中医临床名家·陈学奇

灵仙 10g，仙灵脾 30g，红枣 15g，炙甘草 10g。14 剂。

服药后复诊，腰痛较前减轻，倦怠乏力得到改善。依法按照月经周期进行巩固调理 2 个月，患者经行腹痛、偏头痛未再发作。

按：患者禀赋素弱，气血两亏，血虚肝旺，肝风上扰，脉络失和而作头痛。气滞血瘀，气机不畅，冲任失调，故经行腹痛；肝郁气滞，故经前乳房胀痛，脉细弦。方中黄芪建中汤益气补中，当归芍药散养血柔肝，鸡血藤、炒蒲黄、泽兰活血化瘀；香附、延胡索理气止痛；钩藤、蒺藜、蔓荆子疏肝祛风通络；杜仲、川断、仙灵脾补肾益冲任，使气血充调，阴阳平衡，冲任调畅，通则不痛。

（八）闭经

医案一

阮某，女，39 岁，2012 年 4 月 10 日初诊。

主诉：停经半年余。

病史：一年前患者到国外行人工超促排卵及取卵术，待行胚胎移植。但取卵后，月经随之停闭，自觉心悸胸闷气急，腹胀恶心，面部及四肢浮肿。CT 提示胸腹腔少量积液。因症状进行性加重，患者回国要求中药治疗。就诊时伴有倦怠乏力，烦躁易怒，潮热汗出，腰酸，夜眠欠佳，大便偏干，舌红苔少，脉弦细。经孕产史：平素月经前后不一，初潮 14 岁，6～7 天 /25～45 天，量少，偶尔痛经，末次月经：2011 年 9 月 2 日，0-0-0-0。2012 年在医院查生殖激素：FSH 75.31U/L，LH 36.12U/L，E_2 97.1pmol/L，PRL 12.18mg/mL。B 超检查：盆腔积液 5cm。

中医诊断：闭经；证属：气血不足，阴虚血瘀。

西医诊断：卵巢早衰。

治法：补益气血，养阴活血。

方药：黄芪 15g，炒当归 10g，炙桂枝 5g，炒丹参 15g，炒白芍 15g，炒白术 15g，郁金 10g，茯苓皮 30g，猪苓 10g，玉米须 30g，大腹皮 10g，炒杜仲 15g，炒川断 15g，龟甲（先煎）10g，黄柏 10g，麦冬 10g，地骨皮 15g，甘草 6g。7 剂。

2012 年 4 月 17 日二诊：服药后，乏力、腹胀、胸闷、胸痛较前明显减轻。月经未复潮，伴小腹坠胀，潮热，寐劣，腰酸，舌红苔少，脉弦数。上方加香附 10g，泽兰 20g。7 剂。

2012年4月23日三诊：患者自述腹胀、胸痛、胸闷已除，潮热，寐劣，腰酸症状改善，舌红苔薄白，脉细。上方去炙桂枝、茯苓皮、猪苓、炒白术、郁金、泽兰、玉米须，加炒熟地10g，砂仁（后下）5g，制玉竹10g，女贞子10g，炙鳖甲（先煎）10g，仙灵脾30g，鹿角霜（先煎）10g。14剂。

服药后前症好转，稍有带下。B超：未见胸腹水。

2012年5月5日四诊：患者自觉昨日稍有阴道出血见红，腰酸。继续中医调理。

方药：黄芪20g，炒当归15g，炒白芍25g，炒川芎6g，香附10g，炒杜仲10g，炒川断15g，仙灵脾30g，炒蒲黄（包煎）15g，泽兰10g，益母草30g，桃仁10g，红花6g，丝瓜络10g。服药后月经量稍有增多。

该患者经过中药调理半年后，月经尚准，4～5天/32～36天，量偏少，色质均正常。适值冬季，继以膏方巩固治疗，服药后患者月经规律来潮，量增多趋常。复查女性生殖激素：FSH 10.23U/L，LH 8.22U/L，E_2 206.65pmol/L。停药后随访一年余，患者月经至今一直正常，无明显不适。

按：患者未到天癸将绝之年，停经半年余。由于短时间内超促排卵耗伤大量肾气肾精，同时由于取卵过多等原因导致采卵后胞宫失养、阴精亏少发生卵巢早衰，机体脾肾两虚，三焦水液运行失调，气机升降失常，水湿停聚，发为胸水腹水，形成本虚标实之证。方中以黄芪、白术、猪苓、茯苓皮、玉米须益气健脾渗湿为君药；当归、丹参、泽兰佐以活血化瘀；治疗仍以补肾为大法，以熟地黄、炒白芍、制玉竹、女贞子、炙鳖甲等滋阴补肾，促进卵泡发育。以炒杜仲、炒川断、仙灵脾、鹿角霜、菟丝子补肾助阳促进黄体功能维持；麦冬、炒黄柏养阴清热；香附、陈皮、大腹皮疏肝理气；泽兰、益母草等行气活血；甘草调和诸药。达到气血双补、补肾疏肝、活血化瘀通络，使天癸恢复其功能。

医案二

马某，女，22岁，2014年4月27日初诊。

主诉：停经半年余。

病史：患者3年前诊为精神分裂症，一直在接受抗精神分裂症药物治疗，病情控制，但因闭经6个月余前来就诊。经产史：初潮13岁，一年前月经出现紊乱，月经先期3～7天，量逐渐减少，时淋漓十余天净，临期稍有腹痛，末次月经：2013年9月23日。否认性生活史。辅助检查：子宫及双侧附件B超未见明显异常。查血生殖激素示：FSH 2.74U/L，LH 1.04U/L，E_2

72.3pmol/L，PRL 37.33μg/L。就诊时面色萎黄，头晕目眩，倦怠乏力，易心烦，胃脘不适，泛酸，恶心，腰酸，寐可，大便偏干。舌暗红，苔薄白腻，脉弦细。

中医诊断：闭经；证属：肾虚肝郁，脾虚失运，气滞血瘀。

西医诊断：继发性闭经，高泌乳素血症。

治法：健脾补肾，疏肝清热，理气化瘀。

方药：干姜2g，炒黄连5g，柴胡6g，炒白芍15g，炒丹参15g，黄芪10g，炒杜仲10g，炒川断15g，仙灵脾30g，鹿角霜（先煎）10g，焦山栀10g，炒黄柏9g，制半夏10g，姜竹茹10g，陈皮10g，炒枳壳10g，制远志10g，炙甘草10g。7剂。

二诊：服药后头晕目眩、心烦好转，胃脘不适、泛酸、恶心除，便干好转，无带下。舌暗红，苔薄腻，脉弦细。

方药：黄芪10g，柴胡6g，炒白芍15g，炒丹参15g，焦山栀10g，制玉竹10g，女贞子15g，龟甲（先煎）10g，炒黄柏9g，炒杜仲10g，炒川断15g，仙灵脾30g，鹿角霜（先煎）10g，陈皮10g，炒枳壳10g，百合10g，制远志10g，炙甘草10g。14剂。

三诊：倦怠乏力、头晕目眩、心烦明显好转，稍有带下。

方药：黄芪15g，柴胡6g，炒白芍15g，炒丹参15g，制玉竹10g，女贞子15g，龟甲（先煎）10g，炒黄柏9g，炒杜仲10g，炒川断15g，仙灵脾30g，菟丝子10g，陈皮10g，炒枳壳10g，夏枯草15g，玫瑰花6g，绿梅花6g，炙甘草10g。14剂。

四诊：前症渐除，带下增多，月事未行。

方药：黄芪15g，炒当归10g，炒白芍15g，炒川芎6g，香附10g，炒牛膝10g，泽兰10g，益母草30g，炒川断15g，炒杜仲15g，仙灵脾15g，鹿角霜（先煎）10g，炒蒲黄（包煎）15g，桃仁10g，红花6g，丝瓜络10g，玫瑰花6g，绿梅花6g，月季花10g，凌霄花10g。7剂。

五诊：服药后月经于2014年6月10日行，量少，两天净。上方加减化裁再治疗2个月，月经规律，量增多，诸症消失。后随访两年，患者月经一直正常。抗精神分裂症药逐渐减量，最后停药。两年后复查血生殖激素在正常范围。

按：精神障碍患者，素体肾虚肝郁，肾精不足，冲任失养；肝郁化热，侵扰肝经，疏泄失常，或肝失条达，气滞血瘀，冲任失畅；长期服用抗精神病药物损伤脾胃，脾虚致化源不足，冲任失养，无血可行，脾失运化，痰浊内生，痰气阻络。故以黄芪健脾，制玉竹、女贞子、龟甲、炒杜仲、炒川断、仙灵脾、鹿角霜等补肾，炒黄连、焦山栀、炒黄柏清郁热，柴胡、炒白芍、炒丹参疏肝柔肝，炒枳壳、玫瑰花、绿梅花、月季花、凌霄花、香附、泽兰、益母草行气活血，佐以制半夏、姜竹茹、陈皮化痰祛湿，炒当归、炒川芎、炒白芍等养血调经，补以通之，而月经得调。

医案三

张某，女，30岁，2015年4月26日初诊。

主诉：停经5个月余。

病史：患者于2014年4月发现子宫内膜异位症，2014年11月在省级医院行右侧卵巢囊肿剥除术加内异灶电凝术，术后使用3针GnRH，月经已5个月余未行。经孕产史：手术前平素月经尚准，7～9天/27～30天，量偏多，临期腹痛明显。1-0-2-1。4月23日查女性生殖激素示：FSH 1.84U/L，LH 0.29U/L，E_2 67.35pmol/L，P 1.65nmol/L。B超提示：双层子宫内膜0.3cm。自觉潮热汗出，四肢关节酸楚，伴有腰酸腹痛，无带下，便可，苔薄白，脉细。

中医诊断：闭经；证属：肝肾阴虚，气血两伤，胞脉瘀滞。

西医诊断：继发性闭经。

治法：补益肝肾，益气养血，化瘀通络。

方药：黄芪15g，炒当归10g，炙桂枝5g，炒白芍15g，焦栀子10g，香附10g，炒杜仲10g，炒续断15g，制玉竹10g，大血藤30g，鸡血藤30g，仙灵脾30g，炙鳖甲（先煎）10g，龟甲（先煎）10g，地骨皮15g，佛手10g，炒白术12g，猫人参30g，石楠叶15g，鹿角霜（先煎）10g。7剂。

2015年5月2日二诊：服药后潮热汗出好转，仍有腰酸、关节酸痛，月事未行，带下量少，便溏，苔薄脉细。

方药：黄芪10g，炒白术15g，炒山药30g，炒丹参15g，柴胡6g，炒白芍15g，香附10g，延胡索10g，炒陈皮10g，炒杜仲10g，炒续断15g，仙灵脾30g，石楠叶15g，稽豆衣10g，炒黄柏9g，炒谷芽15g，炒麦芽15g，佛手10g，红枣10g，甘草10g。7剂。

2015年5月10日三诊：仍有潮热，恶寒，便溏，白带量较前稍增多，苔薄黄腻，脉细。

方药：黄芪10g，炒白芍15g，炙桂枝5g，干姜2g，炒黄连5g，炙鳖甲（先煎）10g，地骨皮15g，龟甲（先煎）10g，炒黄柏9g，炒杜仲10g，炒续断15g，仙灵脾30g，石楠叶15g，女贞子15g，葛根15g，焦六神曲10g，焦山

楂 12g，红枣 15g，炒白术 15g，茯苓皮 30g。14 剂。

2015 年 5 月 25 日四诊：述白带增多，潮热明显减少，腰酸，大便一日一次，苔薄腻，脉细。

方药：小茴香 3g，炒当归 10g，炙桂枝 3g，炒白芍 15g，炒川芎 6g，香附 10g，炒杜仲 10g，炒续断 15g，大血藤 30g，鸡血藤 30g，仙灵脾 30g，淡附片 3g，干姜 3g，泽兰 10g，益母草 15g，炒蒲黄（包煎）15g，黄芪 12g，石楠叶 15g，红花 6g，丝瓜络 10g。10 剂。

2015 年 6 月 7 日五诊：服药后于 2015 年 6 月 3 日经转，量多夹块，稍有腹痛、头痛，潮热已除，腰酸便溏，苔薄脉细。

方药：炒当归 10g，炒白芍 15g，炒川芎 6g，香附 10g，炒杜仲 10g，炒续断 15g，大血藤 30g，鸡血藤 30g，仙灵脾 30g，茜草炭 15g，棕榈炭 15g，海螵蛸 15g，制半夏 9g，炒陈皮 10g，藿香 10g，蒺藜 10g，黄芪 10g，甘草 10g，红枣 15g，炮姜炭 5g。7 剂。

此后连续方药加减调理巩固 1 个月，月经按时来潮。

按： 患者术后劳伤冲任、损及肝肾，血海空虚，胞脉失养，故致闭经。肝肾阴血亏虚，时有潮热汗出；感手术寒热之邪与血胶结成瘀，以致冲任、胞宫气血运行不畅，失于濡养，四肢关节酸楚，伴有腰酸腹痛等。方以黄芪四物汤气血同补、养血调冲任；龟板、鳖甲、制玉竹等养阴益肾柔肝；炒杜仲、炒川断、仙灵脾等补肝肾；佐以炙桂枝、淡附片、炮姜炭等温化通络、畅通气血；柴胡、香附疏肝理气活血；而热、瘀血阻滞胞脉，佐以炒黄柏、猫人参等清热解毒散结，大血藤、鸡血藤、泽兰、红花、丝瓜络等活血化瘀调经。患者证属虚但夹瘀、夹寒、夹热，故在补益肝肾、益气养血的基础上治疗，佐以清热活血、温化通络之品化瘀通络，虚实兼顾，使肝肾得补、气血得养、冲任得调，月经如常。

医案四

苏某，女，40 岁，2017 年 12 月 24 日初诊。

主诉： 未避孕而未孕 10 年，停经 3 个月余。

病史： 患者平素月经规律，周期 28～30 天，经期 6～7 天，月经量偏少，稍有痛经，0-0-0-0。2012 年 1 月因子宫内膜息肉，双侧输卵管通而不畅，在外院行宫腹腔镜联合手术，术中提示双侧输卵管通畅。2014 年因"原发不孕，卵巢储备功能减退，宫腔粘连电切割术后"行超促排卵 2 次，均受精失败，2016 年和 2017 年共行 IVF-ET 助孕 2 次，鲜胚移植后未着床，2017 年 9

月 4 日再次行冻胚移植，仍未着床。末次月经：2017 年 9 月 18 日，月经量少淋漓 10 余天净，无腹痛。2017 年 12 月 23 日于我院初诊时子宫附件 B 超提示：双层内膜 0.3cm，双卵巢回声偏实；生殖激素提示：FSH 79.4U/L，LH 30.28U/L，E_2 35.1pmol/L。患者就诊时情绪十分低落，伴倦怠乏力，寐劣易醒，背部潮热出汗明显，鼻疮，颌下淋巴结肿胀，胃纳可，无带下，便调。舌红，苔薄腻，脉细弦。

中医诊断：闭经，不孕；证属：阴阳失调，气血不足，肝肾亏虚，气滞血瘀。

西医诊断：继发性闭经，原发性不孕。

治法：调和阴阳，滋补肝肾，益气养血，活血通经。

方药：黄芪 15g，炒当归 10g，炒丹参 15g，炒白芍 15g，焦山栀 10g，干姜 2g，炒黄连 3g，香附 10g，绿梅花 6g，炙鳖甲（先煎）10g，制玉竹 10g，龟甲（先煎）10g，炒黄柏 10g，地骨皮 15g，稽豆衣 10g，仙灵脾 30g，杜仲 10g，茯苓 12g，陈皮 10g，甘草 10g。7 剂。

2018 年 1 月 7 日二诊：背部潮热出汗明显好转，颌下淋巴结肿胀减轻，仍倦怠乏力，鼻疮，寐劣易醒，胃纳尚可，无带下，二便调。舌红，苔薄黄腻，脉弦细。

方药：黄芪 15g，炒当归 10g，炒丹参 15g，炒白芍 15g，焦山栀 10g，干姜 2g，炒黄连 3g，香附 10g，炙鳖甲（先煎）10g，制玉竹 10g，龟甲（先煎）10g，炒黄柏 10g，龙齿 15g，百合 10g，麦冬 10g，仙灵脾 30g，杜仲 10g，茯苓 12g，陈皮 10g，甘草 10g。14 剂。

2018 年 1 月 22 日三诊：服药后鼻疮、颌下淋巴结肿胀除，心烦寐劣明显好转，仍倦怠乏力，见少量带下，便溏。

方药：黄芪 15g，炒当归 10g，炒丹参 15g，炒白芍 15g，炒党参 10g，干姜 2g，炒黄连 3g，香附 10g，炙鳖甲（先煎）10g，炒白术 15g，菟丝子 10g，炒黄柏 10g，紫河车粉（吞服）3g，百合 10g，制远志 10g，仙灵脾 30g，杜仲 10g，茯苓 12g，陈皮 10g，甘草 10g。10 剂。

2018 年 2 月 4 日四诊：带下明显增多，寐安，未见潮热，乏力好转，自觉两侧乳房作胀，二便调。

方药：黄芪 15g，炒丹参 15g，柴胡 6g，炒白芍 15g，炒川芎 6g，香附 10g，延胡索 15g，陈皮 10g，仙灵脾 30g，杜仲 10g，川断 15g，炒蒲黄（包煎）15g，大血藤 30g，鸡血藤 30g，威灵仙 10g，泽兰 10g，益母草 15g，桃仁 10g，红花 6g，丝瓜络 10g。10 剂。

2018年3月4日五诊：服药后于2018年2月19日有见红，但量很少，3天净。今日再次少量见红，继前治疗，7剂。

2018年3月11日六诊：2018年3月4日经行，量较前增多，4天净，无腹痛。患者情绪明显好转。月经第3天复查生殖激素提示：FSH 24.18U/L，LH 5.06U/L，E_2 170pmol/L；月经第5天子宫附件B超提示：双层内膜0.4cm，双侧卵巢大小及内部回声未见明显异常。

按上述思路继续治疗1个月经周期后，于2018年4月12日来潮，持续6天净，量明显增多，经行正常。继续巩固治疗近2个月，经行正常。

按：患者年近"六七"，肝肾之精渐衰，肾气不足，又有多次宫腔操作史及多次IVF-ET失败史，使肾精耗竭、气血虚损，冲任胞宫瘀阻，加之患者过度焦虑，肝郁气滞，气血不畅，则经水不调。治疗以益气养血，补益肝肾，调理冲任，调和阴阳为主。以八珍汤益气养血活血，炙鳖甲、制玉竹、龟板养肾精，焦山栀、炒黄连、炒黄柏、龙齿、百合、麦冬等清肝火、泻心火，以调阴阳平衡，菟丝子、杜仲、川断、仙灵脾、紫河车粉等补肝益肾，加香附、陈皮等疏肝健脾，党参、白术、茯苓健脾益气养胃，使水谷精微运化正常，滋养卵巢。带下增多后，加以理气活血化瘀药物，因势利导，引血下行，加炒蒲黄、大血藤、鸡血藤、泽兰、益母草、桃仁、红花、丝瓜络等活血通络，促进瘀血排出。患者气血充盈，肝肾得补，气血调畅，阴阳平衡则月事如常。

（九）崩漏

医案一

王某，女，21岁，2013年6月21日初诊。

主诉：月经紊乱7年，反复阴道不规则出血3个月余。

病史：患者月经不调起于初潮，常淋漓不净月余，就诊时西医诊断为青春期功能障碍性子宫出血，曾于初潮后第3年用雌孕激素序贯疗法连续治疗3个月，始获月经正常2个月，后又开始每次月经淋漓30～60天不净，月经时量多如注，时淋漓难净，再用雌孕激素序贯疗法连续治疗，停药后复发。此次因月经来潮3个月未净，雌孕激素序贯疗法治疗无效，前来就诊。经行量时多如注，时少淋漓，夹块，咖啡色，倦怠乏力，面部痤疮，手心发热，脾气急躁，腰酸，少腹时有隐痛，大便干结，舌质红，苔薄黄腻，脉细弦。

中医诊断：崩漏；证属：肾虚肝热，冲任不固。

西医诊断：青春期异常子宫出血。

治法：滋水清肝，凉血固冲。

方药：生地炭 10g，炒白芍 10g，丹皮炭 10g，焦山栀 10g，炙海螵蛸 15g，茜草炭 15g，山萸肉 15g，陈棕炭 10g，艾叶炭 6g，阿胶珠 10g，炙龟甲（先煎）10g，煅牡蛎（先煎）15g，炒枳壳 10g，女贞子 15g，仙鹤草 15g，焦六神曲 10g。7 剂。

2013 年 6 月 28 日二诊：服药后出血渐少，仍腰酸，少腹无不适，面部痤疮好转，手心发热减少，脾气急躁、腰酸好转，大便转常，舌质红，苔薄黄腻，脉细。

方药：生地炭 10g，炒白芍 15g，炒杜仲 10g，炒续断 10g，海螵蛸 10g，茜草炭 10g，陈棕炭 10g，蒲黄炭（包煎）10g，艾叶炭 10g，阿胶珠 10g，紫石英（先煎）10g，炮姜炭 10g，血余炭 10g，黄柏炭 10g，肉桂 2g，赤石脂 10g，禹余粮 10g，藕节炭 10g。7 剂。

2013 年 7 月 4 日三诊：服药后出血止，腰酸好转，少腹无不适，面部痤疮减少，手心发热渐除，腰酸好转，大便转常，舌质红，苔薄黄腻，脉细。继前方治疗。

服药后月经于 7 月 10 日行，继前方加减治疗，服药后经行 6 天净，量中，便干，舌红苔薄，脉细。后以家传滋水涵木汤加炒杜仲 10g，仙灵脾 10g，覆盆子 10g，炒白术 15g，炒扁豆 30g，继续治疗。

后按月经周期继续澄源、复旧治疗 2 个月余，月经按期来潮，出血未再反复。一年后随访，患者未复发。

按：刘河间曰："童幼属少阴"，青春期室女，多肾气未充，肾精未实，冲任不固，肾阴亏损，阴虚失守，虚火动血，而致崩漏。患者有面部痤疮、手心发热、情绪急躁、大便干结是虚火偏盛、肝经有热之象；且该病人是崩漏出血日久，耗血伤阴，方前来就诊，此时崩漏之病时久，失血已多，阴精亏损，且病人已从肾气未充、冲任不足转为肝肾水亏、木火失养，相火妄动，热迫血行，致漏下不止，间或血崩。治疗用家传滋水涵木汤加减，先予滋阴清热，使水充而火自灭。以养阴清热、凉血止血为主塞流、澄源，清热佐以补气益肾、调摄冲任之剂以澄源、复旧，加仙灵脾、覆盆子等阳中求阴，行治病求本、固本善后之法，使患者痊愈。滋水涵木汤以滋阴清热为主，但临证用药，注重调节阴阳平衡。如方中肉桂配黄柏，使郁热得到清解而不留瘀，温阳不伤阴血且不动血，使血行脉中而崩漏止；生地配炮姜、艾叶，既滋肾阴又温脾阳，防止寒凉太过，留患于后，养阴血而不伤脾阳；白芍配白术补

浙江中医临床名家·陈学奇

阴健脾止崩；在滋水清肝凉血的用药基础上适当加仙灵脾、覆盆子等温肾药，以阳中求阴，使阴阳平衡，出血自止。

医案二

陈某，女，49 岁，2018 年 6 月 19 日初诊。

主诉：月经紊乱 1 年，不规则阴道流血半年余。

病史：患者近 1 年来经水反复淋漓不净，时多时少，近半年病情加剧。2017 年 12 月 7 日因"阴道流血，淋漓不净"于当地医院就诊，行诊刮术，病理提示"破碎的增生及早期分泌反应子宫内膜细胞"，自述曾服激素类药物，2018 年 1 月 13 日月经来潮，但再次暴崩而下，服"妇康片、补佳乐、氨甲环酸片"等疗效不佳，阴道流血量多难止，因严重贫血，医院予输"红细胞悬液 4U、血浆 180ml"纠正贫血，并再次予诊刮术，病理提示"少量子宫内膜组织，增生期内膜腺体伴内膜间质细胞肥大，考虑激素类药物治疗后改变，另见出血渗出物"，诊刮术后月经仍时量多如注，时淋漓不净。经孕产史：既往月经规则，14 岁初潮，5～7 天 /30 天，量中等，无痛经，1-0-2-1，顺产 1 胎，工具避孕。子宫附件 B 超检查提示：双层子宫内膜 1.2cm，回声不均，子宫肌瘤大小约 26mm×26mm×18mm，右附件区见囊性块，大小约 41mm×26mm×25mm。就诊时阴道流血量中等，色暗，夹块，伴有头晕，口干，倦怠乏力，腰酸不适，舌红苔薄，脉细弦。

中医诊断：崩漏；证属：阴虚火旺，冲任不固。

西医诊断：围绝经期异常子宫出血。

治法：滋水涵木，凉血固冲。

方药：黄芪炭 15g，当归炭 10g，乌梅炭 10g，炒白芍 15g，大黄炭 10g，炒杜仲 10g，炒续断 15g，海螵蛸 15g，茜草炭 15g，棕榈炭 10g，蒲黄炭（包煎）30g，景天三七 30g，炙龟甲（先煎）10g，炙鳖甲（先煎）10g，黄柏炭 6g，血余炭 10g，赤石脂（包煎、先煎）15g，鹿角霜（先煎）10g，仙灵脾 30g，炙甘草 10g。7 剂。

二诊：服药后 1～2 日，阴道流血稍有减少，劳累后又增多，色淡，无血块，倦怠乏力明显，面色苍白，急查血常规提示：RBC 3.18×10^{12}/L，HGB 99g/L，HCT 0.29/L。生殖激素提示：FSH 9.4U/L，LH 5.97U/L，E$_2$ 560.9pmol/L，P 0.54nmol/L。舌淡，苔薄白，脉沉细。上方去蒲黄炭、黄柏炭、仙灵脾，加附片炭 10g，炮姜炭 6g，焦山楂 15g，再服 7 剂。并嘱患者避免负重劳累，在生活上要劳逸结合，睡眠充足，精神愉快，减轻精神压力，以免加重病情，引起疾病反复。

三诊：服药后 1 天阴道开始出血明显减少但未净。自觉头痛、乏力，夜寐一般，舌红苔黄腻。

方药：黄芪炭 15g，当归炭 10g，乌梅炭 10g，炒白芍 15g，大黄炭 10g，炒杜仲 10g，炒续断 15g，海螵蛸 15g，茜草炭 15g，棕榈炭 10g，景天三七 30g，炙龟甲（先煎）10g，黄柏炭 6g，血余炭 10g，赤石脂（包煎、先煎）15g，仙灵脾 30g，制半夏 10g，厚朴 10g，大血藤 30g，鸡血藤 30g，炮姜炭 10g。7 剂。

四诊：阴道流血渐止，夜寐欠安，胃纳不馨，头晕、乏力，舌红苔黄腻。上方去血余炭、赤石脂、厚朴、大血藤、鸡血藤，加蒲黄炭（包煎）30g，女贞子 15g，旱莲草 30g，灵芝 15g，炒谷芽 15g，炒麦芽 15g。7 剂。

五诊：服药后第二天阴道出血止，伴头晕、乏力，夜寐不安、易醒，心烦，舌红苔黄腻，脉沉细。前方加减巩固疗效。

方药：黄芪炭 15g，当归炭 10g，炒白芍 15g，炒杜仲 10g，炒续断 15g，海螵蛸 15g，茜草炭 15g，棕榈炭 10g，景天三七 30g，炙龟甲（先煎）10g，黄柏炭 6g，女贞子 15g，旱莲草 30g，仙灵脾 30g，灵芝 15g，黄连炭 5g，炮姜炭 6g，焦六神曲 10g，砂仁（后下）6g，佛手 10g。7 剂。

后继续前方加减治疗，阴道出血未反复，一个月后月经如常，巩固治疗二个月，月经如常，后随访未再复发。

按：患者多次流产，又值"七七"之年，肾气衰退，真阴亏损，水不涵木，肝阳偏亢，虚火动血，迫血妄行，血行脉外，而致崩漏。患者反复崩漏一年，气血更伤，阴血夺其下，损阴耗阳，阴阳两虚。陈老师以滋水涵木法塞漏、澄源以止血，养阴清热合益气健脾补肾以固摄冲任，固本复旧，使阴平阳秘而崩漏止。方取炒白芍、乌梅炭、大黄炭、炙龟甲、炙鳖甲、黄柏炭、女贞子以滋水涵木，清宁血海；以炒杜仲、炒续断、海螵蛸、茜草炭、仙灵脾、棕榈炭、景天三七、血余炭、赤石脂固摄冲任；黄芪炭、当归炭益气养血；使暴崩之血渐少。患者崩漏日久，气随血脱，阴损及阳，故予附子炭、炮姜炭增加温肾助阳之功，阴阳互补，以复旧固本。但附子性温刚燥，易耗阴液，中病即止。后继续滋水涵木以清宁血海，叠进滋补肝肾、益气养血之药以固本善后复旧，使气血得复、阴阳平衡，月事如常。

医案三

杨某，女，35 岁，2018 年 4 月 9 日初诊。

主诉：月经量多5年，不规则阴道流血半个月，加重5天。

病史：患者既往月经周期规则，7天/30天，5年前月经开始量多如注，夹块，痛经剧烈，伴呕吐、乏力，西医诊断为子宫腺肌病，予口服妈富隆（去氧孕烯炔雌醇片）治疗，但服药不规律，时有停服漏服。末次月经：2018年3月24日，7日净。2018年4月4日阴道开始再次出血至今，量多如注，夹块，伴乏力腰酸，自行停止口服妈富隆。纳少便溏，舌暗尖红，苔薄黄，脉细数。

中医诊断：崩漏；证属：肾虚血热。

西医诊断：异常子宫出血，子宫腺肌病。

治法：凉血止血，补肾固冲。

方药：生地炭10g，砂仁（后下）6g，炒黄芪10g，当归炭10g，乌梅炭10g，炒白芍15g，焦栀子10g，大黄炭10g，煅龙骨（先煎）30g，煅牡蛎（先煎）30g，炒杜仲10g，炒续断15g，海螵蛸15g，茜草炭15g，炙龟甲（先煎）10g，石决明（先煎）15g，黄柏炭6g，棕榈炭10g，藕节炭30g，炮姜炭10g。7剂。

2018年04月16日二诊：阴道出血于服药后第6天止，伴乏力腰酸，舌淡暗苔薄，脉沉细。上方加减。

方药：炒黄芪25g，当归炭10g，乌梅炭10g，炒白芍15g，焦栀子10g，大黄炭10g，煅牡蛎（先煎）30g，炒杜仲10g，炒续断15g，海螵蛸15g，茜草炭15g，黄柏炭6g，藕节炭30g，鹿角霜（先煎）10g，紫石英（先煎）20g，仙灵脾30g，菟丝子10g，肉桂（后下）3g，炮姜炭10g，红枣15g。7剂。

上方加减治疗一个月，次月经行正常。后巩固治疗二个月，月经如常。

按：崩漏病机多见虚、热、瘀。陈老师治疗崩漏，遵循"急则治其标，缓则治其本"的原则。施以治崩三法："初用止血以塞其流，中用清热凉血以澄其源，末用补血以还其旧"。暴崩急症投以焦栀子、石决明、黄柏炭、大黄炭、藕节炭、茜草炭清热凉血止血以澄其源，棕榈炭、乌梅炭、煅龙骨、煅牡蛎、海螵蛸、大黄炭、茜草炭等清热凉血以塞流止血；当归炭、大黄炭、茜草炭等既助止血之力，又防止血留瘀；黄芪补元气，升阳固本；生地炭、炙龟甲、杜仲、续断等补肝肾、固冲任以复旧；崩漏日久则阴损及阳，阳不摄阴则封藏失职，冲任不固，有崩漏复发之虑，故加用鹿角霜、紫石英、仙灵脾等药固冲摄血，凉血热、补气血、益肝肾以固冲任澄源复旧，全方共奏固冲调经之功，故崩漏止，经血调。

医案四

郑某，女，47 岁，2015 年 7 月 26 日初诊。

主诉：月经紊乱 2 年，阴道不规则出血半个月余。

病史：患者近 2 年来出现月经周期紊乱，有时一个月两潮，量多，淋漓期长难净。末次月经：2015 年 7 月 10 日，量多，至今未净，无腹痛。尿HCG：阴性，子宫附件 B 超检查未见明显异常。2015 年 5 月份于当地医院体检做 TCT、HPV 检查未见异常。2-0-1-2，顺产两胎，人流一次，环已取出，工具避孕。前医曾用养阴清热止血之剂治疗效不显。自觉烦躁，潮热，畏寒，便溏，腰酸。舌淡，苔薄，脉沉细。

中医诊断：崩漏；证属：脾肾不足，阴阳两虚。

西医诊断：异常子宫出血。

治法：健脾补肾，调和阴阳。

方药：炒黄芪 15g，炒党参 10g，当归炭 10g，蜜桂枝 6g，炒白芍 15g，炒白术 15g，炙鳖甲（先煎）15g，炙龟甲（先煎）10g，海螵蛸 15g，熟地炭10g，茜草炭 15g，紫石英（先煎）15g，花蕊石 15g，红枣 10g，甘草 10g。7 剂。

2015 年 8 月 2 日二诊：服药后经净，潮热畏寒好转，仍有汗出，于上方去海螵蛸、茜草炭，加稽豆衣 10g，绿豆衣 10g。7 剂。

以上方加减调治 3 个月，月经恢复正常。

按：患者期届更年，冲任虚衰，近两年来月事一月两潮，淋漓难净且经量偏多，日久伤阴，阴虚不能维阳，不能镇守胞络相火，同时久病伤阳，脾肾两虚，阴阳失调。患者烦躁潮热为阴虚，便溏、畏寒、腰酸、舌淡、脉沉细为脾肾两虚。若单以养阴止血易伤脾之阳气，脾虚不能摄血致经行淋漓不净。若单纯补脾益气，忘却患者阴虚之证，反增温热助动之嫌。陈老师在治疗上阴阳兼顾，方中以黄芪、党参、白术、红枣、甘草健脾益气，"四物"养血，炙鳖甲、制玉竹、龟板、紫石英等补肾阴阳，海螵蛸固涩止血，茜草炭清热凉血止血。因辨证准确，病告痊愈。陈老师指出，血止之后要调整月经周期，澄源复旧以固本，因肾为先天之本，脾为后天之本，固本即加强脾肾二脏的功能，使疗效得以巩固，避免反复发作。

（十）痛经

医案一

金某，女，28 岁，2013 年 7 月 7 日初诊。

主诉：经行腹痛 15 年。

病史：自 13 岁月经初潮起，每逢经前一周少腹开始疼痛作胀，经行少腹疼痛作胀加剧，腹痛难忍，卧床两天，服止痛片仍疼痛不能缓解，甚时冷汗淋漓、昏厥，伴呕吐泄泻，痛时得热痛减不明显，月经量少，色暗红而紫，或夹有血块，肢冷畏寒，舌淡苔薄腻，脉细。曾经多方治疗，效果不显。输卵管造影提示：两侧输卵管通而不畅。

中医诊断：痛经；证属：寒湿内停，脾肾亏虚，胞脉凝滞。

西医诊断：原发性痛经，双侧输卵管炎。

治法：温经通络，行气和血，健脾补肾。

适值月经将行，方用温经汤、陈氏调气饮合失笑散加减。

方药：小茴香 3g、炒当归 6g、炒川芎 6g、炒白芍 10g、炙桂枝 5g、炒牛膝 10g、炒杜仲 10g、吴茱萸 3g、肉桂 2g、延胡索 10g、制香附 10g、炒蒲黄（包煎）10g、五灵脂 10g、制半夏 9g、陈皮 10g、红花 6g、丝瓜络 10g、炮姜 5g。7 剂。

二诊：服药后腹痛明显好转，月经量增多，但仍经行便溏。

方药：黄芪 10g、炒党参 10g、炒白术 15g、炒当归 10g、炒川芎 6g、炒白芍 10g、制香附 10g、炒杜仲 10g、菟丝子 15g、仙灵脾 30g、金樱子 15g、芡实 30g、广藿香 10g、红枣 15g、甘草 10g。14 剂。

三诊：患者适将经行，前方去炒党参、金樱子、芡实、广藿香、红枣、甘草，加炙桂枝 5g、路路通 10g、忍冬藤 30g、鸡血藤 30g、丝瓜络 10g。7 剂。

服药后患者次月经行少腹无疼痛，呕吐腹泻未作，月经量转常，色红无血块。后继续前方加减巩固治疗一个月后停药，后回访，痛经未作。

按：室女肾气初盛，天癸未充，气血功能尚未达到正常水平，如经行保健意识淡薄，一旦经期感寒淋雨、贪凉饮冷，寒湿伤于下焦，客于胞宫，以致寒凝经脉，血行失畅，不荣则痛或不通则痛。故经行时，用温经汤温经暖宫止痛，陈氏调气饮行气和血温经止痛，失笑散活血止痛，平时用八珍汤加减以气血双补，使气血充盈，冲任、胞宫得以滋润，冲任通盛，血脉流畅而治本；加炒杜仲、菟丝子、仙灵脾、金樱子、芡实等补肾，促使天癸的成熟及冲任的通盛，"荣而不痛"。同时辨病和辨证相结合，因两侧输卵管通而不畅，经前加炙桂枝温通，鸡血藤活血，丝瓜络通络等，使胞脉通畅，疼痛自止。

医案二

赵某，女，19岁，2013年8月25日初诊。

主诉：经行腹痛7年。

病史：患者自12岁初潮后，经来腹痛明显，后逐年加重，曾多方治疗2年余，病情未见好转。近年每次腹痛加剧、甚至昏厥，几次打"120"送医院急诊。月经量少色暗，夹有紫黑小血块，经行不爽，待得畅行之后，疼痛即渐缓解。近因学习紧张，时伴头胀且痛，带下量多色黄，大便干结。舌红少津，苔黄，脉弦。

中医诊断：痛经；证属：肝经郁热，胞脉瘀滞。

西医诊断：原发性痛经。

治法：清肝解郁，理气活血。

方药：砂仁（后下）6g，生地10g，炒白芍15g，麦冬10g，地骨皮15g，焦山栀10g，制香附10g，红藤30g，蒲公英15g，鱼腥草30g，白花蛇舌草30g，炒黄柏9g，茯苓12g，炒白术15g，红枣15g，甘草10g。7剂。

二诊：服药后头胀痛好转，带下明显减少，大便如常。

方药：砂仁（后下）6g，生地10g，麦冬10g，炒白芍15g，炒丹皮10g，焦山栀10g，延胡索10g，制香附10g，红藤30g，蒲公英15g，鱼腥草30g，炒椿皮15g，芡实30g，仙灵脾30g，佛手10g，红枣15g，甘草10g。7剂。

三诊：服药后头胀痛渐除，带下转常，大便如常。患者适将经行。

方药：砂仁（后下）6g，生地10g，炒白芍15g，焦山栀10g，炙桂枝5g，炒牛膝10g，制香附10g，炒杜仲10g，红藤30g，威灵仙10g，制大黄10g，炒蒲黄（包煎）10g，五灵脂10g，红花6g，丝瓜络10g，炮姜5g。7剂。

服药后经行腹痛未作，月经量转多，色转红，无血块，诸羔好转，经后续用养阴柔肝之剂，以善其后。如此调理2个月经周期，痛经未反复，月事正常。

按： 该患者素体肝旺，前医屡次投以温药劫阴，津血干结，滞而不行，瘀血结聚不散，不通则痛，故痛经加剧。"治病必求其本"，经前以二地汤合丹栀逍遥散加减，养血清肝，理气活血，祛瘀通络。经行继续以生地、炒白芍、焦山栀养阴清热柔肝，制香附、炒牛膝、红藤、制大黄、炒蒲黄、五灵脂、威灵仙、红花、丝瓜络理气活血通络，炒杜仲补肾，加炙桂枝、炮姜温经散寒防过分寒凉之剂戕伤脾胃和阳气，寒热并用，清泻而不滋腻，降火而不苦寒，药病中的。调治2个月经周期，顽固性痛经告愈。

医案三

张某，女，19岁，2018年7月14日初诊。

主诉：经行腹痛5年余。

病史：患者痛经始于月经初潮，临期及经行第1～2天少腹坠胀，疼痛难忍，拒按，累及腰部，痛甚肢厥休克。曾有4次痛经晕厥史，既往经中西医治疗无效，需口服止痛药物，甚至需肌注杜冷丁镇痛。平素月经尚规则，5～7天/25～27天，经量偏多，质黏，色紫暗，夹血块。末次月经：2018年7月5日。否认性生活史。平素烦躁易怒，胃纳一般，二便尚调，夜寐可。舌质红，舌边尖可见瘀点，苔薄黄，脉弦数。

中医诊断：痛经；证属：肝郁化火，热瘀内结。

西医诊断：原发性痛经。

治法：清热泻火，理气化瘀，通络止痛。

方药：焦栀子10g，炒丹参15g，炒柴胡6g，炒白芍15g，炒丹皮10g，炒黄芩12g，香附10g，延胡索10g，炒杜仲15g，炒续断15g，大血藤30g，鸡血藤30g，威灵仙10g，徐长卿（后下）15g，炙龟甲（先煎）10g，炒黄柏6g，佛手10g，紫苏梗10g，红枣15g，甘草6g。7剂。

2018年7月21日二诊：经前乳房胀痛，寐劣。舌红，苔薄黄，脉弦。

方药：炒丹参15g，炒白芍15g，香附10g，炒杜仲15g，炒续断15g，大血藤30g，鸡血藤30g，威灵仙10g，徐长卿（后下）15g，炙龟甲（先煎）10g，炒黄柏6g，佛手10g，紫苏梗10g，王不留行10g，路路通10g，灵芝15g，远志10g，合欢皮30g，鹿角霜（先煎）10g，紫石英（先煎）15g，红枣15g，甘草6g。14剂。

2018年8月5日三诊：末次月经：2018年8月2日，量中等，经色暗红，夹血块，痛经较以往减轻，小腹胀坠灼痛能忍，腰酸，小便畅，大便偏溏，舌质红，苔薄，脉弦数。

方药：炒丹参15g，炒白芍15g，炒当归10g，炒川芎6g，香附10g，炒杜仲15g，炒续断15g，大血藤30g，鸡血藤30g，鹿角霜（先煎）10g，紫石英（先煎）15g，泽兰10g，益母草10g，红花6g，丝瓜络10g，炒艾叶6g，乌药6g，佛手10g。7剂。

如此调理1个月，次月经行未出现腹痛，3个月后随访，痛经未再复发。

按：《傅青主女科》云："妇人有经前腹痛数日而后经水行者，其经来多是紫黑块。人以为寒极而然也，谁知是热极而火不化乎！……治法似宜大泻肝中之火。然泻肝之火而不解肝之郁，则热之标可去，而热之本未除也。"陈老师认为该患者素体血虚而热，肝郁化火，气滞血瘀，不通则痛，故经来痛剧。患者初诊时月经刚净，治病求本，方以丹栀逍遥散加减清肝解郁、养血柔肝为主，炙龟甲、杜仲、续断、紫石英、鹿角霜等补肝肾调冲任，威灵仙、徐长卿通络；月经期以调畅气血、通络止痛为主，以少腹逐瘀汤加减养血活血、调经通络止痛，加大血藤、鸡血藤活血通经止痛。全方疏肝、清热、理气、化瘀并用，瘀去新生，疼痛自止。

医案四

高某，女，48岁，2017年5月3日初诊。

主诉：月经量多伴腹痛10年余。

病史：患者10年来每遇经期开始则出现下腹疼痛，并自觉逐年加重，经量多夹大血块，经色暗红，腹痛拒按，疼痛剧烈时面色苍白，汗出肢冷，恶心呕吐，需吃止痛药方可止痛，子宫附件B超检查提示：子宫增大，肌层回声增粗，子宫腺肌症。平素月经周期尚准，经期延长需9～10日方净。1-0-2-1。来诊时正值经期第二天，量多如小便，小腹疼痛，舌暗有瘀斑，苔薄白，脉弦细。

中医诊断：痛经，月经过多；证属：阴虚内热，瘀阻胞宫。

西医诊断：子宫腺肌病。

治法：养阴清热，化瘀止痛。

方药：黄芪炭10g，当归炭10g，炒白芍15g，女贞子15g，旱莲草30g，香附10g，炒杜仲10g，炒续断15g，鹿角霜（先煎）10g，景天三七30g，焦山栀10g，大黄炭10g，蒲黄炭（包煎）15g，海螵蛸15g，茜草炭15g，地榆炭15g，藕节炭15g，焦山楂30g，炮姜炭6g，紫石英（先煎）15g。7剂。

2017年5月10日二诊：述月经已止。服药后无不适。予以活血化瘀消癥、清热解毒散结治疗。

方药：炒黄芩10g，炒白芍15g，香附10g，海螵蛸15g，浙贝母10g，大血藤30g，鸡血藤30g，焦山栀10g，制大黄10g，鹿角霜（先煎）10g，石见穿30g，猫人参30g，蒲公英30g，土茯苓30g，皂角刺10g，夏枯草30g，白花蛇舌草30g，佛手10g，红枣15g，炙甘草10g。14剂。

2017年6月14日三诊：月经于2017年6月3日转复，经量较前减少，7日净，腹痛减轻。

方药：炒黄芩10g，炒白芍15g，炙桂枝10g，海螵蛸15g，浙贝母

10g，大血藤 30g，鸡血藤 30g，焦山栀 10g，制大黄 10g，鹿角霜（先煎）10g，石见穿 30g，猫人参 30g，蒲公英 30g，土茯苓 30g，皂角刺 10g，香附 10g，威灵仙 10g，徐长卿（后下）15g，红枣 15g，炙甘草 10g。7 剂。

在此方的基础上按照月经周期依证加减，连续治疗半年，患者痛经明显缓解，不需再服止痛片，经量中等，7 日净。

按：陈氏治疗痛经，以通调气血为先，血瘀者行之，气滞者达之，寒盛者温之，热炽者清之，"以通为用"，使气血调和旺盛，冲任流通畅行，痛经自愈。本患者病来 10 年余，经行量多痛剧、脉弦细，当辨阴虚内热、瘀阻胞宫之证；在养阴清热、通络止痛的基础上，月经期间以正虚、胞脉不畅为主，加黄芪、当归、白芍补血养血，紫石英、炮姜温肾助阳以治本；月经中期正气已复，当以攻邪为主，以焦栀子、黄芩、制大黄、蒲黄凉血清热化瘀；香附、浙贝母、皂角刺开郁散结；白花蛇舌草、蒲公英、猫人参、威灵仙、徐长卿、土茯苓清热解毒、化瘀消癥，经后血海空虚，注意扶正，方中鸡血藤、大血藤、杜仲、炒川断、仙灵脾活血养血、补肾固冲任；桂枝、白芍调和气血；气血得养、气机条畅，待正气恢复，胞脉畅通，其症自消。

医案五

段某，女，35 岁，2011 年 12 月 27 日初诊。

主诉：痛经伴月经量少 5 年余。

病史：患者既往月经规律，12 岁初潮，6 天 /28 天，1-0-2-1，顺产一胎。于 5 年前行 2 次人流术，术后出现月经量少，淋漓不畅，经色暗夹血块，月经 7～9 天净，伴经前乳房胀痛，情绪烦躁易怒，临期腹痛剧烈，头痛，痛甚呕吐，腰酸痛，持续 3 天，每次口服止痛片缓解。B 超提示：子宫腺肌病。曾中西医治疗疗效不显。患者前来求诊时不愿服中药，希望能有更方便且口味好的方法，于是建议患者用膏方治疗。舌质紫暗，苔薄，脉细弦。

中医诊断：痛经；证属：阴虚内热，气滞血瘀。

西医诊断：子宫腺肌病。

治法：养阴清热，活血化瘀，行气止痛。

方药：生地 100g，当归 60g，炒白芍 150g，炒川芎 60g，炒丹皮 100g，焦山栀 90g，蒲公英 100g，柴胡 50g，炒枳壳 60g，制香附 50g，怀牛膝 60g，制萸肉 100g，麦冬 100g，炙鳖甲 100g，龟甲 100g，炒川柏 60g，炒秦艽 30g，炒泽泻 60g，炒杜仲 150g，桑寄生 150g，黄芪 100g，炒白术 150g，泽兰 100g，益母草 100g，延胡索 100g，乌药 60g，仙灵脾 150g，砂仁 60g，

佛手 60g，桃仁 100g，红花 30g，炒麦芽 150g，焦六神曲 100g，红枣 150g，炙甘草 60g。

另以阿胶 100g，龟板胶 200g，蜂蜜 250g，冰糖 250g，黄酒 250g，收膏。每当午、晚饭后以沸水冲饮一匙。患者服药后自述痛经明显减轻，精神状态转好。

按： 患者因多次流产劳损冲任、伤阴耗血，以致肝失血养、气失疏泄，气郁日久化热以致经前乳房胀痛，情绪烦躁易怒，头痛、月经量少淋漓不畅等；血赖气行，气行则血行，气滞则血瘀，肝气不舒、气机不利，气不能运血，经血滞于胞中而作痛。方用丹栀逍遥散加减养阴清热、疏肝理气，桃红四物汤养血活血，制香附、延胡索、乌药、秦艽等解郁行气、疏风止痛，加泽兰、益母草养血活血、调畅冲任，制萸肉、麦冬、炙鳖甲、龟板、炒川柏养阴柔肝，黄芪、炒白术益气生血；蒲公英清热；加杜仲、桑寄生补益肝肾，滋养肝阴，肝气得舒，气行则血行，通则不痛，腹痛明显缓解。

二、不孕症

医案一

李某，女，33 岁，2011 年 6 月 26 日初诊。

主诉：月经稀发 10 余年，未避孕未孕 3 年，停经 3 个月。

病史：患者 13 岁初潮即出现月经紊乱，常 40 天至 3 个月一行，量稀少，时淋漓日久，10～15 天净，曾间断口服甲羟孕酮治疗 1 年，停药后月经周期尚可；2005 年初再次出现月经紊乱，未进行系统治疗。3 年前结婚后未避孕未孕，夫妻性生活正常，配偶精液检查正常。婚后 1 年余，因停经 3 个月于当地妇保医院进行诊治，给予炔雌醇环丙孕酮片治疗 4 个月余，月经仍量少色淡，停药后月经仍不规则。末次月经：2011 年 3 月 18 日，因停经 3 个月前来中医就诊。患者伴有心烦，失眠多梦，情志不舒，面部痤疮，耳鸣，消瘦，腰膝酸软，纳少，带下稀少，二便如常。查血生殖激素示：FSH 7.89U/L，LH 20.08U/L，T 1.39nmol/L，E_2 81.29pmol/L；B 超提示：子宫体积偏小，两侧卵巢多囊样改变。舌质红，苔薄黄，脉细滑。

中医诊断：不孕症，闭经；证属：肝肾阴虚，气血两亏。

西医诊断：原发性不孕，多囊卵巢综合征。

治法：滋补肝肾，益气养血。

方药：炒生地 10g，砂仁（后下）6g，丹参 15g，炒川芎 6g，炒白芍 15g，香附 10g，黄芪 10g，炒川断 15g，炒杜仲 15g，仙灵脾 15g，仙茅 15g，鹿角霜（先煎）10g，菟丝子 15g，紫石英（先煎）15g，龟甲（先煎）10g，制玉竹 10g，炒陈皮 10g，甘草 10g。14 剂。

二诊：白带增多，仍心烦，面部痤疮，耳鸣好转，苔薄黄腻，脉细弦。治以清肝补肾，养血调经。

方药：炒当归 10g，炒生地 10g，炒白芍 15g，香附 10g，焦山栀 10g，黄芪 10g，炒川断 15g，炒杜仲 15g，仙灵脾 15g，鹿角霜（先煎）10g，紫石英（先煎）15g，炒蒲黄（包煎）10g，五灵脂 10g，桃仁 10g，红花 6g，丝瓜络 10g，炒艾叶 6g，浙贝母 10g。14 剂。

三诊：服药后经行，量不多，上方去炒生地、焦山栀，加炒川芎 6g，柴胡 6g。7 剂。

四诊：经量略有增加，但经后乏力，口干。

方药：炒生地 10g，砂仁（后下）6g，柴胡 6g，炒白芍 15g，香附 10g，黄芪 10g，炒川断 15g，炒杜仲 15g，仙灵脾 15g，鹿角霜（先煎）10g，菟丝子 15g，紫石英（先煎）15g，龟板（先煎）10g，制玉竹 10g，炒山药 30g，制黄肉 15g，炒陈皮 10g，甘草 10g。14 剂。

后连续加减调理 2 个月，月经渐按时来潮，接着根据月经周期的特点，加强经后、经间期滋补肝肾，稍佐益气温肾，月经期养血活血化瘀，带下透明，经量明显增多，第 4 个月未避孕，月经逾期 12 天未行，测尿 HCG 阳性，B 超提示：宫内早孕。停经 45 天，曾出现阴道少量出血，伴腰酸，少腹隐痛，遂用补肾清热安胎法治疗三个月后停药，后足月产子。

按：患者初潮即月经失调，属先天禀赋不足，肾气不足，肾精亏虚，致阴血虚少，血海不充；脾为后天之本，气血生化之源不足，冲任失养，月经量少，渐至闭经而不孕。阴血亏虚，心神失养，则出现失眠多梦；患者婚后一直未孕，情志不舒，郁而化火，出现心烦，面部痤疮；耳鸣，苔薄黄腻，脉细弦均为阴虚有热之象。故临床多采用滋补肝肾、益气养血法治疗。处方以黄芪四物汤合左归丸使气血阴阳同补；焦山栀清肝泻火；柴胡、香附、陈皮等疏肝理气；仙灵脾、巴戟天、鹿角霜等肝肾阴阳同补。待阴阳平衡，再以少腹逐瘀汤加减活血祛瘀、调经消癥。共奏滋补肝肾，养阴清热，养血调经之效，使血海充盈，通达冲任，月经应时而行。适时交合，水到渠成，胎元形成。

医案二

刘某，女，28 岁，2014 年 4 月 27 日初诊。

主诉：结婚 2 年未避孕未孕，停经 3 个月余。

病史：结婚 2 年来未避孕未孕，夫妻性生活正常，配偶精液检查正常。伴有倦怠乏力，腰膝酸软，畏寒肢冷，心烦，寐劣，情志不舒，纳少，大便溏，带下少。舌质淡，苔薄白，脉细。经孕产史：月经紊乱起于初潮，常 2 ～ 3 月一行，量稀少，时淋漓日久，曾反复口服甲羟孕酮和达英 -35 治疗，月经仍不规则，就诊时已自停西药。末次月经：2014 年 1 月 18 日，月经第 3 日查血生殖激素示：FSH 6.33U/L，LH 20.56U/L，TT 1.45nmol/L；甲状腺功能：抗甲状腺过氧化物酶抗体（anti-TPO）126.02U/ml，抗甲状腺球蛋白抗体（anti-TG）553.48U/ml。B 超提示：双层子宫内膜厚 0.4cm，两侧卵巢多囊样改变；甲状腺 B 超提示：甲状腺两叶呈弥漫性肿大，峡部增厚明显。

中医诊断：不孕症，闭经；证属：脾肾不足，气血两虚，肝郁气滞。

西医诊断：原发性不孕，多囊卵巢综合征，自身免疫性甲状腺炎。

治法：补肾健脾，补益气血，兼以疏肝调经。

方药：炒党参 10g，黄芪 15g，白术 15g，当归 10g，白芍 15g，丹参 12g，杜仲 15g，川续断 12g，柴胡 6g，陈皮 10g，香附 10g，仙灵脾 30g，菟丝子 10g，巴戟天 10g，炙龟甲（先煎）10g，炒黄柏 9g，百合 10g，合欢皮 30g，炒麦芽 30g，甘草 10g。14 剂。

二诊：服药后倦怠乏力、腰膝酸软、畏寒肢冷、寐劣稍有好转。仍心烦，便溏。舌质淡，苔薄白，脉细。前方黄芪加至 25g，加紫石英（先煎）15g，去当归。再进 14 剂。

三诊：服药后带下增多，月经未行。前症明显好转，再进 14 剂。

四诊：2014 年 6 月 9 日经行，量不多，以养血活血调经为主。

方药：黄芪 15g，炒当归 10g，炒川芎 6g，炒白芍 15g，香附 10g，延胡索 15g，炒牛膝 10g，泽兰 10g，益母草 30g，炒川断 15g，炒杜仲 15g，仙灵脾 15g，鹿角霜（先煎）10g，紫石英（先煎）15g，炒蒲黄（包煎）10g，五灵脂 10g，桃仁 10g，红花 6g，丝瓜络 10g，炒艾叶 6g。14 剂。

后以上方加减化裁治疗二个月余，月经渐按时来潮，经量明显增多，诸症消失。第 4 个月复查血生殖激素示：FSH 6.40U/L，LH 5.04U/L，TT 1.21nmol/L；血甲状腺功能：anti-TPO 41.97U/ml，anti-TG 167.05U/ml。患者当月未避孕，停经 40 天测血 β-HCG 17963.13U/L，P 37.75nmol/L，E_2 925pmol/L，一周后

B 超提示：宫内早孕。停经 45 天时患者出现阴道少量出血、伴腰酸、少腹隐痛，夜寐不安，舌苔薄腻，脉细滑。以益气健脾固肾、清热养血安胎治疗三个月后停药。孕 16 周复查血甲状腺功能：anti-TPO 117.72 IU/ml，anti-TG 10.74IU/ml。后足月顺产一女婴。

按：患者诊断为多囊卵巢综合征、桥本甲状腺炎。此为因内分泌失调造成排卵障碍性不孕。该患者初潮即月经失调，属先天禀赋不足；倦怠乏力、腰膝酸软、畏寒肢冷、大便溏等为先天肾气不足、肾精亏虚，后天气血生化之源不足，冲任失养，月经量少、渐至闭经而不孕。心烦、寐劣、情志不舒，为肝郁气滞所致，气滞痰凝，结于颈前，故甲状腺肿大。临床以健脾补肾、益气养血法为主治疗，同时佐以疏肝理气、调畅气机。处方以炒党参、黄芪、白术、当归、白芍、丹参健脾益气养血；杜仲、川续断、仙灵脾、菟丝子、巴戟天、龟板补肾填精、阴阳同补；柴胡、陈皮、香附疏肝理气；炒黄柏、百合、合欢皮清心泻火。再以陈氏红花桃仁煎（《陈木扇女科临证辑要》）加减活血祛瘀调经，使血海充盈，冲任通达，月经应时而行。待排卵功能逐渐恢复正常，适时交合，水到渠成，胎元形成。再以益气健脾固肾、清热养血安胎使胎有所养，胎元得安。

医案三

赵某，女，29 岁，2014 年 2 月 23 日初诊。

主诉：结婚 3 年余未避孕未孕，停经 6 个月。

病史：结婚 3 年来夫妻性生活正常，配偶精液检查正常，未避孕未孕。患者诊断为慢性肾炎 2 年余，一直在肾病门诊接受激素、雷公藤及中药等治疗，因停经 6 个月余前来就诊。就诊时已停雷公藤半年余，每天服泼尼松 10mg，伴有面色㿠白，倦怠乏力，潮热汗出，腰酸，夜眠欠佳，大便偏干。舌红，苔薄腻，脉弦细。月经史：13 岁初潮，平素月经 6 ～ 7 天 /25 ～ 28 天，量少，临期稍有腹痛。末次月经：2013 年 6 月 10 日。尿常规示：尿蛋白（＋），尿红细胞（＋）。肾功能正常；B 超提示：双层子宫内膜 0.3cm，两侧卵巢回声偏实；查血生殖激素示：FSH 102.63U/L，LH 49.78U/L，E_2 69.12pmol/L。

中医诊断：不孕症，闭经；证属：肝肾不足，气血两虚，冲任失调。

西医诊断：原发性不孕，卵巢早衰，慢性肾炎。

治法：滋补肝肾，气血双补，调理冲任。

方药：黄芪 15g，炒当归 10g，炒白芍 15g，炒党参 10g，炒白术 12g，炒山药 30g，香附 10g，炒杜仲 10g，仙灵脾 30g，紫石英（先煎）15g，鹿角霜（先煎）10g，景天三七 30g，炙龟甲（先煎）10g，炒黄柏 9g，熟地 9g，砂仁（后下）6g，红枣 15g，大血藤 30g，鸡血藤 30g，甘草 10g。7 剂。

二诊：服药后倦怠乏力、腰酸好转，仍有潮热汗出，夜眠欠佳，大便偏干。舌红，苔薄腻，脉弦细。

方药：黄芪 30g，炒丹参 10g，炒白芍 15g，炒杜仲 10g，炒川断 15g，仙灵脾 30g，覆盆子 15g，山茱萸 12g，石楠叶 10g，炒山药 30g，鹿角霜（先煎）10g，金樱子 30g，芡实 30g，广藿香 10g，炙鳖甲（先煎）10g，地骨皮 15g，龟甲（先煎）10g，炒黄柏 9g，甘草 10g。14 剂。

三诊：服药后潮热汗出好转，夜眠好转，开始有带下，大便调，舌红苔薄腻，脉弦细。

方药：黄芪 30g，炒当归 10g，炒白芍 15g，炒杜仲 10g，炒川断 15g，仙灵脾 30g，菟丝子 15g，山茱萸 12g，石楠叶 10g，炒山药 30g，炒白术 15g，鹿角霜（先煎）10g，炒生地 10g，炒熟地 10g，制玉竹 10g，炒陈皮 10g，巴戟天 10g，麦冬 10g，百合 10g，甘草 10g。7 剂。

四诊：治疗一个月后，复查尿常规示：尿蛋白（-），尿红细胞（-）。泼尼松减量为每天服 5mg。月事仍未行，带下开始增多，寐劣好转，舌红苔薄，脉细。

五诊：患者出现带中见红，略有腰酸。

方药：黄芪 15g，炒当归 10g，炒白芍 15g，炒川芎 6g，香附 10g，炒牛膝 10g，泽兰 10g，益母草 30g，炒川断 15g，炒杜仲 15g，仙灵脾 15g，鹿角霜（先煎）10g，炒蒲黄（包煎）15g，桃仁 10g，红花 6g，丝瓜络 10g，月季花 10g，凌霄花 10g，积雪草 30g。7 剂。

服药后经行量少，两天净。上方加减化裁再治疗 2 个月，复查尿常规：尿蛋白（-），尿红细胞（-），患者停服泼尼松。再继续前方加减治疗一个月余，月经规律，经行量增多，诸症消失。月经第三天查血生殖激素：FSH 10.8U/L，LH 7.2U/L，E_2 167.35pmol/L；再继续前方加减治疗 1 个月余后怀孕。孕后继续保胎治疗到 3 个月，后足月产一男婴。产后随访复查，尿常规一直正常。

按：患者患慢性肾炎 2 年余，伤及肾精肾气，肾气不足，则肾精不能化生为血，冲任不充，血脉不盈而血虚；久病及阳，肾阳不足，不能温养血脉，气滞血瘀而致闭经、不孕等疾病的发生；肾阴亏损，而见潮热汗出，心烦失眠等症状。

肾虚为本病发病的根本，故以生熟地、龟板、炙鳖甲、炒杜仲、仙灵脾、

紫石英、鹿角霜、菟丝子等温补肾阴、肾阳，补肾可以调节内分泌机制，提高卵巢对FSH的反应。肾先天功能的正常发挥离不开后天脾气的滋养，脾胃为气血生化之源，脾胃健旺，化源充足，才能灌注于冲任、胞宫。故以黄芪、炒党参、炒白术、炒山药等健脾，以香附、陈皮、丹参、炒当归、炒白芍、大血藤、鸡血藤等理气养血活血，佐以麦冬、百合养心安神。心、肝、脾、肾四经同治，重在补以通之，而达补肾健脾活血、理气调冲通经之效。

三、带下病

医案一

杨某，女，35岁，2015年3月6日初诊。

主诉：反复阴痒，带下量多，少腹隐痛一年余。

病史：近一年来，反复出现带下量多，阴痒，虽经西药治疗，仍频繁发作，患者转中医就诊。就诊时带下量多质稠味腥，多呈豆腐渣样，外阴瘙痒难忍，时有腰酸腹胀，少腹隐痛，月经周期正常，经量中等，夹血瘀块，平素时有腰痛，经行腹痛加剧，大便如常，舌苔薄黄腻，脉细弦。妇检可见阴道较多分泌物，色黄，质稠，白带检查示：清洁度Ⅱ度，胺臭试验阳性，线索细胞阳性，可见假菌丝。

中医诊断：带下病；证属：脾肾两虚、下焦湿热、气滞血瘀。

西医诊断：细菌性阴道病合并复杂性外阴阴道假丝酵母菌病。

治法：健脾补肾、清热利湿、理气化瘀。

内服方：炙黄芪10g，炒白术30g，炒苍术10g，炒山药30g，柴胡6g，炒杜仲10g，炒川断12g，龟甲（先煎）10g，炒黄柏9g，土茯苓30g，川萆薢15g，鱼腥草30g，银杏肉10g，墓头回30g，煅牡蛎（先煎）30g，大血藤30g，鸡血藤30g，芡实15g，地肤子15g，炙甘草6g。7剂。

外用方：以陈木扇女科"妇洗液"外用配合治疗。

2015年3月13日二诊：服药后自述白带量较前明显减少，阴痒减轻，自觉腹痛腰酸乏力好转，前方加减继服2个月余巩固疗效，阴道病未再复发。

按：患者带下病多年久治不愈，脾肾两虚，湿热蕴积下焦，损伤任带之脉，气血运行受阻，瘀血内生，湿瘀夹杂为患，故带下量多，经行腹痛；湿热郁遏，煎熬津液，故带下色黄量多质稠味腥，多呈豆腐渣样；湿瘀内阻，气机不畅，固有腹痛。在治疗时，陈老师强调补虚与泻实相结合，以炙黄芪、炒白术、炒苍术、炒山药健脾，以炒杜仲、炒川断、龟板补肾固本，以土茯苓、川草薢清热利湿除秽；鱼腥草、银杏肉、墓头回清热利湿解毒；大血藤、鸡血藤补血活血；柴胡疏肝解郁以行气；芡实、煅牡蛎补肾固涩止带；地肤子疏风止痒。诸药合用扶正祛邪，利湿化瘀。同时辨病和辨证相结合，内外同治，使治疗取效迅速，疗效持久。

医案二

楼某，女，38岁，2018年11月12日初诊。

主诉：带下增多伴外阴瘙痒半年余。

病史：患者半年前出差后出现带下增多伴外阴瘙痒，带下色白质如豆渣，外阴瘙痒难忍，诊断为霉菌性阴道炎，常规治疗后症状缓解，此后每逢月经前后均出现带下增多伴外阴瘙痒，连续三个月抗真菌治疗仍未见明显好转，症状反复，随至门诊求诊。自述平素带下量多，色时有白浊时有黄赤，外阴瘙痒时重时轻，白带检查未见霉菌，清洁度Ⅲ度。经孕产史：平素月经5～7天/37～45天，月经量偏少，末次月经：2018年10月9日。已婚，1-0-4-1，剖宫产分娩一胎。既往有贫血史。现自觉小腹坠胀，腰酸乏力，手足不温。易胃胀不适，泛酸嗳气不明显，大便溏烂，夜寐一般。舌淡，苔白，脉细弱。

中医诊断：带下病；证属：脾肾两虚，湿热下注，带脉不固。

西医诊断：复杂性外阴阴道假丝酵母菌病。

治法：健脾化湿，疏风清热，补肾固带。

方药：黄芪15g，炒丹参15g，炒白芍15g，炒党参15g，炒白术15g，山药15g，炙桂枝10g，香附10g，延胡索10g，杜仲10g，炒续断15g，仙灵脾30g，豨莶草15g，白鲜皮30g，蚕沙（包煎）15g，炒椿皮15g，红花6g，丝瓜络10g，蒺藜10g，乌药6g。10剂。

患者将出差，又适将经行，嘱其出差自带毛巾、浴巾，备一次性内裤，每日更换内裤。

2018年12月03日二诊：2018年11月19日月经至，量偏少，见小血块。此次月经净后外阴瘙痒较前减轻，带下色黄，量较前减少。大便黏腻，晨起口干。

方药：黄芪15g，炒丹参15g，炒白芍15g，炒党参15g，炒白术15g，山药15g，杜仲10g，炒续断15g，仙灵脾30g，豨莶草15g，白鲜皮30g，蚕沙（包煎）15g，炒椿皮15g，炙龟甲（先煎）10g，炒黄柏6g，焦山栀10g，金樱子30g，芡实30g，土茯苓30g，大枣15g，蜜甘草10g。14剂。

另予陈木扇女科"妇洗液"外用配合治疗。

2018年12月26日三诊：2018年12月21日月经至，月经周期渐准，量稍旺。经前经后外阴瘙痒未见，带下量减。精神佳，乏力除。胃脘无胀满，纳食佳。

方药：黄芪15g，炒丹参15g，炒白芍15g，炒党参15g，炒白术15g，山药15g，炒当归10g，香附10g，炒陈皮10g，炒杜仲10g，炒续断15g，仙灵脾30g，补骨脂10g，炙龟甲（先煎）10g，炒黄柏6g，焦山栀10g，金樱子30g，芡实30g，大枣15g，蜜甘草10g。7剂。

因带下病易反复，适值冬令，患者后续以膏方巩固治疗。

按：无湿不成带，妇人脾失运化，脾虚湿困；肾失封藏，带脉失约，冲任不固，故带下量多色白气腥，腰酸乏力，小腹坠胀；病程长久，蕴湿生热，湿热下陷肝经胞脉，可见带下黄赤臭秽，稠黏量多，阴痒阴肿。治疗以完带汤为主方，补气健脾，行气化湿。考虑气血互联，养血以益气，用当归补血汤和黄芪建中汤加减。脾肾同本，调肾以健脾，运用炙龟甲、杜仲、续断、仙灵脾、金樱子益肾涩带，固冲任以复下元之封藏。蕴湿生热，湿热下陷肝经胞脉，用香附、焦山栀疏肝气清肝火；黄柏、土茯苓、豨莶草、炒椿皮清湿热去秽浊。脾虚便溏带稀者，扁豆、山药、芡实为妙药；添仙灵脾、补骨脂乃益火生土、桂枝、白芍调营卫，治手足不温。

医案三

吴某，30岁，2015年7月1日初诊。

主诉：白带量多反复发作2年。

病史：自述2年来反复出现白带量多，质清稀，伴有外阴痒，平时自觉手足心热，口干心悸，下腹隐痛，纳差腰酸，平素月经尚属规则，末次月经：2015年6月17日，量中，1-0-1-1。子宫附件B超提示：未见明显异常。舌红，少苔，脉细。

中医诊断：带下过多；证属：脾失健运，阴虚内热，湿注下焦。

西医诊断：慢性阴道炎。

治法：健脾化浊，养阴清热，渗湿止带。

方药：炙黄芪10g，炒白术30g，炒苍术10g，炒山药30g，茯苓10g，炒米仁30g，芡实15g，炙龟甲（先煎）10g，麦冬10g，五味子10g，萆薢15g，鱼腥草30g，煅牡蛎（先煎）30g，炙甘草6g。7剂。

2015年7月8日二诊：服上方7剂后食欲转好，手足心热减轻，已无心悸，带下亦少，自觉小便清长，腰酸，此为阴分得养，脾阳未振，上方加党参 10g、炒杜仲 10g、炒续断 10g，继服 7 剂后诸症悉除。

按：带下之证，历代医家论治颇多，陈老师指出，带下主要以脾虚有湿为主，若脾土壮旺，则饮食之精华生气血而不生带，本案虽属脾气虚弱，细究之，久病 2 年，带下淋漓，不仅伤气，亦已伤阴，如手足心热、口干腰酸等皆为阴虚内热之症。在治疗上要权衡病机，调和阴阳，以平为期。以黄芪、党参、白术、米仁等健脾益气；以山药、炙龟板、麦冬、五味子等育阴清热；草薢、鱼腥草、芡实、煅牡蛎等清热渗湿止带。随证加减，使阴阳平秘，中焦健运。两年缠绵之疾调治两周而愈。

四、妊娠病

（一）胎动不安、胎漏

医案一

高某，女，28 岁，2015 年 11 月 2 日初诊。

主诉：停经 74 天，阴道流血伴腰酸、下腹隐痛 1 周。

病史：患者平素月经规则，13 岁初潮，6 天 /25 ～ 30 天，末次月经：2015 年 8 月 20 日，0-0-0-0。1 周前无明显诱因出现阴道流血，量少，淡咖色，伴腰酸、下腹隐痛，于妇产科医院就诊，超声提示：宫内见 71mm×58mm×22mm 孕囊回声，顶臀长 35mm，见原始心搏。孕囊周围宫腔线局限分离，见液性暗区，较宽处 18mm×11mm×4mm。胎盘位于前壁，下缘覆盖宫颈内口；血孕酮 75.5nmol/L。住院予黄体酮肌注保胎 1 周后，阴道出血未止，且量渐多，色转鲜，腰酸腹痛较前无缓解，遂请陈老师中医会诊。患者自觉口干欲饮，大便干结，纳可，舌红，苔薄黄腻，脉细滑数。

中医诊断：胎动不安；证属：脾肾两亏，胎火上炎。

西医诊断：先兆流产。

治法：健脾滋肾，清热凉血安胎。

方药：黄芪 15g，炒白术 15g，炒怀山药 30g，炒白芍 12g，炒杜仲 15g，炒川断 15g，仙灵脾 30g，菟丝子 15g，黄芩 10g，知母 10g，玄参 10g，石斛 10g，炙升麻 6g，苎麻根炭 15g，藕节炭 15g。7 剂。

二诊：服药后阴道出血量明显减少，仍觉腰酸，舌红苔薄黄，脉细滑数。效不更方，随症加减治疗。

方药：黄芪 10g，炒白术 15g，炒当归 6g，炒白芍 12g，炒杜仲 15g，炒

浙江中医临床名家·陈学奇

川断 15g，仙灵脾 30g，苎麻根 15g，炒黄芩 12g，知母 10g，石斛 10g，藕节炭 15g，藿香 10g，苏梗 10g，姜竹茹 10g。7 剂。

三诊：自述阴道流血已净，腰酸渐除，无腹痛，复查超声提示：宫内孕单活胎，顶臀长 6cm，胎盘下缘紧贴宫颈内口，暗区已消。患者次日出院。后随访得知足月产胎。

按： 肾为先天之本，脾为后天之源。肾精足则胎元固，脾气旺则胎有所载。方以黄芪、白术、升麻健脾益气以载胎元；炒当归、炒白芍养血；续断、杜仲、仙灵脾益肾壮腰以固胞胎；黄芩、知母、玄参、石斛清热养阴；苎麻根炭、藕节炭凉血安胎。

医案二

王某，女，28 岁，2015 年 10 月 19 日初诊。

主诉：停经 18 周加 2 天，阴道流血 26 天。

病史：患者平素月经尚规则，末次月经：2015 年 6 月 12 日，0-0-1-0。于 2015 年 9 月 23 日因"孕 14 周加 5 天，阴道出血 1 天"在当地妇产科医院就诊，超声提示：宫内孕单活胎，宫颈内口附近及子宫前壁内侧部分胎膜与宫壁间探及范围约 7.8×4.9×1.9cm 液性暗区。入院后予罗氏芬、地屈孕酮片治疗，2015 年 10 月 6 日复查超声提示：宫内液性暗区范围约 7.4×3.6×1.2cm。2015 年 10 月 15 日复查超声提示：宫内液性暗区范围约 7.3×3.6×1.2cm。于 2015 年 10 月 19 日请陈老师中医会诊，就诊时患者情绪略紧张，阴道出血已止，但腰酸、小腹隐痛明显，胃纳一般，二便无殊。舌红略胖，苔薄黄，脉细沉滑。

中医诊断：胎动不安；证属：血虚肾亏，胎火上炎。

西医诊断：先兆流产。

治法：养血固肾，清热凉血安胎。

方药：炒当归身 6g，炒川芎 6g，炒白芍 12g，三七粉（冲服）3g，炒杜仲 10g，炒川断 10g，苎麻根炭 15g，藕节炭 15g，炒黄芩炭 12g，炒黄柏炭 6g，升麻炭 10g，墨旱莲 30g，仙灵脾 15g，紫苏梗 10g。7 剂。

二诊：患者诉腹痛已除，偶有腰酸，余无殊。服药三天后（2015 年 10 月 22 日）复查超声提示：宫内液性暗区大小约 5.3cm×1.8cm×0.9cm。"患者次日出院，继续门诊治疗 2 周后停药。后随访得知足月产胎。

按： 患者先天不足，冲任亏虚不能载胎养胎，又孕后阴血下聚冲任以养胎，机体阴血偏虚，阳气偏亢。患者素体阴虚，孕后阴血更虚，阴虚生内热，热伏冲任，损伤胎元，故出现胎漏、胎动不安。方用四物汤养血安胎，大量的清热凉血药炒炭清胎火、凉血止血安胎，同时以炒杜仲、炒续断、仙灵脾、墨旱莲共用补肾安胎，苏梗理气安胎，以三七粉活血养血、止血安胎。养血勿忘清热，补肾勿忘活血，标本同治，胎儿得安。

医案三

王某，女，31 岁，2013 年 9 月 29 日初诊。

主诉：停经 45 天，阴道少量出血伴腰酸 3 天。

病史：患者末次月经：2013 年 8 月 15 日，停经 40 天时出现阴道少量出血，色淡，伴腰酸，少腹略有下坠感，β-HCG 3811.3U/L，P 23.9ng/mL；停经 45 天查超声提示：宫内早孕，见孕囊回声，其大小为 23mm×22mm，胎芽长 3.8mm。自觉两膝酸软，心烦，寐劣，大便干结，舌红，苔薄黄腻，脉细滑。经孕产史：14 岁初潮，6 天 /26 ～ 35 天，0-1-0-1，第一胎为早产儿，胎龄 35 周多时早产分娩，因 ABO 溶血出现新生儿病理性黄疸。

中医诊断：胎动不安；证属：气血不足，脾肾亏虚，胎火上炎。

西医诊断：先兆流产；ABO 母儿血型不合。

治法：养血活血，健脾补肾，清热利湿安胎。

方药：当归 10g，川芎 6g，白芍 15g，黄芪 10g，白术 12g，炒杜仲 10g，炒川断 15g，黄芩 10g，知母 10g，紫苏梗 10g，苎麻根 15g，南瓜蒂 15g，垂盆草 30g，茵陈 15g，佛手 10g。7 剂。

二诊：服药后阴道出血止，腰酸、小腹下坠渐除，寐欠佳，大便偏干，苔薄黄腻，脉细滑。复查血：β-HCG 39293.42mIU/mL，P 45.9ng/mL。

继前方加减治疗一个月，孕 12 周时测 IgG 抗 A 抗人球效价为 1：1024，患者寐欠佳，稍有恶心，腰酸不明显，大便干结，舌红，苔薄黄腻，脉弦滑。予陈氏安胎饮合茵陈蒿汤加减。

方药：当归 10g，川芎 6g，白芍 15g，白术 12g，炒杜仲 10g，炒川断 15g，黄芩 10g，百合 10g，紫苏梗 10g，苎麻根 15g，南瓜蒂 15g，川石斛 12g，垂盆草 30g，茵陈 15g，佛手 10g，制大黄 8g。7 剂。

后加减治疗至孕 17 周，测 IgG 抗 A 抗体效价为 1：256，中药治疗保胎到 5 个月，患者无明显不适，5 个月后至产前测 IgG 抗 A 抗体效价基本稳定在 1：256。经随访，患者足月顺产一健康男婴，新生儿无明显黄疸。

按：母儿血型不合属中医学"滑胎"范畴，因冲为血海，任主胞胎，若冲任二脉虚衰，肾气亏虚，冲任失养，则致胎漏。在治疗上总以补气养血固冲为主，但本病有其特殊性，孕妇血清抗体效价增高，易致新生儿黄疸，临

床若单用补肾安胎之法则疗效欠佳，故在治疗上以当归、川芎、白芍养血柔肝；白术能提系带脉，利腰脐间血，与佛手、苏梗同用以健脾安胎；杜仲、续断补而不腻，温而不燥，能补肾强筋骨，使肾旺能载胎养胎；茵陈、垂盆草、石斛、制大黄、黄芩、苎麻根、南瓜蒂清泻肝经之湿热，导湿毒由二窍出，全方有补肾养血，清热安胎之功。

医案四

马某，女，29 岁，2018 年 5 月 6 日初诊。

主诉：停经 20 周加 2 天，不规则阴道流血半月余。

病史：停经 20 周加 2 天，2018 年 4 月 18 日出现阴道流血，量不多，色红，伴腰酸，无明显腹痛，前往当地妇产科专科医院就诊，急诊 B 超示：孕母宫颈管长约 3.4cm，目前宫口闭。胎盘前壁，Gr0 级，与宫壁间未见明显异常回声，目前胎盘下缘远离宫颈内口，宫颈内口上方见范围约 8.2cm×9.6cm×5.9cm 暗区，见分隔，内呈絮状回声。嘱适当休息，定期复查。2018 年 5 月 5 日医院复查 B 超提示：宫内孕单活胎，双顶径 4.5cm，头围 17.1cm，胎心率 148 次 / 分，股骨长 3.0cm，腹围 14.0cm，胎盘前壁，Gr0 级，羊水暗区 3～4cm，胎儿双侧脉络丛内均可见数个囊性暗区，大者位于右侧，大小约 0.6cm×0.5cm×0.6cm。宫颈上方羊膜囊与宫壁间见范围约 12.7cm×3.2cm×7.4cm 的液性暗区，内透声差。因宫内血肿增大明显，期间阴道反复流血，量少，色鲜红，患者前来中医就诊。平素月经尚规律，量中等，末次月经：2017 年 12 月 23 日，0-0-0-0。就诊时伴倦怠乏力，心烦不安，腰酸，纳便尚可。舌红，苔薄白，脉滑数。

中医诊断：胎动不安；证属：气血不足，肾水亏虚，胎火上炎。

西医诊断：晚期先兆流产合并绒毛膜下血肿。

治法：养气血，滋肝肾，清胎火。

方药：黄芪炭 15g，当归炭 10g，炒白芍 15g，藕节炭 15g，地榆炭 15g，苎麻根炭 15g，黄柏炭 6g，黄芩炭 10g，炒杜仲 10g，炒续断 15g，桑寄生 15g，仙灵脾 30g，菟丝子 10g，女贞子 15g，墨旱莲 15g，广藿香 10g，紫苏梗 10g，佛手 10g。7 剂。

二诊：服药后腰酸除，无阴道见红，偶有腹胀，带下多，色黄，舌红，苔薄白。

方药：黄芪炭 15g，当归炭 10g，炒白芍 15g，藕节炭 15g，地榆炭 15g，苎麻根炭 15g，黄柏炭 6g，黄芩炭 10g，炒杜仲 10g，炒续断 15g，桑寄生 15g，仙灵脾 30g，菟丝子 10g，女贞子 15g，墨旱莲 15g，炙龟甲（先煎）10g，煅牡蛎（先煎）30g，三七粉（吞服）3g，紫苏梗 10g，佛手 10g。7 剂。

三诊：现偶有腰酸，无阴道流血，余症好转。

方药：黄芪炭 15g，当归炭 10g，炒白芍 15g，藕节炭 15g，苎麻根炭 15g，黄芩炭 10g，炒杜仲 10g，炒续断 15g，桑寄生 15g，仙灵脾 30g，菟丝子 10g，女贞子 15g，，煅牡蛎（先煎）30g，三七粉（吞服）3g，紫苏梗 10g，佛手 10g，桑叶 15g，石斛 10g。7 剂。

四诊：无腰酸、阴道流血，2018 年 6 月 5 日 B 超复查：胎位 RScA，胎动可及，双顶径 6.1cm，股骨长 4.1cm，胎盘前壁，Gr0 级，羊水 3cm，内见散在点状漂浮物，脐动脉 S/D：2.9，羊膜与后壁之间见范围约 12.5×2.2×7.5cm 的暗区，内液稠。

方药：黄芪炭 15g，当归炭 10g，炒白芍 15g，藕节炭 15g，苎麻根炭 15g，黄芩炭 10g，炒杜仲 10g，炒续断 15g，桑寄生 15g，仙灵脾 30g，地榆炭 15g，棕榈炭 15g，白茅根 30g，桑叶 15g，石斛 10 g，炒谷芽 30g，炒麦芽 30g，红枣 15g。7 剂。

五诊：2018 年 6 月 23 日 B 超复查提示：胎位 LSA，胎动可及，双顶径 7.0cm，头围 26.1cm，胎心率 145 次 / 分，股骨长 4.6cm，腹围 24.4cm，胎盘右前壁，Gr1 级，羊水指数 15.1cm，脐动脉 S/D：3.26，宫腔探及约 9.2cm×0.5cm 的积液。

方药：黄芪炭 15g，当归炭 10g，炒白芍 15g，藕节炭 15g，苎麻根炭 15g，黄芩炭 10g，炒杜仲 10g，桑寄生 15g，仙灵脾 30g，地榆炭 15g，白茅根 30g，桑叶 15g，炒谷芽 30g，炒麦芽 30g，炒白术 15g，炒山药 30g，制远志 6g，紫苏梗 10g，佛手 10g，红枣 15g。14 剂。

服 14 剂药后，复查 B 超提示宫腔积液消失。后随访，患者已足月平产。

按：患者孕后气血下注冲任以养胎，阴血更虚，肾水不足，虚热内炽，血分蕴热，扰及冲任，迫血妄行，血溢脉外而致宫腔内积血；气血虚弱，脾肾不足，故见腰酸、倦怠乏力；心烦不安，舌红，脉滑数等均为肾水亏虚、胎火上炎之症。治疗以益气血、滋肝肾、清胎火止血安胎。陈老师在治疗中还根据疾病发展的不同阶段分类用药，出血量多、色鲜时，以凉血止血为主。出血期缓解后，加少量活血止血药物，祛瘀生新，使胎元得养。方中黄芪炭、当归炭、白芍益气养血止血；二至丸补肝肾、滋阴止血；藕节炭、地榆炭、苎麻根炭、黄柏炭、黄芩炭等清胎火凉血止血；杜仲、川断、桑寄生、菟丝子、

仙灵脾、女贞子、石斛、炙龟甲等补肝肾以壮胎元，且方中止血皆用炭类药，炒炭存性，使清热而不留瘀，益气而不助火，补而不腻。全方灵活运用，使气血得调，肝肾得补，胎火得清，胎有所养，胎元得安，宫腔积血消失，胎儿发育正常至分娩。

医案五

李某，女，26 岁，2018 年 5 月 18 日初诊。

主诉：停经 72 天，腰酸 3 天，阴道流血 1 天。

病史：患者末次月经：2018 年 3 月 7 日，停经 39 天测尿妊娠试验阳性。停经 40 余天查 B 超示：宫内早孕。3 天前无明显诱因出现腰酸，无腹痛及阴道出血，1 天前与丈夫争吵生气后于凌晨出现阴道流血，色红，量多如同平时月经量，无肉样组织排出，感下腹胀痛伴腰酸明显，前来陈老师处就诊。偶有恶心欲呕，大便偏干。妇科检查见阴道少量血液，宫颈口闭，未见组织物嵌顿，内诊因保胎暂缓。2018 年 5 月 18 日辅助检查：血 β-HCG 95933U/L，P 114nmol/L；2018 年 5 月 18 日 B 超示：宫内孕单活胎，头臀径 4.0cm，胎盘前壁为主，羊水深度 2.6cm，胎心率 170 次 / 分，孕囊旁积液范围约 3.8cm×1.8cm。舌质红，苔薄黄，脉滑数。

中医诊断：胎动不安；证属：肾虚血热。

西医诊断：先兆流产。

治法：清热凉血，补肾安胎。

方药：炒当归 10g，炒黄芩 10g，藕节炭 15g，炒川芎 6g，桑叶 15g，苎麻根炭 15g，炒白芍 15g，石斛 10g，桑寄生 15g，山药 15g，炒知母 10g，炒杜仲 10g，紫苏梗 10g，佛手 10g。7 剂。

嘱畅情志，适劳逸，禁房事，忌辛辣。

2018 年 5 月 25 日二诊：用药 3 天后阴道流血明显减少，呈咖啡色，下腹胀及腰酸减轻，恶心欲吐缓解，舌脉同前。

方药：当归炭 10g，黄芩炭 10g，生地炭 10g，藕节炭 15g，炒川芎 6g，桑叶 15g，苎麻根炭 15g，麸白芍 15g，干石斛 10g，桑寄生 15g，麸白术 15g，炒知母 10g，炒杜仲 10g，紫苏梗 10g，佛手 10g。7 剂。

2018 年 6 月 2 日三诊：2018 年 5 月 30 日复查 B 超示：NT 值 0.12cm，胎位不定，顶臀长 6.0cm，胎盘宫底为主，羊水深度 3.9cm，胎心率 160 次 / 分。孕囊旁积液范围 2.8cm×1.2cm。

服药后第三天阴道流血净，纳寐可，无腹痛腹胀，偶有腰酸乏力，舌质偏红，苔薄，脉滑数，二便调。在上方基础上加黄芪 10g，改黄芩炭为黄芩，改当归炭为当归，去川芎，继服 7 天。服药后患者未再阴道出血。

后电话随访，流血未见反复，产检 B 超未述异常。已足月顺产分娩。

按： 该患者妊娠期间出现腰酸、小腹下坠，属肾虚不足；且妊娠妇人有余于气，不足于血。患者孕期生气吵架后因情志不畅，肝郁化火，热伤冲任，扰动胎元而致胎动不安，故妊娠期阴道流血。血为热灼，故出血色红，胎动不安，胎元系于肾，故症见腰酸。舌红、苔黄、脉滑数、大便干等均为血热证之表现，治疗当以清热凉血补肾为主。方中当归、川芎、白芍养血柔肝；黄芩乃清热安胎之要药；藕节炭、桑叶、苎麻根炭凉血止血；石斛、知母清热滋阴，共奏清热安胎，凉血止血之功；桑寄生、山药、杜仲补肾固冲安胎；紫苏梗、佛手疏肝理气安胎。全方共奏清热凉血，补肾安胎之效。陈老师认为，妊娠期疾病易"衰其大半而止"，三诊时患者阴道流血已净，偶感腰酸乏力，故用黄芪加大补气之力，去川芎，减少炭类药使用，继续巩固治疗 1 周，胎热得清，气血得养，冲任得固，胎元自安。

医案六

程某，女，35 岁，2018 年 10 月 15 日初诊。

主诉：孕 33 周，胎动频繁 1 周。

病史：患者于 2016 年平产一男孩，患儿因新生儿病理性黄疸，曾在浙江大学医学院附属儿童医院多次住院治疗。患者为 O 型血，丈夫为 A 型血。1 周前测 IgG 抗 A 抗体效价为 1：512，近 1 周自觉胎动较前频繁，为防再次出现新生儿黄疸，患者前来求诊，监测胎儿电子心率 NST 反应型。经孕产史：患者平时月经规则，周期 24～25 天，经期 4 天，经量中等，轻度痛经。1-0-1-1，末次月经：2018 年 2 月 28 日，停经 45 天 B 超提示：宫内早孕。伴腰酸乏力，轻度贫血，胃纳不馨，偶有胀满泛酸，口干欲饮，小便畅，大便干，舌质红，苔薄黄，脉弦滑数。

中医诊断：胎动不安；证属：脾肾不足，湿热内蕴。

西医诊断：母儿 ABO 血型不合。

治法：健脾补肾，清热利湿安胎。

方药：炒黄芪 10g，酒当归 10g，酒川芎 6g，麸白芍 15g，炒黄芩 12g，桑叶 15g，炒海螵蛸 15g，煅蛤壳（先煎）15g，梅花 5g，姜竹茹 10g，盐杜仲 15g，炒续断 15g，炒知母 10g，石斛 12g，茵陈 10g，紫苏梗 10g，佛手 9g。7 剂。

2018 年 10 月 22 日二诊：服药后胎动转常，纳馨，胀满泛酸除，仍口干，腰酸，大便偏干，舌质红，苔薄黄，脉弦滑数。原方去梅花、姜竹茹、海螵蛸、煅蛤壳，加大清热利湿及滋养安胎之力。

方药：炒黄芪 10g，酒当归 10g，酒川芎 6g，麸白芍 15g，炒黄芩 12g，桑叶 15g，盐杜仲 15g，炒续断 15g，炒知母 10g，石斛 12g，紫苏梗 10g，佛手 9g，矮地茶 15g，荷包草 15g，焦栀子 10g，北沙参 10g，茵陈 10g，苎麻根 15g，大枣 15g，炙甘草 10g。7 剂。

前方继续加减治疗两周，2018 年 11 月 5 日复查胎动如常，IgG 抗 A 抗体效价为 1∶128，继续补肾养血安胎，佐以清热利湿巩固治疗 3 周。

12 月 3 日，患者孕 39 周多自然分娩一活男婴，体重 3250g，血型 A 型，RH（＋），产后至出院前每日新生儿经皮胆红素监测，均在正常范围，母子平安。

按：孕期妇女脾肾多虚、冲任气血不足，患者还夹有湿热内蕴，气机不畅，冲任失调而胎动不安。方中黄芪、山药、当归、川芎、白芍健脾益气、养血扶正安胎；茵陈、矮地茶、荷包草清热利湿；焦栀子、黄芩、桑叶、苎麻根、知母、石斛等清热安胎；海螵蛸、煅蛤壳、姜竹茹和胃止酸；紫苏梗、佛手、梅花理气化湿安胎；杜仲、续断、仙灵脾等补肾安胎。全方有机配伍，共奏清热利湿、补肾安胎之功。后根据患者症状予以调理，使患者脾胃得运，气机得畅，冲任得固，气血得养，湿热得除，治病与安胎并举，故胚胎无忧，顺利分娩，母子平安。

医案七

张某，女，26 岁，2016 年 4 月 11 日初诊。

主诉：停经 15 周，反复阴道流血 11 周。

病史：患者平素月经规则，末次月经：2015 年 12 月 24 日，量色如常，停经 28 日，无明显诱因出现阴道少量流血，色暗，伴腰酸，小腹不适，自测尿妊娠（＋），于省内一家综合性医院 B 超检查提示：宫腔积液。予以"保胎灵、黄体酮胶囊"保胎治疗 1 周，阴道流血止。之后阴道流血数次，量少色暗，无腹痛，自觉腰酸，卧床休息及服保胎中药，流血 3～5 天即止。13 天前，无明显诱因再次出现阴道流血，量少，色偏暗，3 天前因"阴道流血淋漓 10 日不净"，在杭州市某医院产科超声检查提示：宫内孕单活胎，子宫前壁肌层与羊膜囊之间可见 4.4cm×1.1cm 无回声暗区，胎盘下缘达宫颈内口。遂入住杭州市一家专科医院保胎治疗，入院后予静滴"硫酸镁"，联合口服地屈孕酮片治疗，治疗三日，阴道流血仍未净，于 2016 年 4 月 11 日请陈老师会诊，患者自述此次阴道流血已有 13 日，量少，色暗，感腰酸，小腹隐痛，胃纳一般，二便无殊，睡眠可。舌红略胖，苔薄黄，脉细沉滑。

中医诊断：胎动不安；证属：肾虚血热。

西医诊断：先兆流产。

治法：凉血清热，固肾安胎。

方药：黄芪 10g，炒当归 10g，炒川芎 6g，炒白芍 12g，茜草炭 15g，三七粉（冲服）3g，白及粉（冲服）6g，冬桑叶 15g，炒黄芩 15g，炒杜仲 15g，桑寄生 15g，苎麻根炭 15g，地榆炭 30g，海螵蛸 30g，紫苏梗 10g。7 剂。

二诊：患者自述腹痛已除，偶有阴道流血，腰酸，小腹下坠感。

方药：黄芪 10g，炒当归 10g，炒川芎 6g，炒白芍 12g，茜草炭 15g，三七粉（冲服）3g，白及粉（冲服）6g，冬桑叶 15g，炒黄芩 15g，炒杜仲 15g，桑寄生 15g，苎麻根炭 15g，地榆炭 30g，海螵蛸 30g，紫苏梗 10g，升麻炭 10g，仙鹤草 30g，黄柏炭 6g，藕节炭 15g。7 剂。

三诊：患者已无阴道流血，偶有腰酸，余无殊。超声提示宫腔积液已无，准备出院。

方药：黄芪 10g，炒当归 10g，炒川芎 6g，炒白芍 12g，茜草炭 15g，三七粉（冲服）3g，白及粉（冲服）6g，冬桑叶 15g，炒黄芩 15g，炒杜仲 15g，桑寄生 15g，苎麻根炭 15g，地榆炭 30g，海螵蛸 30g，紫苏梗 10g，升麻炭 10g，仙鹤草 30g，黄柏炭 6g，藕节炭 15g。7 剂。

按：患者先天不足，冲任亏虚不能载胎养胎，气虚系胞无力，造成胎盘着床位置低，胎元不固，又孕后阴血下聚冲任以养胎，机体阴血偏虚，阳气偏亢。患者素体阴虚，孕后阴血更虚，阴虚生内热，热伏冲任，损伤胎元，故出现胎漏、胎动不安。治疗以后天养先天，使肾盛血充，则胎盘上移，胎元得固。同时清热凉血，止血化瘀以安胎。方中用黄芪健脾益气升举安胎，归身、川芎、炒白芍养血安胎；炒杜仲、桑寄生补肾壮腰以系胎；升麻炭升举胎气；黄芩炭、黄柏炭、藕节炭、桑叶、仙鹤草清热凉血兼收敛止血；又见患者宫内出血日久，久漏必留瘀，陈老师用三七粉、白及粉化瘀止血，瘀去则血止。诸药合用而奏功。

（二）滑胎

医案一

杨某，女，29 岁，2018 年 10 月 8 日初诊。

主诉：停经 54 天，反复阴道流血 28 天，恶心呕吐 1 周，屡孕屡堕 3 次。

病史：患者平素月经规则，周期 28 天，经期 4～5 天，经量中等，无痛经，平产 1 胎，产后至今"孕 40 余天至 3 个月"难免流产 3 次。末次月经：2018 年 8 月 15 日。2018 年 9 月 10 日无明显诱因出现阴道流血，量少，色暗，无腹痛，次日某医院查血 β-HCG 128.4U/L，E_2 832.1pmol/L，P 50.17nmol/L，2 天后复查血 β-HCG 404.3U/L，E_2 1019.0pmol/L，P 68.75nmol/L。甲状腺功能正常，予"地屈孕酮片"口服，一天两片，期间阴道流血一直未净，2018 年 9 月 20 日 B 超提示：宫内孕，孕囊约 0.6cm×0.6cm。予低分子肝素、地屈孕酮片治疗，1 周前开始恶心，呕吐，近 2 日加重，查尿酮体（++），复查 B 超提示：宫内早孕，孕囊大小 2.8cm×1.3cm×2.4cm，芽长约 1.0cm，原始心搏可及；血 β-HCG 76852.0U/L，E_2 5478.0pmol/L，P 36.37nmol/L。诊断为"先兆流产，妊娠剧吐"收住入院，入院后予静脉补液，以黄体酮针及地屈孕酮片治疗，2018 年 10 月 8 日恶心呕吐有所好转，但一直有阴道流血，量少，色暗，故请陈老师会诊，见恶心，呕吐，稍能进食，口苦，腰酸，阴道下血，色暗，量不多，无血块，梦多，大便尚可。舌红，苔薄黄，脉细滑。

中医诊断：胎动不安，滑胎，妊娠恶阻；证属：脾肾不足，阴虚火旺。

西医诊断：先兆流产，妊娠剧吐，复发性流产。

治法：健脾补肾，清热凉血，止血安胎。

方药：川芎炭 6g，当归炭 10g，炒白芍 15g，藕节炭 15g，苎麻根炭 15g，黄柏炭 6g，黄芩炭 10g，桑叶 15g，炒杜仲 10g，续断炭 15g，仙灵脾 30g，菟丝子 10g，炒知母 10g，石斛 10g，山药 15g，紫苏梗 10g，佛手 10g，白及 6g，大枣 15g。7 剂。

二诊：现已无腰酸，恶心呕吐明显缓解，纳可，少量褐色分泌物，色黄，舌红，苔薄白，脉细滑。原方再予 7 剂。

2018 年 10 月 22 日三诊：2018 年 10 月 17 日复查 B 超提示：宫内孕活胎，芽长 1.9cm，孕囊形态规则，与宫壁间未见明显液性暗区；尿常规提示：尿酮体（-）。胃纳可，偶有恶心泛酸，无呕吐，阴道流血渐止，二便无殊，当日出院。继续以陈氏安胎饮加减治疗至孕 4 个月。

按：陈氏安胎重在审因求本，认为胎动不安多阴虚内热，热扰胎元，血不藏经，而致胎漏、胎动不安，提出了"清热凉血安胎之新法"的理论，倡导清热凉血，补益气血，健脾补肾。患者房劳产伤，肾气不固，气血损伤，以致屡孕屡堕，数次堕胎，刮宫之后失于调护，伤肾精，耗肾气，肾精更虚；同时，瘀留胞宫，妊娠之后，致肾气更虚，冲任不固，胎元难固；腰为肾之府，故见腰酸腹痛；阴虚火旺，热伏冲任，损伤胎元，迫血妄行，故阴道下血，再次出现胎动不安。肾阴虚，水不涵木，肝火旺盛，横逆犯胃，故见恶心，呕吐，口苦。治以健脾补肾，清热凉血，止血安胎，以陈氏安胎饮加减。

陈氏安胎饮正是以调和气血、清热固肾安胎为主的经验方，方中当归、川芎、白芍养血活血，使血脉流通，胎有所养，阴道流血期间，多炒炭用，增加止血效果；黄芩、黄柏、桑叶、知母清热凉血，石斛清热养阴平肝，藕节炭凉血止血；续断、杜仲、仙灵脾、菟丝子、山药补肾健脾；苎麻根清热止血安胎；佛手、苏梗疏肝止呕；更以白及粉加强收敛止血之功，红枣益气血，调和脾胃，诸药合用，气血得调，脾肾得补，胎火得清，胎有所养，胎元得安。服药后阴道流血减少，恶心、呕吐症状好转，故继续予原方治疗，服药后1周余B超提示宫内积液消失，考虑患者既往有3次流产史，孕40天至3个月，故予原方去白及，易炭剂为炒剂，继续巩固治疗至孕4个月后停药。电话随访，患者正常妊娠，无不适。

医案二

禹某，女，31岁，2013年5月3日初诊。

主诉：停经45天，阴道少量流血2天伴腰酸腹痛，屡孕屡堕3次。

病史：末次月经：2013年3月18日，患者停经35天时自测尿妊娠试验阳性，2天前开始出现阴道少量流血，自觉腰酸，小腹隐痛伴下坠感，婚后2年内已难免流产3次，恐再次流产，前来中医治疗以保胎。测血β-HCG 3190U/L，P 58nmol/L；B超提示：宫内可见胎芽，胎心搏动，但妊囊部分囊壁稍粗糙，周边有积液。患者形体偏瘦，倦怠乏力，心烦失眠，口干，纳呆，便溏，舌质红，苔薄白，脉滑数。患者13岁月经初潮，平时月经不规律，2～3天/30～40天，量少，色暗红，婚后2年内已3次均于孕45～60天时自然流产。经医院检查，排除了男女双方器质性、免疫性、感染等因素。

中医诊断：胎动不安，滑胎；证属：气血不足，脾肾两虚。

西医诊断：先兆流产，复发性流产。

治法：益气健脾固肾，清热养血安胎。

方药：炒当归10g，川芎6g，炒白芍15g，黄芪10g，炒白术12g，炒杜仲10g，炒川断15g，女贞子12g，川石斛12g，炒黄芩10g，海螵蛸15g，藕节炭15g，南瓜蒂15g，苎麻根15g，百合10g，紫苏叶10g。7剂。

二诊：连服 7 剂后腰酸渐除，小腹隐痛伴下坠感减轻，流血已止，大便偏溏，稍有呕恶。复查血 β-HCG 13805U/L，P 25.6ng/ml。上方加炒山药 30g，姜竹茹 10g 以和胃止呕，续服 7 剂。

服药后诸症消失。查血 β-HCG 96369mIU/ml，P 79.87nmol/L。后随证加减调理至孕满 3 个月，无明显不适，嘱停药，注意休息。随访得知足月分娩一男婴，体重 3.2kg，母子健康。

按：该患者素体肝肾不足，数次堕胎之后，伤肾精、耗肾气的同时，瘀留胞宫，妊娠之后，致肾气更虚，冲任不固，胎元难固。肾虚夹瘀从而导致腰酸腹痛、小腹下坠，阴道少量流血不止；患者素体阴虚，孕后阴血下聚以养胎，使之益虚，阴虚而生内热，而致胎火上递而胎漏，伴心烦失眠、口干、舌质红、脉滑数等；患者先天不足，后天失养，故脾气虚弱、中气不足而见倦怠乏力、纳呆、大便溏等。当归、川芎、白芍养血活血使血脉流通，胎有所养；女贞子、杜仲、续断、补肾安胎；黄芪、白术健脾益气使冲任得固，其胎可安。川石斛、藕节炭养阴清热凉血；苎麻根、南瓜蒂清热止血安胎；黄芩为清热安胎之要药；紫苏叶顺气安胎开胃。诸药合用，气血得调，脾肾得补，胎火得清，胎有所养，胎元得安。

（三）妊娠杂证

1. 妊娠咳嗽案

蓝某，女，27 岁，2018 年 6 月 3 日初诊。

主诉：停经 14 周加 2 天，喷嚏咽痒，咳嗽 3 日。

病史：患者近 3 日自觉咽痒干咳，喷嚏流涕，无畏寒，晨起自测体温 37.6℃，未服用药物。胃纳不馨，食多欲呕。舌红，苔黄腻，脉浮数。

中医诊断：妊娠感冒；证属：气血不足，外感风热。

西医诊断：妊娠合并上呼吸道感染。

治法：益气养血安胎，疏风清热宣肺。

方药：黄芪 15g，炒当归 10g，炒白芍 15g，炒荆芥 10g，紫苏叶 10g，炒金银花 10g，炒黄芩 10g，桑叶 15g，苎麻根 15g，仙灵脾 30g，菟丝子 10g，紫苏梗 10g，佛手 10g，梅花 6g，姜竹茹 10g，炒白术 15g，炒扁豆 30g，红枣 15g，广藿香 10g。7 剂。

按：妊娠妇女气血下聚养胎，机体正气不足，易外感六淫，感受风热后机体与外邪抗争，温邪上受，风热侵及皮毛腠理而入于肺，最初的症状就是鼻塞流涕、咳嗽气喘、咳痰等，而胃纳不馨、食多欲呕为胎火上行犯胃，胃气上逆，肺失宣降、胃失和降、胎失安宁。陈老师擅用桑菊饮、银翘散等加减治疗妊娠外感，方中常选用荆芥、紫苏叶、黄芩、金银花、桑叶等疏风清热解毒；经血下聚，气机阻滞，胃失和降，方中加苏梗、佛手、梅花等药性缓和之药行气和中；陈老师安胎重气血、顾脾肾，方中以黄芪、当归、白芍、白术、仙灵脾、菟丝子、扁豆等补气养血、健脾补肾，忌用大补之品，免有闭门留寇之嫌，病去胎安。

2. 妊娠恶阻案

刘某，女，25 岁，2019 年 1 月 14 日初诊。

主诉：孕 14 周，呕恶厌食 8 周，进行性加重。

病史：患者停经 45 天即开始出现呕恶、厌食、嗜睡。孕 50 天左右开始频繁恶心呕吐，胃脘不适，不能进食，或只能勉强少量进食，呕苦吞酸，在省级医院住院治疗，查尿酮体（++），予补液纠正失水及代谢性酸中毒，一周后呕吐稍有好转，尿酮体（-），但仍只能勉强进食，患者要求出院。但出院后患者一直呕吐频作，并逐渐加重，不进食时亦吐，呕物泡沫状或黄绿色，口苦，自觉体热，前来中医就诊。患者自述孕前胃脘时有不适，就诊时伴面色苍白，倦怠乏力，胃纳不思，头晕，口苦便结，体重减轻，舌红苔薄黄腻，脉细滑数。

中医诊断：妊娠恶阻；证属：冲脉之气上逆犯胃，胃失和降。

西医诊断：妊娠剧吐。

治法：健脾养血和胃，清肝降逆止呕。

方药：黄芪 15g，炒当归 10g，炒白芍 15g，炒黄芩 10g，炒黄连 5g，干姜 3g，梅花 6g，姜竹茹 10g，广藿香 10g，紫苏梗 10g，紫苏叶 10g，砂仁（后下）5g，炒杜仲 10g，桑寄生 15g，炒白术 15g，苎麻根 15g，知母 10g，石斛 12g，炒谷芽 15g，炒麦芽 15g。7 剂。

嘱其充分休息，以少量多食清淡食物为宜。

服 2 剂药后，患者电话告知呕吐已止、恶心减少，能少量进食，大便通畅，续服 5 剂，恶心止，食纳转常。

按：患者素体脾胃亏虚，故孕前胃脘时有不适，孕后阴血聚子宫以养胎，阴血骤虚，胎火上炎，挟冲脉之气上逆犯胃，胃失和降，反随冲脉之气上逆而呕恶，频繁呕吐，不能进食，久吐伤胃，脾胃更虚。方以黄芪、白术、当归、白芍健脾养血安胎；梅花、砂仁、紫苏叶、紫苏梗、广藿香、炒谷芽、炒麦

芽运脾和胃；干姜、炒黄连、姜竹茹降逆止呕；炒黄芩、苎麻根泻火清热安胎；知母、石斛养阴清热和胃生津；杜仲、桑寄生滋阴补肾安胎，甘草调和诸药。全方合用，和脾胃降呕逆，安胎火，呕恶得止。

3.胞水过少案

丁某，女，27岁，2015年10月8日初诊。

主诉：孕34周，羊水过少1周。

病史：患者孕1产0，孕34周，ROP胎位待产，因检查发现羊水过少而入院。B超提示：单活胎，羊水指数3cm，脐动脉S/D：2.7，入院治疗一周后产科复查B超提示：羊水指数仍为3cm，脐动脉S/D：2.4，于2015年10月19日请中医会诊。患者无明显不适，口干，纳可，大便偏干，舌红苔薄黄腻，脉细滑数。

中医诊断：胞水过少；证属：气血亏虚，脾肾不足。

西医诊断：羊水过少。

治法：滋肾健脾，养阴清热。

方药：当归6g，炒川芎6g，炒白芍12g，炒黄芩12g，知母10g，玄参10g，石斛12g，山药15g，炒杜仲12g，仙灵脾15g，苎麻根15g，佛手10g。7剂。

服药后于2015年10月30日复查B超：羊水指数升到正常范围，患者于次日出院，回家待产。

按：羊水过少的致病原因尚未完全清楚，一般认为与患者胎盘功能异常、母体因素、胎儿泌尿生殖道畸形等因素有关。中医学认为，羊水是一种阴液，来源于气血津液之化生，气血虚弱，化源不足，导致羊水过少，其归属中医胞水过少范畴。因先天肾气禀赋不足，不能滋化精津，或因脾胃虚弱，气血生化之源不足；气血精津亏虚，胞水生成无源而致胞水过少。方中当归、炒川芎、炒白芍补血养血活血改善微循环；炒黄芩、知母、玄参、石斛、苎麻根清热凉血，养阴壮水生津；炒杜仲、仙灵脾补肾助阳，使精血相生；山药补脾益气，滋精固肾，使胞水生化之源充盛。诸药配伍，去除病因使胞水渐长。

4.妊娠瘙疹案

甘某，女，29岁，2015年10月19日初诊。

主诉：停经29周，全身皮肤瘙痒发疹2个月余。

病史：患者自述2个月前出现皮疹，以下腹部为主，瘙痒剧烈，夜间为甚，难以入睡。后逐渐扩散至躯干、臀部、四肢及颈部。查甘胆酸、大生化、血常规、尿常规未提示异常，曾用炉甘石洗剂等外搽，治疗效果不佳。望诊可见躯干、四肢及颈部多发鲜红色丘疹及斑块，可见皮损融合成片及风团，鳞屑细薄，抓痕明显。平素心烦口干，寐劣，大便干结。14 岁初潮，经尚准量中等，无痛经。舌红，苔薄黄，脉滑数。

中医诊断：妊娠痒疹；证属：风湿入里，血热内蕴，营血不足。

西医诊断：妊娠多形疹。

治法：疏风祛湿，清热解毒，养阴润燥。

方药：干姜 3g，炒黄连 5g，炒黄芩 12g，炒白芍 12g，紫草 10g，浮萍 10g，薄荷 6g，金银花 10g，连翘 10g，地肤子 15g，豨莶草 15g，广藿香 10g，升麻 12g，知母 10g，玄参 10g，石斛 10g，佛手 10g，人中白 10g。7 剂。

嘱清淡饮食，忌辛辣肥厚之品。

2015 月 10 月 26 日二诊：服药后新疹少发，旧疹色鲜，瘙痒略有缓解。可见水肿性丘疹，寐稍安，便偏干，仍感口干引饮。继续中药 7 剂治疗。上方去薄荷、金银花、藿香、佛手，加桑叶 30g，蒺藜 10g，生石膏（先煎）45g，稽豆衣 15g，绿豆衣 15g，赤小豆 15g。7 剂。

2015 年 11 月 2 日三诊：瘙痒明显缓解，旧皮疹色褪转淡，结痂。口干渴缓解，大便通。

方药：炒黄芩 12g，炒白芍 12g，紫草 10g，浮萍 10g，连翘 10g，地肤子 15g，豨莶草 15g，升麻 12g，知母 10g，玄参 10g，石斛 10g，桑叶 30g，蒺藜 10g，稽豆衣 15g，绿豆衣 15g，赤小豆 15g，蝉蜕 6g，荆芥 10g，淡竹叶 10g，甘草 10g。7 剂。

2015 年 11 月 9 日四诊：皮肤瘙痒除，旧疹消退。目前孕 32 周，食纳睡眠皆调，安胎基础上佐以清热之品。

方药：炒黄芩 12g，炒白芍 12g，知母 10g，玄参 10g，石斛 10g，桑叶 30g，蒺藜 10g，稽豆衣 15g，绿豆衣 15g，淡竹叶 10g，仙灵脾 15g，炒白术 15g，苎麻根 15g，藿香 10g，佛手 10g，苏梗 10g，大枣 15g，甘草 5g。7 剂。

2016 年 4 月患者产后来就诊，述其顺产一女婴。

按：妊娠多形疹（PEP），又称为妊娠瘙痒性荨麻疹性丘疹及斑块病（PUPPP），是妊娠期特有的皮肤病之一，通常发生在初产妇妊娠后期，伴有剧烈瘙痒，可见荨麻疹性丘疹、斑块、多环状红斑性风团、水疱、靶形损害等。其发病机制尚不明确。中医属于妊娠瘙痒范畴，主要因血热内蕴，外

感风邪，风热客于肌肤，腠理闭塞，郁久化热而生燥，血热内蕴为其本，风热邪毒外侵为其标。又妊娠后阴血下注冲任胞宫养胎，营血不足，不能濡养肌肤，化燥生风，胎气壅滞，气机不畅，导致水湿内停，虚热夹湿热、胎毒郁于皮肤，发为此病。治疗以外疏风热、内清湿热为法，辅以安胎。方中以金银花、连翘、浮萍疏风清热解毒；升麻、薄荷解表透疹；石膏、人中白清热降火；炒白芍、知母、玄参、石斛养阴清热；黄芩、紫草、绿豆衣凉血解毒；该患者皮肤瘙痒难忍，酌加蝉衣、荆芥、蒺藜、地肤子祛风止痒；淡竹叶、豨莶草、赤小豆淡渗利湿；炙甘草调和诸药。诸药共奏疏风祛湿、清热解毒、养阴润燥之功。用药中病即止，热象减则去石膏、人中白、金银花、连翘等苦寒之品，以养阴清热为主，不致损伤胎元，药证相合，获效甚捷。另母之于胎，一气相连，母病即胎病，对本病不可忽视热扰冲任，易于动胎，因此在用药时酌加苎麻根、桑叶等清热安胎之品。

5. 妊娠不寐案

张某，女，28岁，2015年10月14日初诊。

主诉：停经21周多，彻夜不寐半月余。

病史：半月前无明显诱因出现睡眠障碍，先去一家医院妇科就诊，服药后仍难以入睡，建议其内科就诊，内科医生检查生化等未见异常，又建议其心理科就诊，患者因拒绝服抗焦虑药，准备前去引产，后经其丈夫劝说，前来中医就诊。患者心烦易怒，口干渴，口腔溃疡，面部痤疮，少腹时有不适，大便偏干。舌红，苔薄黄腻，脉弦滑数。

中医诊断：不寐；证属：阴血亏虚，胃火上扰。

西医诊断：睡眠障碍。

治法：清胃泻火，养血宁心。

方药：干姜2g，炒黄连5g，炒白芍12g，炒川芎6g，炒丹皮10g，生石膏（先煎）30g，知母10g，麦冬10g，制玉竹10g，百合10g，合欢皮15g，广藿香10g，苏梗10g，炒杜仲10g，炒白术15g，佛手10g，人中白10g。7剂。

患者一周后复诊，自述服药后两天睡眠好转，三天后口腔溃疡渐除，复诊时心烦已除，少腹已舒，睡眠转为正常。前方加减，巩固一周，嘱其停药。

按：陈氏女科认为，"妊娠六月，足阳明胃经养之"，治以黄连清中焦伏火；生石膏、知母、麦冬、制玉竹养胃清火；炒白芍、炒川芎养血安胎；再加养心之药，以清胃泻火，养血宁心。

五、产后病

（一）产后身痛

汪某，女，36岁，2018年5月21日初诊。

主诉：产后腰背酸痛伴背冷身寒近半年，加重20天余。

病史：患者自2017年12月行人流后，时感腰背酸痛，手指小关节疼痛，背冷身寒。近20余天无明显诱因自觉前症加重，不能提重物，背冷，足底凉，全身极寒冷，前来就诊。末次月经：2018年5月12日，量少，3天净，经色紫暗，经行无腹痛。自觉倦怠乏力，寐劣，便溏，舌淡暗，苔薄白，脉沉细。

中医诊断：产后身痛；证属：气血不足，风寒入里，脉络不通。

西医诊断：产后病。

治法：补益气血，祛风散寒，温经通络。

方药：蜜麻黄6g，制附子10g，蜜桂枝10g，干姜10g，肉桂3g，黄芪15g，炒当归10g，麸白芍25g，炒丹参15g，盐杜仲10g，鹿角片（先煎）10g，大血藤30g，鸡血藤30g，豨莶草30g，威灵仙10g，徐长卿（后下）15g，麸白术15g，茯苓30g，大枣15g，炙甘草10g。7剂。

2018年5月28日二诊：服药后自觉腰背酸痛及手指关节疼痛减轻，背冷明显好转，但仍四肢冷，足底凉。无口干，服药后大便成形，寐劣有所改善。舌脉同前。

方药：黄芪15g，麸白芍25g，炒丹参15g，盐杜仲10g，鹿角片（先煎）10g，大血藤30g，鸡血藤30g，豨莶草30g，灵芝15g，麦冬10g，麸白术15g，制附子10g，干姜10g，蜜桂枝10g，熟地黄10g，阳春砂（后下）6g，牛膝10g，桑枝30g，大枣15g，炙甘草10g。7剂。

2018年6月4日三诊：关节疼痛明显缓解，背冷，手臂冷明显改善，足底仍凉，纳谷香，寐安，大便调，晨起口干，舌淡红，苔薄，脉弦细。

患者口干，去附子、干姜之辛温大热之品，改黄芪用量至25g，加大补气固表之功。患者月经将至，加桃仁10g，红花6g，丝瓜络10g。继予温经散寒、活血通络。14剂。

2018年6月25日四诊：患者仍觉臀部及足部冷感。末次月经：2018年6月12日，量少，色淡。舌淡红，苔薄白，脉沉细。

方药：黄芪 30g，麸白芍 24g，炒丹参 15g，盐杜仲 10g，鹿角片（先煎）10g，大血藤 30g，鸡血藤 30g，豨莶草 30g，灵芝 10g，麦冬 10g，麸白术 15g，制附子 10g，干姜 10g，蜜桂枝 10g，熟地黄 10g，阳春砂（后下）6g，牛膝 10g，穿山龙 30g，炙甘草 10g，大枣 15g。7 剂。

2018 年 7 月 2 日五诊：劳累后偶有腰酸，脚踝发冷，偶怕冷畏寒。舌淡，苔薄，脉弦细。继宗前意，再以温经通络之法治之。

方药：黄芪 15g，麸白芍 15g，盐杜仲 10g，蜜桂枝 10g，灵芝 10g，鹿角片（先煎）10g，大血藤 30g，鸡血藤 30g，豨莶草 30g，麦冬 10g，麸白术 15g，牛膝 10g，穿山龙 30g，威灵仙 10g，徐长卿（后下）15g，肉桂 3g，炙龟甲（先煎）10g，炒黄柏 6g，大枣 15g，炙甘草 6g。7 剂。

先后调理约 3 个月，患者诸症全消。2018 年 11 月患者前来开膏方时咨询方知，服药后诸症瘥，腰背酸痛、指关节疼痛、背冷身寒等症全无。

按：陈老师认为，患者病起小产后，产后气血俱伤，腠理疏松，百节空虚，卫气不固，又适遇冬季，患者感受风寒之邪，侵犯胞宫，使阴寒内盛、冲任失养，温煦之力不足，寒邪留着筋骨、经络关节、肌肉而致背冷，足底凉，全身寒冷。予麻黄辛温发越，最能散表风寒；附子、干姜、肉桂辛热壮元阳、补命火，搜逐深陷之寒邪；黄芪桂枝五物汤合四物汤益气养血、温经通络；盐杜仲、鹿角片等温肾助阳，大血藤、鸡血藤、豨莶草、威灵仙、徐长卿等活血疏风通络；茯苓、白术健脾；炙甘草益气补中，调和诸药。全方合用以扶正为本、祛邪为标，共奏益气补肾、养血温经通络之效，患者诸症豁然。

（二）产后汗证

李某，女，30 岁，2018 年 8 月 5 日初诊。

主诉：产后汗多 2 个月余。

病史：患者孕期轻度贫血，于 2018 年 5 月 28 日顺产 1 胎，产后大出血，出血约 550ml，恶露 35 天才干净，哺乳时乳汁稀少。产后易汗出，动则加剧，喂奶时汗出不断，汗出受风则恶风身冷，倦怠乏力，夜间睡醒后发现汗出湿透衣裳，每日需换数套衣裤，咽干口燥，腰膝酸软，纳少，二便尚调，面色㿠白。舌红，苔薄白，脉细数。

中医诊断：产后汗证；证属：气阴两虚。

西医诊断：产后病。

治法：益气养阴，固表敛汗。

方药：黄芪 15g，当归 10g，炙桂枝 10g，炒白芍 15g，炙鳖甲（先煎）10g、炒黄柏 6g，地骨皮 12g，煅龙骨（先煎）30g，煅牡蛎（先煎）30g，五味子 10g，稽豆衣 15g，糯稻根 30g，浮小麦 30g，瘪桃干 15g，仙灵脾 30g，杜仲 15g，制玉竹 10g，麦冬 10g，红枣 15g，炙甘草 10g。7 剂。

2018 年 8 月 11 日二诊：夜间盗汗明显好转，白天休息时汗出减少，喂奶或活动时仍汗出稍多，出汗时怕风，乏力，寐劣，腰膝酸软。舌红，苔薄白，脉细数。

方药：黄芪 15g，当归 10g，炙桂枝 10g，炒白芍 15g，煅龙骨（先煎）30g，煅牡蛎（先煎）30g，五味子 10g，稽豆衣 15g，糯稻根 30g，浮小麦 30g，瘪桃干 15g，仙灵脾 30g，杜仲 15g，炒续断 15g，灵芝 15g，炒党参 10g，炒白术 15g，炒陈皮 10g，炒防风 3g，红枣 15g，炙甘草 10g。14 剂。

2018 年 8 月 26 日三诊：患者服药后盗汗除，白天汗出明显减少，寐劣好转，仍腰膝酸软，乏力，舌淡红，苔薄，脉细。

随证加减，继续调补 1 个月余，诸症悉除。

按：《金匮要略·产后病脉证治》："新产血虚，多汗出，喜中风，故令病痉"，并把"多汗出"视为产后三病的病因之一。陈老师认为，产后汗证多为气阴两虚。该患者平素体质偏虚，又加产时耗气伤血，气随血泻，气虚益甚，气虚则卫阳不固，阴液外泄，则自汗出，劳则气耗，故活动或哺乳时汗出更甚，倦怠乏力，卫气虚，腠理不固，则汗出恶风身冷；患者产后大出血，营阴耗伤，阴虚生内热，故夜间盗汗，气阴两虚，生津不足，故咽干口燥，肾气亏虚则腰膝酸软，舌红，苔薄白，脉细数，均为气阴两虚之象。治疗以益气养阴，固表敛汗为主。方药以玉屏风散合桂枝龙骨牡蛎汤加减，玉屏风散益气固表止汗，桂枝龙骨牡蛎汤调和阴阳、固表止汗；炙鳖甲、地骨皮、黄柏清虚热；黄芪、当归补气生血；五味子、麦冬敛阴止汗；稽豆衣、糯稻根、浮小麦、瘪桃干敛汗止汗；杜仲、仙灵脾补肾填精；玉竹生津滋阴。全方益气，养阴，固表，敛汗，随证施治，其效甚佳。

（三）产后尿失禁

王某，女，31 岁，2009 年 9 月 6 日初诊。

主诉：产后小便自出无感觉 5 个月余。

病史：病人 5 个月前产钳助娩，产后小便自出无感觉，每天需穿尿不湿，医院检查未发现器质性病变，出院后复诊，医生告知产后会慢慢恢复。但产

后五个半月余，病人小便仍无知觉，自流不禁，病人因此不敢喝水、无法出门、无法正常上班，非常痛苦，于是前来求助中医。病人面色无华，腰酸畏寒，下肢发麻，大便偏干，舌红苔薄，脉细弱。

中医诊断：产后尿失禁，证属元气不足、肾虚不摄。

西医诊断：压力性尿失禁。

治法：大补元气，补肾固摄。

方药：炙黄芪 30g，炒白术 15g，炒山药 30g，炒白芍 15g，熟地 10g，金樱子 30g，芡实 30g，益智仁 15g，桑螵蛸 15g，炙升麻 10g，龟板（先煎）10g，炒黄柏 9g，制附片 10g，肉桂 3g，乌药 6g，炒枳壳 6g，瓜蒌皮 15g，甘草 6g。14 剂。

二诊：病人小便仍无知觉，下肢仍发麻，但面色不华、腰酸畏寒好转，大便转常，舌红苔薄，脉细弱。前方去瓜蒌皮，加紫河车粉（吞）3g，服 14 剂。

三诊：病人小便略有知觉，但仍自流不禁，下肢发麻好转，腰酸畏寒逐步好转，原方再进 14 剂。

四诊：病人小便明显有知觉，可略有控制，下肢发麻明显好转，腰酸畏寒已除。原方炙黄芪加至 45g，加炒党参 15g，炒杜仲 15g，制萸肉 10g，去制附片、肉桂，再进 14 剂。

五诊：病人小便明显可控制，下肢发麻已除，逐步康复。再调理半个月余后，病人小便摄纳有司，精神恢复如产前，正常上班。适值冬令，再予膏方调补巩固治疗。一年后回访，患者身体健康。

按： 该产妇自然分娩困难，故上产钳助之，产后气血耗损，元气大伤，肾虚不摄，膀胱失约则小便失禁，如《陈素庵妇科补解·产后小便数并遗尿方论》曰："膀胱气虚则小便数，或遗尿不知。"肾气虚则面色无华、畏寒；肾主水，藏精，肾精不足，肾阴虚则腰酸、大便偏干；舌红苔薄，脉细弱均为肾气虚、肾阴不足之象。方中以补中益气汤大补元气以补后天，使膀胱得以气化；以缩泉丸合桑螵蛸散补肾固泉修复膀胱失约以养先天；方中金樱子、芡实、炒杜仲、制萸肉等补肾固摄；且此患者产后五脏俱虚，奇经八脉不养，病久缠绵难愈，任督虚寒，真阳不能振奋温煦，宜用血肉有情之品如紫河车、熟地、龟板补血益精滋肾阴通补奇经，附子、肉桂、紫河车温补肾阳，熟地补血益精滋肾阴，制萸肉、龟板敛阴固肾，山药补脾益肾，炒黄柏以清妄行之热，枳壳、瓜蒌皮润肠理气通便。此溯本求源之法，诸药合用使后天元气得补，先天肾气得固，故收效明显。

（四）产后恶露不净

王某，女，25 岁，2011 年 11 月 21 日就诊。

主诉：产后恶露淋漓不尽 50 余天。

病史：患者剖腹产后恶露淋漓不尽 50 余天，量时多时少，色暗夹块，少腹时有隐痛，去医院就诊，西医诊断为：子宫复旧不良，患者要求中医治疗，前来中医就诊。就诊时伴头晕肢软、心悸、气短、乏力、腰酸、乳汁少，大便偏溏，食纳可，舌淡苔薄白有紫斑，脉细。

中医诊断：产后恶露不净；证属：气血两虚，瘀血内阻，冲任不固。

西医诊断：子宫复旧不良。

治法：补气摄血，祛瘀生新，固摄冲任。

方药：黄芪炭 15g，党参炭 10g，炒白术 15g，当归炭 6g，炒川芎 6g，炒白芍 15g，炒杜仲 15g，炒川断 15g，蒲黄炭（包煎）10g，茜草炭 10g，棕榈炭 10g，荆芥炭 10g，海螵蛸 10g，炮姜炭 6g，艾叶炭 6g，阿胶珠 10g。7 剂。

服药后恶露干净，诸症明显改善。

二诊：原方加减再服 7 剂，诸症消失。

按：《胎产心法》曰："产后恶露不止，非如暴崩漏下之多也，由于产时伤其经血，虚损不足，不能收摄，或恶血不尽，则好血难安，相并而下，日久不止。"产后耗气伤血，冲任受损，瘀血内阻，虚瘀夹杂而致恶露不绝。以黄芪炭、党参炭、炒白术补气健脾摄血以治本；"瘀血不去，新血难生"，药用当归炭、炒川芎、炒白芍、蒲黄炭、阿胶珠、茜草炭、棕榈炭、荆芥炭、益母草养血化瘀、祛瘀生新，并加炒杜仲、炒川断补肾固冲，炒陈皮理气和胃，炮姜炭、海螵蛸温脾摄血，全方合用使气血行、恶露除，气旺而血自归经，祛邪而不伤正，诸症消失而愈。

（五）产后外感发热

汪某，女，30 岁，2011 年 11 月 13 日初诊。

主诉：产后半月，恶寒高热 3 天。

病史：患者产后半月，不慎受寒，恶寒高热 3 天，医院诊为：上呼吸道感染，已连续 3 天用退热药加抗生素静脉滴注治疗仍高热不退，第 4 天特来求诊，就诊时查体温：39.5℃，症见：鼻塞，流涕，头痛无汗，骨节酸楚，咽痛，咳嗽咽痒，恶露未净量少，乳汁稀少，无乳房胀痛，大便干结，面红赤，舌红，

苔薄黄腻，脉细浮。

中医诊断：产后外感发热；证属：产后气血两虚，外感风热。

西医诊断：产褥期合并上呼吸道感染。

治法：益气养血，疏风清热，扶正疏解。

方药：黄芪 12g，桂枝 6g，炒白芍 12g，炒川芎 6g，炒银花 9g，炒连翘 9g，炒黄芩 12g，炒荆芥 8g，炒防风 3g，紫苏叶 10g，化橘红 6g，浙贝 10g，益母草 9g，桃仁 10g，红花 10g，焦六神曲 10g，甘草 9g。

3 剂后热渐退，汗微出，诸症减轻，后以原方加减继服 5 剂而愈。

按： 由于产后气血两虚，外感寒邪，营卫失和而有发热。此产后发热，气血虚为本证，发热为标证。以黄芪桂枝五物汤合桃红四物汤养血和营除热扶正以治本；佐以炒银花、炒连翘、炒黄芩甘寒除热以治标，炒荆芥、炒防风、紫苏叶祛风解表，使热退而不伤正；另益母草活血行瘀，祛瘀生新，化橘红、浙贝宣肺清热。本方养血解表，调和营卫，兼顾各方，发热自退。

六、绝经前后诸症

医案一

李某，女，43 岁，2008 年 8 月 5 日初诊。

主诉：畏寒恶风伴潮热汗出二年余。

病史：患者二年前行子宫肌瘤全切术后，出现畏寒恶风伴潮热、出汗症状，并逐渐加重。在上海、杭州多地医院治疗，做各项检查均未见明显异常，吃药后未见明显好转，转来陈老师处求诊。就诊时正值夏天，患者却上半身穿羽绒衣，下半身穿夏天裙子，由其丈夫背着前来就诊。患者病起后，常得食则呕，纳食不进，日见消瘦，就诊时述每天仅靠营养液维持，体重不足 40kg。伴倦怠乏力，面色㿠白，胃脘痞胀，纳食即胀，食水即胀，自觉上身很冷、下身很热，心悸，寐劣多梦，关节酸痛，腰酸，大便不畅。舌质淡，苔白滑腻，脉细。

中医诊断：绝经前后诸症；证属：营卫不和，脾肾两虚，气血阴阳俱虚。

西医诊断：绝经综合征。

治法：急则治标，抓住纳食不进的主症治疗，补气血、调营卫、健脾和胃为先。先以黄芪当归桂枝汤合藿朴夏苓汤加减。

方药：黄芪 10g，炒当归 6g，炙桂枝 8g，炒白芍 15g，广藿香 10g，佩兰 10g，制苏梗 10g，制半夏 9g，茯苓 12g，陈皮 10g，鲜石斛 30g，稆豆衣 10g，炒苍术 10g，仙灵脾 30g，焦六神曲 10g，炒谷芽 15g，炒麦芽 15g，红枣 15g，甘草 10g，生姜 3 片。7 剂。

二诊：乏力、畏寒恶风明显好转，就诊时已脱羽绒衣，胃纳渐馨，可以吃稀饭。可以自己走上二楼门诊就医。白滑腻苔渐退，余症如前。原方佩兰、制半夏改为炒白术 12g、炒扁豆 30g。

三诊：畏寒恶风已除，胃纳已馨，大便转常，舌质淡，苔薄白，脉细。余症如前。缓则治本，拟调营卫、补肝肾、和阴阳。以黄芪当归桂枝汤合秦艽鳖甲汤、二仙汤、交泰丸加减。

方药：黄芪 10g，炒当归 6g，炙桂枝 5g，炒白芍 15g，炙鳖甲（先煎）10g，龟甲（先煎）10g，炒黄柏 10g，地骨皮 15g，稆豆衣 10g，糯稻根 15g，仙灵脾 30g，杜仲 10g，肉桂 2g，炒黄连 3g，桑寄生 15g，独活 10g，酸枣仁 12g，茯苓 12g，陈皮 10g，甘草 10g。7 剂。

服药后潮热汗出、关节酸痛、腰酸、心悸、寐劣等好转。继续以左归丸合归脾丸加减巩固。一年后回访至今，患者生活正常，病情未见反复。

按：本例患者因子宫全切术后停经，肾气、冲任亏虚，精血内亏，心脾失濡，脾失健运，胃纳受阻，脾胃之气不充，既不能补益先天之亏耗，也不能调节脏腑气血平衡，以致先天失养，肾亏加剧，心脾更亏，属本虚，故当以黄芪当归桂枝汤合藿朴夏苓汤加减和营卫、健脾胃为先，后天足方能养先天，使肾气得充。脾胃健运，胃纳渐馨后，再以黄芪当归桂枝汤调营卫，炙鳖甲、龟板滋养肾阴退潮热；地骨皮、稆豆衣加强清虚热之力，仙灵脾、杜仲、桑寄生补肾，肉桂、炒黄连、酸枣仁清心养心安神，茯苓、陈皮健脾和胃，共奏健脾补肾、养心安神之功，患者逐渐康复。

医案二

陈某，女，47 岁，2017 年 5 月 7 日初诊。

主诉：寐劣心烦 2 个月，月经紊乱近 1 年。

病史：患者近 1 年来月经周期紊乱，周期 20 余天至 3 个月，经期 4～5 天，量中等，近 2 个月来心情烦躁易怒，夜寐不安，失眠，一夜仅睡 2～3 小时，白天头晕，欲睡，口苦，口干，苦不堪言，西医就诊建议激素替代，并加服抗焦虑药物，患者顾虑，前来中医就诊。偶有潮热，盗汗，关节酸痛，舌红，苔黄腻，脉细。

中医诊断：绝经前后诸症；证属：血虚肝旺，心火上扰。

西医诊断：绝经综合征。

治法：养血清肝，宁心安神。

方药：炒丹参15g，炒白芍15g，焦栀子10g，干姜3g，炒黄连5g，淡豆豉10g，连翘9g，龙齿15g，百合10g，麦冬10g，淮小麦30g，仙灵脾30g，珍珠母（先煎）15g，石决明（先煎）15g，灵芝10g，制远志10g，佛手10g，煅蛤壳（先煎）15g，炒谷芽15g，甘草10g。7剂。

二诊：患者自述服药后心情稍舒畅，但仍夜寐不安，胃脘胀满不适，关节酸痛。舌红，苔薄黄，脉沉细。

方药：柴胡6g，炒丹参15g，炒白芍15g，香附10g，炒陈皮10g，海螵蛸15g，淮小麦30g，仙灵脾30g，玫瑰花6g，梅花6g，灵芝10g，制远志10g，炒杜仲10g，炒续断15g，威灵仙15g，徐长卿（后下）10g，菟丝子10g，佛手10g，红枣15g，甘草10g。7剂。

三诊：服药后胃脘不适，关节酸痛等症状好转，寐劣好转，但入睡难，入睡后夜寐可，梦少，皮肤干燥，瘙痒。舌红苔薄黄，脉沉细。

方药：柴胡6g，炒丹参15g，炒白芍15g，香附10g，炒陈皮10g，海螵蛸15g，淮小麦30g，仙灵脾30g，龙齿15g，紫贝齿15g，灵芝10g，制远志10g，炒杜仲10g，炒续断15g，威灵仙15g，豨莶草10g，地肤子30g，玉米须30g，甘草10g。14剂。

三诊后诸症渐愈，继续补益肝肾，调和阴阳，养血宁心，巩固治疗一个月，寐安，月经渐常，余症除。

按：患者的疾病属中医绝经前后诸症范畴，年近"七七"，天癸将竭，肾气渐衰，肾阴不足，冲任脉虚，肝失濡养，阴血不足，肝阳偏旺，则见心烦易怒、头晕、月经失调等；肾水不能上济于心，心肾失交，心火亢盛，故夜不能寐，多梦。陈老师认为该病是一组证候群，临床表现因人而异，各有侧重。该患者血虚肝旺、心火上扰为主，急则治标，故方中予丹参、白芍养血柔肝、敛阴和血，干姜温中散寒，连翘、黄连苦寒泻热，善去心火，诸药合用，辛开苦降，寒热并用，清心安神。栀子苦寒清降，泻三焦之火，淡豆豉发散郁火，两者合用清心除烦；百合、麦冬养心阴清虚火；灵芝、远志养心安神；炒杜仲、炒续断、仙灵脾滋补肝肾；珍珠母、石决明平肝潜阳；龙齿镇心安神；佛手、谷芽疏肝理气，固护脾胃，诸药合用标本兼治，疗效确切。二诊时心情好转，标火渐清，苦寒之品耗气伤血败胃，中病即止，故去干姜、黄连、连翘、栀子、淡豆豉苦寒之品；肝火横逆犯脾，苦寒药败胃，故出现诸多脾胃症状，故再增加疏肝健脾和胃之效，柴胡、香附、玫瑰花、梅花、陈皮疏肝理气和胃；威灵仙、徐长卿祛风通络止痛，故服药后心火、肝火渐清，胃脘不适、关节酸痛、夜寐明显好转，后继续予补益肝肾、养血宁心固本，使阴阳调和，诸症自除，并减少了病情的反复。

医案三

柯某，女，49 岁，2018 年 5 月 21 日初诊。

主诉：停经近 5 个月，潮热汗出如雨 2 个月余。

病史：患者 5 个月余月经未来潮，近 2 个月潮热明显，面部烘热，日间十余次，伴汗出如雨，偶有关节酸痛。以往月经规则，量中，末次月经：2018 年 1 月上旬，1-0-2-1。平素体健，夜寐欠安，纳便尚可，舌红，苔薄黄，脉沉细。

中医诊断：绝经前后诸症；证属：肝肾阴虚，营卫失和，阴阳失调。

西医诊断：绝经综合征。

治法：育阴潜阳，调和营卫。

方药：黄芪 10g，炒当归 10g，桂枝 10g，白芍 15g，焦栀子 10g，淡豆豉 10g，炙鳖甲（先煎）10g，炙龟甲（先煎）10g，炒黄柏 6g，地骨皮 15g，炒蒺藜 10g，钩藤（后下）15g，珍珠母（先煎）15g，石决明（先煎）30g，仙灵脾 30g，菟丝子 15g，佛手 10g，大枣 15g，炙甘草 10g。7 剂。

二诊：患者服药 3～4 天后面部烘热症状明显缓解，但仍有汗出，夜寐不安，舌红，苔薄黄，脉沉细。

方药：黄芪 10g，炒当归 10g，桂枝 10g，白芍 15g，炙鳖甲（先煎）10g，炙龟甲（先煎）10g，炒黄柏 6g，地骨皮 15g，煅龙骨（先煎）15g，煅牡蛎（先煎）30g，稽豆衣 15g，糯稻根 30g，灵芝 10g，远志 10g，仙灵脾 30g，菟丝子 15g，佛手 10g，大枣 15g，炙甘草 10g。7 剂。

三诊：患者自述潮热汗出好转，发作次数减少，每日 2～3 次，程度亦有减轻，夜寐好转，但口干明显。舌红，苔薄黄，脉沉细。

方药：黄芪 10g，炒当归 10g，桂枝 10g，白芍 15g，炙鳖甲（先煎）10g，炒黄柏 6g，地骨皮 15g，煅龙骨（先煎）15g，煅牡蛎（先煎）30g，稽豆衣 15g，灵芝 10g，仙灵脾 30g，菟丝子 15g，熟地 10g，砂仁（后下）6g，女贞子 15g，珍珠母（先煎）15g，石决明（先煎）30g，大枣 15g，炙甘草 10g。14 剂。

服药后诸症消失，近 2 个月回访，病情未见反复。

浙江中医临床名家·陈学奇

按：患者正值围绝经期，冲任不充，天癸渐竭，气血渐衰，又失于调摄，久而阴损及阳，阴阳失调，营卫也失调。偏于阴虚者则见潮热汗出、夜寐欠安诸症，偏于阳虚者见关节酸痛；治疗当以阴阳兼顾，调和营卫，用鳖甲汤加减补阴以调养虚火；炒黄柏、地骨皮、栀子豉汤加强清虚热之力，更寓"泻南火"之意；用圣愈汤合桂枝龙骨牡蛎汤加减益气养血、调和营卫、潜镇摄纳；蒺藜、钩藤、珍珠母、石决明平肝潜阳；仙灵脾、菟丝子补益肝肾，阳中求阴；加稽豆衣、糯稻根等收敛固涩止汗；灵芝、远志等养心安神。总之，泻其有余、补其不足，使阴阳调、营卫和，诸症自除。

医案四

徐某，45 岁，2010 年 3 月 15 日初诊。

主诉：停经 1 年半余，反复失眠、莫名悲伤一年余。

病史：患者停经 1 年半余，因工作劳累、思虑过度，常感头晕心悸，胸闷气短，莫名悲伤，已西医抗抑郁治疗一年余，一夜仍仅睡 2～3 小时，伴潮热汗出、关节酸痛，腰酸乏力，便溏，舌淡红苔薄，脉细缓。心电图检查未见明显异常，甲状腺功能测定正常。生殖激素测定：FSH 57.3U/L，LH 35.5IU/L，E_2 21.7pmol/L。B 超示：左侧卵巢变小，右侧卵巢回声变实，妇科检查见子宫略小。

中医诊断：绝经前后诸症；证属：心脾两虚，肝肾不足，阴阳失调。

西医诊断：绝经综合征。

治法：益心脾，养肝肾，调阴阳。

方药：黄芪 10g，炒当归 6g，炙桂枝 5g，炒白芍 15g，炒白术 9g，太子参 10g，茯神 12g，炒丹参 15g，青龙齿 15g，百合 10g，合欢皮 30g，灵芝 10g，炙远志 10g，杜仲 10g，女贞子 10g，仙灵脾 30g，陈皮 10g，淮小麦 20g，红枣 15g，炙甘草 9g。7 剂。

二诊：服药后夜寐明显好转，一夜能睡 6～7 小时，头晕心悸、胸闷气短、关节酸痛减轻，心情转好，苔脉如前，潮热汗出未见明显好转，前方去太子参、茯神、青龙齿、炙远志，加鳖甲、地骨皮、独活、桑寄生。14 剂。

服药后诸症好转，以调营卫、补肝肾、益心脾为法再加减治疗 3 周后，患者症状皆除。

按：患者为高中教师，劳累思虑过度，伤阴耗血，肝肾亏虚，冲任失调，绝经较早，久病及阳，使肾阴阳两虚，及心肝脾失养、营卫失和，故以圣愈汤合归脾汤、甘麦大枣汤和营卫、养心脾，再加女贞子、鳖甲、地骨皮、杜仲、仙灵脾补肝肾、清虚热，阴阳同治，使营卫得和，阴阳平衡，诸症得平。

七、癥瘕

医案一

俞某，女，29 岁，2017 年 11 月 8 日初诊。

主诉：异位妊娠药物保守治疗后持续附件包块 1 个月余。

病史：2017 年 9 月 28 日因"停经 36 天，下腹痛 3 天"，予当地医院就诊，B 超提示：左附件区包块，大小约 1.9cm×0.8cm×0.7cm，考虑异位妊娠，查血 HCG 300.16U/L，诊断为异位妊娠，住院予甲氨蝶呤针及米非司酮片杀胚治疗，2017 年 10 月 6 日复查血 β-HCG36.64U/L，血 HCG 下降明显，予出院。2017 年 10 月 25 日经行，量中等，下腹隐隐不适，色鲜，月经第 5 天复查血 β-HCG < 5IU/L，同时复查 B 超提示：左附件区包块，大小约 2.1cm×2.1cm×2.1cm，故前来中医治疗，刻下：月经已净，左少腹抽痛，腰酸，胃纳尚可，大便溏，舌红，苔黄腻，脉细弦。

中医诊断：癥瘕；证属：肾虚血瘀，兼有下焦湿热。

西医诊断：陈旧性异位妊娠。

治法：益气补肾，温阳通络，化瘀消癥，佐以清热利湿。

方药：黄芪 15g，炒当归 10g，炙桂枝 6g，炒白芍 15g，炒川芎 6g，焦栀子 10g，制大黄 10g，香附 10g，延胡索 10g，炒杜仲 10g，炒续断 10g，大血藤 30g，鸡血藤 30g，半枝莲 30g，马齿苋 30g，炙龟甲（先煎）10g，鹿角片（先煎）15g，皂角刺 10g，土茯苓 30g，炙甘草 10g。7 剂。

二诊：服药后腰酸稍好转，但仍有左少腹抽痛，带多，色黄，无阴道流血。舌淡，苔黄腻，脉沉细。

方药：黄芪 15g，炒当归 10g，炙桂枝 6g，炒白芍 15g，炒川芎 6g，焦栀子 10g，制大黄 10g，香附 10g，延胡索 10g，制半夏 10g，炒陈皮 10g，大血藤 30g，鸡血藤 30g，半枝莲 30g，马齿苋 30g，炙龟甲（先煎）10g，鹿角片（先煎）15g，皂角刺 10g，土茯苓 30g，炙甘草 10g。7 剂。

三诊：服药后腹痛有缓解，适将经行，故治以理气活血，化瘀止痛。

方药：黄芪 15g，炒当归 10g，炙桂枝 6g，炒白芍 15g，焦栀子 10g，制大黄 10g，香附 10g，炒杜仲 10g，大血藤 30g，鸡血藤 30g，威灵仙 10g，徐长卿 15g，鹿角片（先煎）15g，炒蒲黄（包煎）15g，花蕊石 10g，桃仁

10g，红花 6g，丝瓜络 15g，王不留行 10g，路路通 10g。7 剂。

四诊：2017 年 11 月 25 日经行，今 B 超提示：左附件旁不均质回声，大小约左卵巢旁不均质回声区，范围约 1.8cm×1.4cm×1.3cm，界尚清，内见少量流血。

方药：黄芪 15g，炒当归 10g，炙桂枝 10g，炒白芍 15g，焦栀子 10g，制大黄 10g，香附 10g，炒陈皮 10g，大血藤 30g，鸡血藤 30g，半枝莲 30g，马齿苋 30g，鹿角片（先煎）10g，皂角刺 10g，土茯苓 30g，白花蛇舌草 30g，石见穿 30g，猫人参 30g，蒲公英 30g，炙甘草 10g。14 剂。

服药后左下腹稍有不适，继前方加减治疗两周，2017 年 12 月 21 日经行，量中，6 天净，色鲜，无血块，无腹痛腰酸等不适，月经第 5 天于当地医院复查 B 超提示：附件区包块消失。

继续予益气补肾，温阳通络，固护正气巩固治疗一个月后停药。

按：患者异位妊娠，经过入院保守治疗后，胚胎死亡，β-HCG 降至正常范围，但由于输卵管妊娠破损后，血液在腹腔内凝固，积化形成包块，包块遇外部压力仍有二次破裂的危险，且未及时治疗，易转为慢性盆腔炎、盆腔粘连、输卵管阻塞等并发症。该患者先天肾气不足，气虚乏力，少腹素有瘀滞，冲任胞脉不畅，孕卵运行受阻，异位着床，胎孕胞外、血瘀少腹。阴血内溢于少腹，日久成瘀，胚胎与血瘀互结成块，阻滞冲任胞络，形成少腹血瘀包块，故活血化瘀为治疗大法，然日久成癥，损伤正气，且予 MTX、米非司酮杀胚治疗，更耗气伤精，使肾气更虚，肾虚腰府失养故腰酸；癥块内结少腹，气机不畅，则左下腹抽痛不适。少腹血瘀包块，日久难消，若单投破血攻伐之品，愈攻愈虚，则邪未去而真元更伤，不死于积而死于攻矣，故治疗本病应重视正气的固护，扶正祛瘀，予益气补肾，温阳通络，化瘀消癥。瘀血日久化热，左附件区包块、舌红、苔黄腻，均为湿热互结之症，故应佐以清热利湿。方予黄芪桂枝五物汤加减益气养血扶正、温经通络，香附、延胡索行气则血行，血行则瘀滞得散；大黄、山栀子、大血藤、鸡血藤、半枝莲、马齿苋、土茯苓聚以荡涤湿热瘀结之毒，使湿热得清，瘀滞得散；续断、菟丝子温补肾阳；皂角刺软坚散结；鹿角片温肾散结；加快腹部包块的吸收。同时，陈老师用药时顾及月经周期，重视经期用药，因势利导，逐邪外出。使元气旺盛，营血充盈，根本坚固，瘀血消除。

医案二

傅某，女，42 岁，2017 年 6 月 21 日初诊。

主诉：反复少腹痛半年。

病史：半年前因"劳累后感左下腹疼痛1周，伴高热2天"去市级西医院就诊，B超提示：右侧输卵管积水，直径约6cm。诊断为：女性盆腔炎，予抗生素静滴2周，腹痛好转，定期多次复查B超均提示：左侧输卵管积水，2017年4月30日B超提示：左侧卵巢旁囊性块，考虑输卵管积水，大小约3.4cm×0.5cm。每月月经中期开始出现少腹明显疼痛，劳累后加剧，每次抗生素治疗未见明显好转，患者痛苦不堪，遂来中医就诊。患者月经周期正常，末次月经：2017年6月19日，经行不畅，夹小血块，未净，下腹隐痛明显，伴腰酸不适，胃纳尚可，精神紧张时易腹泻，舌淡，苔薄白，脉沉细。

中医诊断：妇人腹痛，癥瘕；证属：肾虚血瘀，兼有湿热。

西医诊断：盆腔炎性疾病后遗症。

治法：温肾通络，活血化瘀，佐以清热利湿，软坚消癥。

方药：黄芪15g，炒当归10g，炙桂枝6g，炒白芍15g，炒川芎6g，香附10g，炒杜仲10g，炒续断15g，大血藤30g，鸡血藤30g，威灵仙10g，徐长卿（后下）10g，泽兰10g，炒蒲黄（包煎）15g，花蕊石15g，豨莶草30g，附片炭6g，炮姜炭6g，红花6g，丝瓜络10g。7剂。

二诊：末次月经：2017年6月19日，8天净，服药后经行畅，腰酸腹痛好转，纳便可，夜寐尚安。舌暗，苔薄，脉沉细。

方药：黄芪15g，炒当归10g，炙桂枝6g，炒白芍15g，炒川芎6g，香附10g，炒杜仲10g，炒续断15g，大血藤30g，鸡血藤30g，威灵仙10g，徐长卿（后下）10g，王不留行10g，路路通10g，半枝莲15g，蒲公英30g，猫人参30g，茯苓皮30g，土茯苓30g，炙甘草10g。7剂。

三诊：月经中后期，自述近日左侧少腹疼痛、腰酸程度较以前有所减轻，纳便可，夜寐尚安，舌暗，苔薄，脉沉细。继续予上方加减治疗1个月。

患者腹痛痊愈，月经中后期未再发作，2017年7月18日经行如常，月经第5天复查阴道B超提示：左侧输卵管稍增粗，宽约0.7cm。患者继续治疗中。

按：输卵管积水为慢性输卵管炎症中常见的类型，陈老师认为虚瘀、湿热是其主要病理特点，病机虚实夹杂，虚指脏腑气血功能失调，气血肝肾不足；实指余邪未净，湿热瘀互结，凝结不散，胞脉胞络失畅，气滞血瘀，不通则痛。陈老师以黄芪桂枝五物汤加减为基础方治疗该疾病，屡起沉疴。方中黄芪补气健脾扶正，当归、川芎、白芍养血活血化瘀，香附行气止痛，杜

仲、续断益肾固冲,桂枝、附片炭、炮姜炭温经散寒,使下焦胞脉、胞络得通,经血通畅,附子炒炭存性,减少动血之嫌;泽兰、炒蒲黄、花蕊石、红花、丝瓜络因势利导,活血调经,通络止痛;大血藤、鸡血藤活血通络;威灵仙、徐长卿祛风湿通络;半枝莲、蒲公英、猫人参、土茯苓清热利湿,全方标本兼顾,温肾化瘀,兼补气血,清热利湿,软坚消癥,攻补兼施,祛邪而不伤正,标本兼治,诸症可愈。

八、杂病

(一)环形红斑

廖某,女,2014 年 5 月 25 日初诊。

主诉:关节酸痛伴环形红斑十余年,月经量少五年余。

病史:患者十年前因人流后保暖措施不当,流产后一个月出现全身肢体、关节疼痛,呈游走性,后出现瘙痒性红斑。十年来,四肢关节疼痛、红肿,四肢反复出现大小不一红斑,圆环形或不规则形状,逐渐扩大,呈游走性,色红,高出皮肤,发作时红斑处瘙痒明显,消退后不留痕迹或有轻度色素沉着,去各大医院做检查,诊断为:环形红斑。曾用激素、雷公藤等治疗后病情暂缓,后维持雷公藤口服,但四肢关节酸痛及红斑仍反复发作,瘙痒难忍,同时出现月经不调,延期而行,量逐渐减少,患者后来自停西药,前来中医就诊。就诊时患者血沉 71mm/h,血红蛋白 109g/L,末次月经:2014 年 4 月 28 日,量少,3 天净,苔薄舌红,脉细。

中医诊断:痹证,月经过少;证属:产后气血两虚,风邪袭表,脉络瘀阻。

西医诊断:环形红斑。

治法:益气养血,活血祛风。

方药:黄芪 15g,炒当归 10g,炙桂枝 15g,炒白芍 15g,炒牛膝 15g,香附 10g,延胡索 10g,炒杜仲 10g,炒川断 15g,红藤 30g,鸡血藤 30g,忍冬藤 30g,穿山龙 30g,徐长卿(后下)10g,泽兰 10g,益母草 15g,桃仁 10g,红花 6g,丝瓜络 10g。14 剂。

二诊:服药后关节疼痛明显好转,红斑减少,末次月经:2014 年 6 月 1 日,量不多。

方药:黄芪 15g,炒当归 10g,炙桂枝 15g,炒白芍 15g,炒丹皮 10g,焦山栀 10g,白鲜皮 30g,炒杜仲 10g,炒川断 15g,红藤 30g,鸡血藤 30g,

忍冬藤 30g，穿山龙 30g，豨莶草 30g，龟甲（先煎）10g，炒黄柏 6g，地骨皮 15g，红枣 15g。14 剂。

服药后关节疼痛好转，红斑减少，带下不多，继前方加减治疗一个月。

服药后，2014 年 6 月 29 日，月经量增多，2014 年 7 月 20 日患者复查血沉：16mm/h，以前方加减治疗继续巩固。2014 年 8 月 3 日，月经量明显增多，全身红斑未再发作，关节无酸痛，皮肤瘙痒未作。继续巩固治疗一个月，患者关节酸痛、全身红斑未再发作，月经量已正常。后随访至今未再复发。

按：陈老师认为，产后痹证多虚，患者流产后血脉空虚，营卫不调，腠理不密，因起居不慎，风寒之邪乘虚而入，凝滞经脉，发为疼痛；久病入络，化热化瘀，瘀阻脉络，发为红斑；风性善行故全身关节酸痛，红斑发无定处；再者禀赋不足，气血不足，无力滋养肌肤，卫外不固，风邪乘虚而入发病。是以扶正气为主，宜益气血，补肝肾兼祛风邪为主。以黄芪益气健脾养血，当归、白芍养血滋阴，桂枝温经散寒、疏风止痒，以益气养血同时施以祛风通络理气止痛之品，兼顾补肾强腰，邪去正复，气血调畅，疼痛得止。

（二）腹痛

叶某，女，51 岁，2016 年 3 月 21 日初诊。

主诉：取节育环后腹痛两月。

病史：患者两个月前于当地医院取环，手术过程不顺利，疼痛难忍，取出圆环，术后常规消炎止血治疗。但腹痛多日不见缓解，先后于多家医院中西医结合治疗，症状均未见好转。2016 年 3 月 14 日至杭州市某医院就诊，以"女性盆腔炎性疾病"收住入院，2016 年 3 月 15 日行腹腔镜探查术，发现患者子宫后壁与肠管粘连紧密，子宫直肠陷凹不清，右侧卵巢囊肿，遂行"腹腔镜下粘连松解术＋卵巢囊肿穿刺术"，术后一周患者仍诉下腹隐痛明显，并逐渐加剧，不能正常活动，请陈老师会诊。患者无阴道流血流液，无畏寒发热等不适。妇科检查：子宫前位，略大，质地中，外形欠规则，压痛阳性。平素经准量中等，无痛经，顺产一胎，无流产史。面色晦暗，精神疲倦，胃纳一般，小便正常，大便稀溏，夜寐欠安，舌色暗苔略腻，脉沉细。

中医诊断：腹痛；证属：阳虚寒凝，气滞血瘀。

西医诊断：女性盆腔炎性疾病。

治法：温经散寒，行气化瘀。

方药：小茴香 3g，桂枝 10g，当归 10g，炒白芍 15g，炙麻黄 6g，制附

片 6g，北细辛 3g，干姜 6g，大血藤 30g，鸡血藤 30g，制军 10g，徐长卿（后下）10g，马齿苋 30g，威灵仙 10g，王不留行 10g，路路通 10g，肉桂（后下）3g，九香虫 10g，三棱 10g，莪术 10g，炙甘草 10g。3 剂。餐后温服，每日两次。

2016 年 3 月 24 日二诊：患者自述服药 2 剂后腹痛症状明显减轻，大便成形，情绪放松，纳食不馨，嗳气。舌暗苔略腻，脉细弱。

方药：小茴香 3g，桂枝 10g，当归 10g，川芎 6g，炒白芍 15g，制香附 10g，延胡索 15g，大血藤 30g，鸡血藤 30g，牛膝 12g，徐长卿（后下）10g，威灵仙 10g，海螵蛸 15g，煅蛤壳 15g，砂仁（后下）6g，佛手 10g，藿香 10g，豆蔻（后下）6g，炙甘草 10g。7 剂。餐后温服，每日两次。

服 7 剂后患者腹痛渐除而出院。出院后随访，腹痛未再发作。

按：该患者病起于取环致子宫、胞脉、胞络受损，冲任气滞血瘀，不通则痛，故出现下腹疼痛。另患者适逢"七七"之年，肾气渐虚，冲任亦衰，督阳不振，平素面色晦暗，神疲乏力，脉沉细，一派阳虚之象，加上之前采用抗生素及清热解毒等寒凉药治疗，更是伤及一身之阳气。正虚邪恋，阳虚则无力抗邪；阳气不足，失去温煦和推动的作用，从而产生寒凝、湿阻、气滞等；而无论是血瘀、寒凝或是湿滞，俱为阴邪，久病则伤阳，导致该病迁延难愈，盆腔痛缠绵不绝。方中取用麻黄附子细辛汤，麻黄有解表散寒止痛之功，附子有助阳镇痛之力，细辛有温经、散寒、缓急、止痛之效。三药合用，有回阳止痛的功用。小茴香、桂枝、肉桂、干姜增强温阳散寒之功；当归、川芎、炒白芍、鸡血藤养血活血；制军、三棱、莪术活血化瘀；王不留行、路路通、九香虫行气通络；威灵仙、大血藤、徐长卿清热利湿；炙甘草调和诸药。全方温通经络，活血行气，散寒止痛，在温振肾督修复胞宫的同时，佐以化瘀生新之品，调补冲任气血，药效立竿见影。三剂药振督暖宫后遂去麻黄、附子、细辛、肉桂、干姜等大辛大燥之药，防太过伤阴。然阳气振奋，脏腑功能恢复，益气养血兼之温经行气化瘀，则气血生化有源，则阴寒自散，疼痛自除。

（三）口腔溃疡

徐某，女，25 岁，2018 年 4 月 29 日初诊。

主诉：经期口腔溃疡反复发作 1 年余。

病史：患者近 1 年来口腔溃疡反复发作，经前半月到经前 3 天发作，经净后好转，曾西医治疗效果不佳，平时大便干结。平素月经周期正常，量少。

末次月经：2018年4月15日，量少，色红，夹小血块，无经行腹痛，1-0-4-1，现放置宫内节育器1个月。舌质红，苔黄腻，脉细。

中医诊断：经行口糜；证属：阴虚火旺。

西医诊断：经前期综合征，复发性口腔溃疡。

治法：养阴生津，滋阴降火。

方药：黄芪10g，炒丹参15g，炒白芍15g，干姜3g，炒黄连5g，焦栀子10g，制玉竹10g，女贞子15g，石膏（先煎）30g，淡竹叶10g，炒白术12g，炒枳壳10g，香附10g，延胡索10g，炒杜仲10g，炒续断15g，仙灵脾30g，炙龟甲（先煎）10g，炒黄柏9g，甘草9g。7剂。

二诊：口腔溃疡已愈，大便渐调，无腹痛，伴腰酸，有时伴乳胀，乳腺结节，易醒，偶有胃疼。舌红，苔薄黄。

方药：黄芪10g，炒丹参15g，炒白芍15g，百合10g，麦冬10g，焦栀子10g，制玉竹10g，女贞子15g，菟丝子10g，覆盆子10g，炒白术12g，炒枳壳10g，香附10g，高良姜6g，炒杜仲10g，炒续断15g，仙灵脾30g，红枣15g，甘草9g。7剂。

三诊：适将经行，小腹隐隐不适，纳便尚可，口疮未作，故予经期用药。

方药：炒丹参15g，炒柴胡6g，炒白芍15g，焦栀子10g，炒川芎6g，炒牛膝10g，香附10g，延胡索10g，炒陈皮10g，炒杜仲10g，炒续断15g，大血藤30g，鸡血藤30g，白薇10g，炒椿皮15g，薄荷（后下）10g，广藿香10g，桃仁10g，红花6g，丝瓜络10g。7剂。

四诊：末次月经：2018年5月18日，量偏少，无痛经，血块少。2018年5月15日口腔溃疡又作，时有少腹痛，大便可，舌质红，苔黄腻，脉弦滑。

方药：炒丹参15g，炒白芍15g，制半夏10g，炒陈皮10g，竹茹10g，香附10g，延胡索10g，炒杜仲10g，炒续断15g，仙灵脾30g，炙龟甲（先煎）10g，炒黄柏9g，大血藤30g，鸡血藤30g，威灵仙10g，徐长卿（后下）15g，白薇10g，炒椿皮15g，红枣15，甘草10g。14剂。

2018年6月20日月经来潮，无腹痛，量少，经前口腔溃疡未作，用前方巩固治疗1个月。后随访半年，口腔溃疡一直未作。

按： 陈老师认为，口疮连年不愈者，此虚火也，病在上焦，与妇人特殊的生理特点及个人的体质相关。妇人气常有余、血常不足，该患者生产1胎，人流4次，耗气伤血，阴血不足，月经将至，阴血渐下注于血海，阴血更虚，冲脉隶属阳明，冲脉绕唇循经而行，阴虚火旺，经期冲脉之气上逆，而致口

唇溃烂；虚火熬伤经血，故见月经量少，色红，夹小血块；舌红苔黄腻，脉细，皆为阴虚火旺之象。治当扶正祛邪，扶正以养阴生津为主，祛邪以清热为要。

方以泻心汤合大补阴丸加减。干姜辛散郁火，黄连清热燥湿，寒热并用，辛开苦降，泻火解毒，不仅体现"火郁发之"用法，而且干姜能防止黄连寒凉伤阳之弊，还能使湿邪得温而化；方中黄柏折其亢，龟甲潜其阳，丹参、白芍、玉竹、女贞子等滋其阴，所谓"壮水之主，以制阳光"，选用石膏、淡竹叶、焦栀子等清热药物以治其标。二诊时口疮未作，舌红苔薄黄，故去干姜、黄连、石膏、淡竹叶，加百合、麦冬增加滋养阴津之功；菟丝子、覆盆子固肾以阳中求阴，治病求本，同时重视经期用药，因势利导，逐邪外出。气血阴阳调和，口疮可愈。

（四）失眠

鲁某，女，59 岁，2018 年 3 月 12 日初诊。

主诉：失眠 9 年余。

病史：患者 9 年来出现入睡困难，伴潮热汗出，无头晕头痛，无关节酸痛，无胃脘胀痛不适，白带不多，大便可。舌红，苔白腻，脉弦。

中医诊断：不寐；证属：心肾不交兼有痰热内扰。

西医诊断：睡眠障碍。

治法：滋阴降火，交通心肾。

方药：焦栀子 10g，炒白芍 15g，炒丹参 15g，干姜 3g，炒黄连 5g，姜半夏 9g，炒陈皮 10g，黄芪 10g，蜜桂枝 10g，炙鳖甲（先煎）10g，炒黄柏 6g，仙灵脾 30g，巴戟天 10g，灵芝 10g，远志 10g，合欢皮 15g，五味子 6g，徐长卿（后下）15g，紫苏叶 10g，蜜甘草 10g。7 剂。

2018 年 3 月 19 日二诊：患者睡眠较前明显好转，仍有潮热汗出。舌红，苔白腻，脉弦。故在滋阴安神的基础上，加强敛汗之功。

方药：炒丹参 15g，炒白芍 15g，炒白术 15g，炒白扁豆 30g，香附 10g，炒陈皮 10g，黄芪 15g，蜜桂枝 10g，稽豆衣 15g，糯稻根 30g，浮小麦 30g，灵芝 10g，远志 10g，合欢皮 15g，五味子 6g，徐长卿（后下）15g，紫苏叶 10g，蜜甘草 10g，大枣 15g，佛手 10g。14 剂。

2018 年 4 月 2 日三诊：患者睡眠较前继续好转，潮热汗出症状明显改善，大便不成形，舌红，苔薄白，脉弦。故在滋阴降火、安神敛汗的基础上加仙灵脾温肾阳以补脾阳。

方药：炒黄芩 12g，炒白芍 15g，炒丹参 15g，黄芪 15g，蜜桂枝 6g，炙鳖甲（先煎）10g，地骨皮 10g，仙灵脾 30g，陈皮 10g，灵芝 10g，远志 10g，五味子 6g，徐长卿（后下）10g，龙骨（先煎）15g，紫贝齿（先煎）10g，百合 10g，麦冬 10g，浮小麦 30g，大枣 15g，蜜甘草 10g。7 剂。

2018 年 4 月 9 日四诊：患者诸症好转，大便成形。舌红，苔薄白，脉弦。继续滋阴补肾安神以巩固疗效。

方药：炒丹参 15g，炒白芍 15g，炙鳖甲（先煎）10g，地骨皮 15g，仙灵脾 30g，巴戟天 10g，灵芝 10g，远志 10g，五味子 6g，徐长卿（后下）10g，龙齿（先煎）15g，紫贝齿（先煎）10g，百合 10g，麦冬 10g，浮小麦 30g，香附 10g，延胡索 10g，杜仲 10g，盐续断 15g，蜜甘草 10g。7 剂。

后患者未再就诊，半年后电话随访，自述诸症已愈，睡眠可，无潮热汗出。

按： 陈老师认为，患者失眠，入睡困难，潮热汗出，舌红，苔白腻，脉弦，为心肾不交兼有痰热内扰。其病机为肾水亏虚，不能上济于心，心火炽盛不能下交于肾，心肾不交，水火不济，心神失养，兼有痰热内扰，故而失眠；阴虚火旺，迫津外出，故潮热汗出。陈老师予炒白芍、炒丹参、炙鳖甲、焦栀子、炒黄柏、炒黄连滋阴降火；炒黄连、姜半夏、炒陈皮清热化痰；炒黄连、蜜桂枝、仙灵脾、巴戟天取交泰丸之意以交通心肾，并有阳中求阴之意；灵芝、远志、合欢皮、五味子养心安神；炒黄连、干姜辛开苦降；紫苏叶行气和胃，调畅中焦枢机；黄芪、徐长卿益气祛风固表；蜜甘草调和诸药。全方共奏滋阴降火、交通心肾、清热化痰、安神之效。患者服药后诸症消失，日渐康复，效果显著。

（五）带状疱疹

陈某，女，57 岁，2015 年 10 月 23 日初诊。

主诉：右胁部水疱伴疼痛 1 周。

病史：患者 1 周前于右胸胁部出现针刺样疼痛，并放射至右肩部，未做特殊处理，3 日后，疼痛仍不减，反而加重。胁肋部出现一块鲜红色斑块，其上可见成簇的水疱，疼痛剧烈。自觉心烦易怒，口苦咽干，纳食不香，夜间痛甚，影响睡眠，大便偏干，2～3 日一行，小便黄赤短少。查体：胁肋部一块鲜红色斑块，约 4cm×7cm，其上可见密集成簇的米粒至绿豆大小的水疱，疱液胀满。舌质红，苔黄腻，脉弦滑数。

中医诊断：蛇串疮；证属：肝胆郁热。

西医诊断：带状疱疹。

治法：清肝胆，利湿热，解毒止痛。

方药：龙胆草 10g，炒黄连 5g，炒黄芩 12g，制大黄 10g，炒生地 12g，砂仁（后下）6g，柴胡 6g，炒白芍 30g，郁金 15g，车前草 15g，土茯苓 30g，徐长卿（后下）15g，威灵仙 10g，炒泽泻 10g，大血藤 30g，鸡血藤 30g，鬼箭羽 15g，生甘草 15g。7 剂。

2015 年 10 月 30 日二诊：病情明显改善，大便已通，红斑及水疱得到控制，未明显增多，半数水疱开始干燥结痂，疼痛缓解，仍自觉口干口苦，燥热烦闷。上方去大黄，黄连，黄芩，鬼箭羽，土茯苓。加炒丹皮 10g，地骨皮 30g，焦山栀 10g，茯苓皮 30g，炒黄柏 6g，茵陈 15g，香附 10g。上方的龙胆草改为 6g，再 7 剂。

2015 年 11 月 6 日三诊：红斑消退，水疱干燥结痂，疼痛明显缓解，小口疮。舌红，苔薄黄，脉弦。

方药：黄芩 12g，柴胡 6g，炒白芍 30g，制玉竹 15g，焦山栀 10g，郁金 15g，香附 10g，大血藤 30g，鸡血藤 30g，地骨皮 30g，炒黄柏 6g，徐长卿（后下）15g，威灵仙 10g，车前草 10g，泽泻 15g，灵芝 15g，麦冬 10g，藿香 10g，佛手 10g，人中白 10g。7 剂。

2015 年 11 月 13 日四诊：右胁部疼痛及水疱已除，夜寐欠安，予以养阴生津，清心安神巩固治疗。

方药：干姜 3g，炒黄连 5g，炒白芍 30g，炒丹皮 10g，焦山栀 10g，大血藤 30g，鸡血藤 30g，地骨皮 30g，炒黄柏 6g，制玉竹 15g，炙龟甲（先煎）10g，天冬 10g，泽泻 15g，灵芝 15g，麦冬 10g，徐长卿（后下）15g，威灵仙 10g，人中白 10g。7 剂。

按：该患者肝胆湿热，湿热毒邪循经外溢，泛滥肌肤而发病。湿热之邪阻塞经络，导致气血瘀滞，故而疼痛剧烈。病位在肝胆，病性属热，舌脉表现为一派实热象。治以清肝胆湿热，予以龙胆泻肝汤与三黄泻心汤加减，使用大黄，黄连，黄芩，龙胆草等苦寒泻热之品清肝胆之湿热，为防苦寒伤脾胃，中病即止。方中泽泻，土茯苓，车前草，制大黄清下焦湿热，使湿热从二便而去。加鬼箭羽，威灵仙，徐长卿通经活络止痛；生地，白芍，柴胡，焦山栀养阴柔肝缓急镇静，最后邪去正安，疾病痊愈。养阴生津，祛风除湿，通络止痛巩固治疗。

第五章

学术成就

第一节 学术思想

传承 25 世的陈木扇女科流派，其学术思想一脉相承，推陈出新。所创造的学术理论和独特方法，不仅以较稳定的家传形式传承下来，而且还为大家所广泛应用。如《素庵医要》和《莘斋医要》中的诸多论述和方药至今仍被中医妇科学相关著作所引用，广泛指导着中医妇科临床，诸如"妇人诸病，以调经为先""逐月养胎论""清热凉血安胎法""郁痰致月经不调""男子以气为主，女子以血为主""调经宜和气"等学术观点的提出，不仅丰富了中医妇科学的理论，更促进了中医妇科学的学科发展，在中医妇科史以及地方医学史上的地位不容忽视。

陈学奇老师在继承家学的基础上，虚心学习，熟谙典籍，博采众长，不限于一家之学，在系统全面继承流派特色的中医理论的基础上，深究《黄帝内经》《金匮要略》《傅青主女科》等经典著作，并虚心学习现代医理，衷中参西，创新发展，形成独特的学术思想。

一、以"调"为用，以"和"为期

陈老师治妇人疾病，特别注重"调"字，认为妇人体质娇嫩，不耐攻伐，妇科处方应以"和"为期的中医平衡观为总则，在临床运用中结合妇女生理病理特点，根据调经、求嗣、止带、产后之不同，着重辨其属肾、属肝、属脾、属心、属肺之异，在气在血、在冲任督带之别，结合个体的阴阳、气血、

脏腑平衡状况，通过遣方用药来调整人体阴阳气血的动态平衡，达到防病治病的目的。

（一）调和阴阳

陈老师认为，人之所以生病就是阴阳失去相对平衡，出现阴阳偏盛或阴阳偏衰的结果，故治疗疾病应以调和阴阳平衡为期。

从阴阳论，女子属阴，女子的经、胎、产、乳四阶段都易于耗血伤阴，阴亏则阳易亢，故调治女子疾病和养生常宜养阴为主，且阴阳互根，阴损及阳，阳损及阴，调补阴阳，治疗应遵循"善补阳者，阴中求阳，善补阴者，阳中求阴"，相互配伍使用，才可使阴生阳长，阳生阴长，从而达到"阴平阳秘，精神乃治"的最终目的。

如崩漏失血，耗伤阴血，血虚生热，迫血妄行又可加重出血，且"血属阴，宜藏不宜动，而动则为病，善动者多因于火"，崩漏失血，以阴虚阳亢为多。因此，在崩漏的治疗原则上，常以养阴清热为主，但寒凉药物要很好地把握运用分寸，须知血下既多，元气即损，阴阳互根，凡伤于阴者，必耗其阳，伤于阳者，亦损其阴，日久必致阴损及阳，甚至阴阳两虚，宜阴阳同治，方可巩固疗效。处方中常在滋肾益阴的大量补阴药中，要加一、二味补阳药，所谓"扶阳以配阴，育阴以涵阳"使五脏得养，精气两益，以达阴阳平衡之目的，这才是治病求本的关键。如痛经病人中，对一些素体阴虚内热肝火旺的病人，平肝务先养血，血充则肝自柔；亦即抑木务先滋水，水足则木得涵；潜阳务先养阴，阴平则阳自秘也。如闭经病人中，有素体阴虚、素体阳虚，如精亏血枯肝虚病人常在大量的养阴剂中加适量的养阳药，如用左归丸加上少量的仙灵脾、巴戟天等以"阳中求阴"，使阴阳并补、水火并调；如脾肾阳虚病人，常在大量的补阳剂中加适量的养阴药，如右归丸中的附、桂和熟地、山茱萸等关系，以达"阴中求阳，水中补火"之效。

又如对老年妇女慢性膀胱炎的病人，在遣方用药时，调理阴阳平衡常会用到金匮肾气丸，方中用了熟地、山茱萸、山药三味补阴的药，还同时配伍泽泻、茯苓、炒丹皮三味主泻的药，即补中有泻，使补而不滋腻，平衡进补滋阴；附、桂养阳，"扶阳以配阴""育阴以涵阳"，阴阳互生，使五脏得养，精气两益，以达阴阳双补平衡，常效如桴鼓。

（二）调和气血

若气血不和则"百病乃变化而生"，陈老师认为妇科疾病的用药治疗上，要注重治气必治血，治血必调气，调和气血尤为关键。

陈老师认为，妇人气血不调主要包括了气血不足和气滞血瘀两方面，对气血不足者以补益气血为主，主要以补气生血、补血养气以调之；对气滞血瘀者以活血理气、理气行血为主，主要以治血以调气、治气以养血调之，以达到气血同调、气血平衡之效，使气血调和，气顺脉通，月事正常。故陈老师临床调经用药时，养血之中常配以补气行气活血之品，临床上常用八珍汤、柴胡疏肝散、红花桃仁煎等加减。

妇科常见的月经病多为气血失和，临床多见为崩漏，月经先期、后期，月经过多、过少，经期延长，痛经等。陈氏早在《陈素庵妇科补解》中就提出了"调者，使之和，而无过不及也；调经者，以调和气血为先，切忌攻伐太过"的学术观点。陈老师强调以"和"为主的调经特色。经闭宜通；经行先后不定期，或多或少，时来时断，则宜调。不和则有过、不及。调者，使之和，而无过不及也。如对因风冷寒湿致经水不通者，虽用辛热之药，但需中病即已，不宜过剂，恐血热妄行致崩漏，反伤阴血。对因气郁所致的妇人月经不调，治宜开郁行气，则血随气行，气血调和。对经前腹痛者，多为气滞，当行气和血；对经行而腹痛者，多为血滞，当行血和气。

如月经先期色淡量少血虚有寒者，宜四物汤加参、芪、香附等；月经后期血虚有寒者，宜四物汤加黄芪、陈皮或香附加入桂枝或肉桂温阳化寒、行血调经，效若桴鼓等；多次流产血气受伤经闭者，宜八珍加红花、桃仁等；经行腹痛属虚者亦用八珍汤加减。若月经过多、崩漏的病人，皆损耗血液，血不足气便有余，气有余便是火，气血失调，病变生矣，故常在养血之中加用行气活血、祛瘀生新、滋阴清热等药；现代医学的多囊卵巢综合征、月经早闭的绝经期综合征等还常合用逍遥丸、乌药沉气散等，用香附、乌药等行气开郁，气行则血行，气血通畅则月经得调，诸症得减。痛经病人，关键在于"气血瘀阻，不通则痛"，治疗当以补虚调冲、活血化瘀为主，常用少腹逐瘀汤加减，这种"治血以调气，治气以养血，气血并治"，以养血补血为主辅以疏肝解郁之药，以四物加香附、陈皮等以调和气血，这是陈老师调经的主要方法之一。

陈老师临床安胎用药，以补气养血为本，以清热凉血为多，尤患者数次

浙江中医临床名家·陈学奇

堕胎，常气血耗损、冲任失调，安胎当以益气养血为要。如妊娠期遇有外感六淫之邪，皆以四物为君，而余药从症加入，使邪去正安，有故无殒，方如柴芩六合汤等。但产前多"胎火"。孕后妇女的体质特点是有余于气，不足于血，孕后月经停止来潮，脏腑经络的气血均下注冲任以养胎，故出现阴血更虚，阳气偏亢的状态，"气有余便是火"，常会出现心烦，手足心热，口渴乏力，寐劣，便干，舌质红苔少，脉滑数等现象；若素本阴虚火热，更多出现"胎火"病证；而且随着胎儿的逐渐增大，易影响中焦气机升降，冲任气盛易挟肝胃之气上逆，故常使胃气不得降，临床可出现胎气上逆，妊娠呕吐，妊娠肿胀等病证，常伴头晕，恶心呕吐，厌油腻等现象。陈老师认为胎元以血为养，血热则妄行易动，故主张"惟于补气养血药中更宜顺气凉血之妙""气顺则不滞"并随症凉血，在安胎主方"当归、川芎、白芍、熟地黄、杜仲、续断、炒白术、黄芩、砂仁"的基础上，清热凉血习用生地、阿胶，清火多用黄芩、知母等，使气血调和，胎儿得安。临床上对复发性流产、ABO 溶抗、封闭抗体缺乏、抗磷脂抗体阳性及素体阴虚的先兆流产等妊娠疾病的治疗，陈老师强调补气养血中兼顾凉血，使血凉不妄行，气血融和，对安胎有较好的临床疗效。

（三）调和脏腑

陈老师认为，人体是一个有机的整体，脏腑之间在生理上相互协调、相生相克，在病理上也是有相互影响，相互制约的作用，"脏腑健旺"才不导致机体"失衡"，从而"生机乃荣"。

从脏腑论，《素问·上古天真论》云："女子七岁肾气盛，齿更发长；二七而天癸至，任脉通，太冲脉盛，月事以时下，故有子。"肾藏精，主生殖，经水有赖肾水施化，肾气的旺盛主宰着女子正常的生理。叶天士谓"女子以肝为先天"，肝藏血，主疏泄，司血海定期蓄溢。肝血充盈，肝气条达则血海满溢，经事如常。肝肾不足则冲任失调，带脉失约，从而引发闭经、带下、不孕诸病。可见女子病与肝肾关系最为密切。故治疗妇女疾病，常以治肾为先，肝肾并论，肝肾同治。

脾胃为后天生化之源，脾主统血，若冲脉虚损，月经过多或淋漓不尽，可健脾统血而收效。故调理月经病等，在补养肝肾的同时，又着力调理脾胃。对妇女病的治疗及调理中应重视先天，兼调后天，以后天养先天，以健脾补肝肾为要。

如带下病者，多因脾肾亏虚，带脉失约，湿邪下注所致，治疗以补益脾肾、固带止带；滑胎不孕者多为肾虚肝郁，兼夹痰湿瘀血，治疗可补肾填精、疏肝活血、祛湿化痰。

脏象学说中的五行生克关系，在临床上有特别重要的意义。如补火培土法，补土制水、滋水涵木等治疗原则，也就是脾土能制约肾水，脾主运化，可防止肾水泛滥；肾水能制约心火，肾水上济心火，可防止心火上炎；肝木能制约脾土，肝气条达，可疏理脾气，制其过盛，生其偏衰，其目的在于调整脏腑之间平衡。

这些临床治疗原则，应用于妇女绝经前后的月经不调、崩漏等患者，多因肾气渐衰，冲任亏虚，脏腑功能紊乱所致。其证候繁杂多样，如烦躁易怒、夜寐梦多、潮热汗出等，然其病机皆因肾阴不足致心阴不足，心火内炽，心肾不交，则心神不宁、失眠多梦；肝阴亏少，水不涵木，肝阳偏亢，则烦躁不安、潮热汗出；可根据辨证用滋肾水而泻心火的方法，使其心肾交泰，水火相济，对肝木偏旺而又心气不足的长期失眠的病人要补心而泻肝，以达平衡五脏功能。症状消失后，又可用归脾丸对心脾两虚病人心脾同治，以固本。

总之，凡妇女因五脏亏损所引起的妇产科疾病均可调补气血，填精补髓，滋养肝肾，健脾补肾。

（四）用药宜"平"

陈老师认为，妇人调经用药轻灵，以"平"为期，切忌攻伐太过。

因为妇女虽然以肝为先天，以血为本，但由于有月经、妊娠、分娩、哺乳等生理过程，常处于有余于气、不足于血的状态。气有余便是火，故治之当用平和调养之剂为佳，慎用刚燥之品。如过用刚燥之品，则容易动火，耗血伤阴。

调经不宜过用大辛大热之药。妇人不宜过用辛香燥烈之品，以免劫津伤阴，耗损肝血，宜黄芪、仙灵脾、巴戟天之类，续断、桑寄生等较平和之品，以免过用刚燥之品动火耗血伤阴，以达到阴阳平衡为宜。

调经不宜过用寒凉药。如虚火亢盛，调理用药当清热，但清热忌过于苦寒，以防留瘀，常用炒黄柏、白薇之类；恐"热邪虽除，火退寒生，瘀血滞留""过用寒凉，先伤胃气，复阻经血"。如痛经属热证者，用药过寒，也易寒凝血瘀，疼痛加剧；崩漏属热者，用药过寒，则淋漓不尽；尤其在经期当活血通经、因势利导，用当归、川芎、桃仁、红花、益母草等为主，忌用苦寒辛散之品，

以免留瘀，使月经常淋漓不尽或导致痛经、闭经等。

调经不宜过用破血药，行瘀忌过于攻伐，以免太过耗气伤血伤正，宜益母草、泽兰之类；如对闭经者，活血祛瘀很少用破血药，而是强调活血祛瘀生新。

调经不宜过于香窜理气，宜用玫瑰花、佛手之类。

如崩漏多为虚火亢盛，此时用药当清热凉血，泻其火则经自行。但清热忌过于苦寒，以防留瘀，常用炒黄柏、白薇之类；行瘀忌过于攻伐，以防耗气伤血，宜益母草、泽兰之类；温补忌过于辛燥，宜黄芪、党参、仙灵脾、巴戟天之类；理气忌过于香窜，宜用绿梅花、玫瑰花、佛手、扁豆花等花类药，轻灵疏解；滋补忌过于刚燥，多用杜仲、续断等较平和之品，以免过于动火耗血伤阴，达到阴阳平衡，崩漏自止。

总之，"调和气血，调和阴阳，调和脏腑"是陈老师治疗妇科疾病的特点，用药宜以"和"为期，鲜少用大辛大热、大苦大寒、破气散气之峻药，即使选用，也注意炮制方法。如崩漏治疗中喜用黄芪炭、生地炭、山栀炭、蒲黄炭等炒炭存性，既留其原有药性，又除其寒温之弊端。对闭经的治疗，陈老师常告诫患者不能急功近利，而是慢慢调和病人的气血阴阳平衡，使月事得调，疾病得治。

二、气血为本，调补兼施

女子"以血为本，以气为用""血为气之母，气为血之帅""气血相依，一损俱损"，妇女经、孕、产、乳皆以血用事，女子以血为至宝，若月经过多，崩漏及产后失血，皆能损耗血液，所以女子血常不足。血不足气便有余，气有余便是火，气血失调，病变生矣。《灵枢·五音五味》曰："今妇人之生，有余于气，不足于血，以其数脱血也"，指出气血失调是妇科疾病中最常见的发病机理之一。

陈老师认为妇人以气血为本，妇科临床往往出现"未必有余于气，往往不足于血"的情况，如月经过多，崩漏及产后失血，皆能损耗血液，所以女子血常不足。血不足气便有余，气有余便是火，易于肝气郁滞，阴血不足，故妇科疾病的治疗，常宜养血补血为主辅以疏肝解郁之药，治血以调气，治气以养血，气血同补，方能冲任调畅。

陈老师调经，以气血为先，善于灵活运用"补气养血、行气活血、调理冲任"以调经。认为月经为血所化，气血互相化生，气为血帅，血随气行，气盛则血旺，气行则血行。反之气滞则血瘀，气虚则血亏，冲任失调，而致经行失常。如月经不调、闭经者，多因机体气血不足，气血虚弱，气机紊乱而致病，宜调补气血；而崩漏日久气血耗损严重，可大补气血，填精补髓。同时，应根据病人的症状，通过调补疏通气血，适当加以行气活血之品，疏其血气，令其条达，通补兼施、动静结合以致气血平衡，冲任调畅。

陈老师治产后诸病，以补益气血为其大法，同时兼顾祛邪，活血化瘀。妇人产后百脉空虚，气血交亏，亡血伤津，陈氏女科认为："产后以百日为准，凡百日内得病，皆从产后气血二亏，参求用药。"常以黄芪当归补血汤合生化汤加减化裁治疗产后诸症。如对妇人产后感外邪，陈老师强调选方用药必先照顾气血，补其气血之不足，扶正固本，然后再用行气、消导、清热、祛寒等治标之法驱邪外出，方可达到本固邪祛、扶正祛邪、标本兼治的目的。产后气血俱虚，如感风寒或风热，虽有表证，过汗恐进一步伤其阳气；过寒则血块瘀滞；过热则新血崩流。又如在产后不宜用大承气汤等攻下之剂，恐进一步损伤其阴血。总之，产后病应以大补气血为先，兼顾祛邪，活血化瘀。

陈氏对月经病、产后病非常重视补气养血，常以八珍为主，四物补血，四君补气，阳生则阴长，气盛则血旺，即有形之血不能自生，生于无形之气之意。且黄芪又有"气能生血，为气之母"之论，当归味甘而厚，养血和营，补血以载气；黄芪味甘而薄，补气以生血，故归、芪亦常配对应用。同时，通补兼施，调畅气血，补血佐以补气药，均可收到良好效果。

三、五脏调经，慎辨用药

妇科诸病，皆可与月经失调相关。《陈素庵妇科补解》将月经病列为开卷之篇。且说"妇人诸病，多由经水不调。调经然后可以孕子，然后可以却疾……""女子经血宜行，一毫不可窒滞。……多则病，少则亦病，先期则病，后期则病，淋漓不止则病，瘀滞不通则病。故治妇人之病，总以调经为第一。"

张介宾认为："经血为水谷之精气，和调于五脏，洒陈于六腑，乃能入于脉也，凡其源源而来，生化于脾，总统于心，藏受于肝，宣布于肺，施泄于肾。"概述了五脏与经血的关系，在此基础上，结合临床实践经验，陈老师提出了"五脏调经论"。

陈老师认为，五脏者，心、肺、肝、脾、肾也，心神明、肺气宣、肝木达、脾土运、肾水盛，天癸至、气血旺、血海盈、任脉通、太冲脉盛，月事以时下。

然心神不宁，五脏不和，冲任失调；肺气失宣，气失调畅，血脉不和；肝失条达，木郁气滞，肝血失藏，血海不宁；脾失健运，化源不足，气血不充；肾虚水亏，先天失养，天癸不足；故曰五脏和、月经调；五脏失主，冲任失调，月经诸病由此而生。然调五脏，养冲任，治月经，乃调经之法也。

陈老师认为，在中医妇科中特别是月经病诊治过程中，以五脏辨证定其病位，八纲辨证定其性，慎辨阴阳寒热，方能立法遣方用药，更能药病中的。

（一）养心调经

《素问·评热病论》曰："月事不来者，胞脉闭也，胞脉者属心而络于胞中，今气上迫肺，心气不得下通，故月事不来也"。《素问·阴阳别论》曰："二阳之病发心脾，有不得隐曲，女子不月"。《类经·疾病类》曰："情志之伤，虽五脏各有所属，然求其所由，则无不从心而发"。可见心的脏腑功能与月经的关系密切。

心的生理功能主要是心主血脉、主神志。心主血，女子以血为本，血液旺盛、脉道通利、血海充盈、任通冲盛，月事以时下。若心血不足，胞脉不畅，则冲任失调，以致月经失常。心主神志是指心藏神，主宰着人的精神、意识及思维活动，主宰脏腑的功能活动，为五脏六腑之大主，主明则下安，全身各脏腑功能协调。女子长期思虑过度耗伤心血，心血不足、神志失调、气血不畅、胞脉不通、冲任失养，而致月经不调。因此，临床上女子因学习紧张、压力过大或思虑过度而致月经失调者较为多见。

心主血、主神明功能异常，还会影响到其他脏腑功能的正常发挥，从而直接或间接的产生月经失调。若心火偏亢，暗耗营阴，心血不足，可导致闭经，兼见口舌生疮，心烦不寐，小便赤少，舌红少苔，脉数；若心气不足，心血与心气不能下通，致胞脉（胞脉者属心）闭阻，诱发闭经。在临床上，初入夏季，女性容易发生月经延期、月经量减少甚至经停一个月的症状，概因心通于夏，此时应泻心火以调经；若心阳不足，则脾阳不振，而致心脾两虚者，诱发闭经，兼见心慌心悸，气短，动则汗出，面色淡白，手足不温，舌淡润，脉细弱；若心阴不足，心阳亢盛，燔灼血液，血流瘀滞，则亦可导致闭经，兼见虚烦少寐，面色虚红，潮热盗汗，舌红无苔，脉细数。

所以临床上，因劳于心而导致的月经病，宜养心调经。心火偏亢者，多用黄芩、黄连、栀子泻心火；若心血不足者，可用归脾汤、天王补心丹等养心血；心气不足者宜生脉饮、四君子汤等养心气，麦冬、远志等安心神定心气；

若情志不畅引起的月经病，应适当加用疏肝理气之品，结合心理疏导，养心使气血调畅，而月经得调。又如绝经期综合征、早发性卵巢功能不全等疾病引起的月经失调，常见有心阴不足，心火偏亢，用滋养心阴的百合地黄汤、沙参麦冬汤等治疗，常可获效。

（二）养肺调经

肺为华盖，主一身之气，朝百脉，输布全身气血津液。《素问·评热病论》云："胞脉者，属心而络于胞中，今气上迫肺，心气不得下通，故月事不来也。"；《素问·五脏生成论》有言："诸血者，皆属于心，诸气皆属于肺，此四肢八溪之朝夕也"，肺如雾露之溉，下达精血于胞宫，血液充盈胞宫，才可能产生月经。肺主治节，指的是肺输布津液的功能，就指肺对人体津液的调控作用；《金匮要略·妇人杂病脉证并治》云："妇人之病，因虚、积冷、结气，为诸经水断绝，至有历年……"尤在泾注曰："此言妇人之病，其因约有三端……而其变症，则有在上、在中、在下之异，在上者肺胃受之。"《医宗金鉴·妇科心法要诀》更说："血之行止与顺逆，皆由一气率而行"，可见肺的生理功能是否正常与月经病的发生息息相关。通过心肺来调节月经，在《陈素庵妇科补解·经水不通肾虚津竭方论》中也有记载："心火独旺，肺金受伤，肾水绝生化之源而经血自闭"；《医述·女科原旨》记载："血之行与不行，无不由于气，故血脱者当益气，血滞者当调气。气主于肺，其义可知"。故《张氏医通·经候》曰："经血阴水也，属冲任二脉，上为乳汁，下为血水。其为患……有因肺气虚伤不能统血而经不行者"，因此，女子因过度悲伤，悲则伤肺，耗气伤血而致月经失调。

如临床上我们可见因久咳伤肺而致肺失宣降，输布失常，气血不畅，冲任失调；或悲伤过度、水不济火、火旺伤金，肺阴耗伤，营阴亏耗，虚火上炎，火逼水涸，津液不生，气血亏虚而致月经失调，出现月经量少乃至停经的症状，兼见干咳少痰，面红颧赤，五心烦热，毛发枯焦，皮肤不润，舌红无苔，脉细数。

因肺为水之上源，金水相生，临床上常肺肾同调。如有肺阴亏虚、肺火上炎、虚火灼伤肺络而致月经失调，出现经行吐衄、闭经、倒经、崩漏等症状，金能生水，常用北沙参、麦冬润肺养阴调经，补母而令子实；有肺气虚，反复易感，肺气失调，气血不足而致月经失调，多见量少乃至闭经，常用八珍汤加减；又有过度悲伤而致月经失调者，常用八制香附丸合泻白散等宣肺调气调经；有血枯经闭者，如肺结核引起气血两伤、月经失调的，常用六君丸、

金水六君煎等润肺、化痰、养血、调经而获效。

（三）补肾调经

《黄帝内经》论妇人经信，以肾气盛而始，以肾气衰而绝。《素问·上古天真论》曰："女子二七而天癸至，任脉通，太冲脉盛，月事以时下，故有子"。虞抟之《医学正传·妇人科》曰："月经全藉肾水施化，肾水既乏，则经血日以干涸……渐而至于闭塞不通"。

肾藏精、主水液、主纳气和主一身阴阳。女子肾精不断充盛，逐渐产生天癸，月经则按时来潮。

如肾阴虚而致月经失调的，常有阳亢日久、温热病后期、房事不节、情欲妄动而耗伤肾阴，或热伏冲任，津液精血亏少，出现月经量少、闭经、崩漏或经间期出血等症，形体消瘦，五心烦热，午后颧红，舌红少苔，脉细数。临床常用左归丸加减治疗。若兼见眩晕耳鸣、失眠健忘、腰膝酸软者乃肾气虚，用六味合二仙等治之。

如肾阳虚而致月经失调的，常为素体阳虚，或久病伤阳，或房劳过度伤肾，导致经血非时而下，出血量多，淋漓不尽，色淡质稀的崩漏症状，兼见四肢不温，腰痛如折，大便溏薄，舌淡暗，苔薄白，脉沉细。临床常用右归饮加减治疗。

如肾精不足而致月经失调者，多由先天禀赋不足，元气不充外加后天失养，久病不愈而致经行量少乃致闭经，或室女初潮来迟，兼见性欲减退，体型羸弱，舌淡苔薄白，脉沉细。临床常用大补元煎加减治疗。

肾与肝为母子之脏，母病可累及子病，故治肾应兼治肝。陈老师治疗月经病、安胎、产后病、经断前后诸症常以治肾为先，肝肾并论。如滋水涵木法治疗肝郁化火之痛经、月经早期、经行量多、经水淋漓、崩漏以及痉病、眩晕、恶露淋漓等，每收奇效。多囊卵巢综合征病人，多为先天不足，补肝肾是主法；安胎病人常以补肾为先，组方用药无不加固肾安胎之药，如杜仲、川断、覆盆子、菟丝子等，如肾气不固、肾精不足，安胎则如空中楼阁，毫无基础可言。

（四）养肝调经

《素问·腹中论》曰："岐伯曰：病名血枯，此得之年少时，有所大脱血，若醉入房中，气竭肝伤，故月事衰少不来也"。足厥阴肝经循行过阴器，其生理功能又与女子月经息息相关，故叶天士有"女子以肝为先天"的说法。

肝藏血，主疏泄，肝乃风木之脏，内寄相火，体阴而用阳，故肝为将军之官，性喜调达冲和。《血证论·脏腑病机论》说："肝属木，木气冲和条达，不致遏郁，则血脉得畅。"《妇人大全良方·产难门》曰："妇人以血为主，惟气顺则血和。"肝血充盈，肝血调达，下注胞宫，血海充盈，任脉通，太冲脉盛而月经按时来潮。肝主疏泄，肝气以通为顺，肝气畅达则血脉流畅，经候如期。

肝气郁结而致月经失调者，多因情志抑郁，郁怒伤肝，或其他原因引起肝气失于疏泄，瘀滞冲任，气血运行不畅而出现痛经、闭经、月经先后无定期、经行发热等症，兼见胸闷喜叹息，胁痛或少腹疼痛，乳房胀痛，脉弦。临床常用逍遥散加减调治。

肝血虚而致月经失调者，多因失血过多而致肝藏血不足，或久病耗伤肝血而致月经量少色淡或闭经，兼见面色无华、爪甲不荣、夜寐多梦，筋脉拘急，舌质淡，脉细。临床常用滋血汤加减调治。

肝阳上亢而致月经失调者，多因素体阴虚，忧怒伤肝，木郁不达，化而为火，肝阳益亢，灼伤肝阴，阴血不足，出现月经量少色鲜，经行或经后头痛，兼见头晕目眩，口干咽燥，烦躁易怒，手足心热，舌红苔少，脉弦数。临床常用杞菊地黄丸加减治疗。

（五）健脾调经

陈氏推崇李东垣，将其重脾胃之说充实于妇科。《陈素庵妇科补解·经水不通有痰滞方论》云："经血应期三旬一下，皆由脾胃之旺，能易生血。若脾胃虚，水谷减少，血无由生，始则血来少而色淡，后且闭绝不通。"强调了脾胃为后天之本，气血生化之源。

陈老师非常重视脾胃为后天生化之源，认为冲任连及肝肾，隶属阳明。脾主运化，主生血统血，主升清。人则得谷者昌，失谷者亡，而百病皆以胃气为本，若胃气强，化源足，则脾气散精，可以上归于肺，下输膀胱，通调于五脏，洒陈于六腑，而营养全身。若胃气弱，化源不足，津液匮乏，生机何恃。如脾失健运，水谷精微不足，生化气血乏源，水饮内停则可致各种妇科疾病。故补益脾胃是陈氏治疗妇人病的基本方法。

脾气虚而致月经失调者，多由饮食失调、劳倦耗损或思虑劳身等原因导

致脾的运化失常,临床常见月经先期、月经后期、经间期出血、月经过多、崩漏、闭经、经行泄泻等症,兼见倦怠乏力、少气懒言、腹胀便溏,四肢不温,舌淡苔白,脉缓弱。常以温中汤或补中益气汤加减调治。如闭经病人,临床上多因节食减肥致闭经前来就诊,因节食导致脾胃虚,水谷减少,血无由生,气血不足而致经水无以应期而下,治以健脾和胃、大补气血为主,气血渐充而经水自通。

脾虚湿困而致月经失调者,多由脾虚不运化而致水湿困脾,形成痰湿,阻碍脾的转输运化,出现月经稀少或闭经,兼见形体肥胖,倦怠乏力,头晕目眩,胸脘满闷,舌淡胖,苔白腻脉滑,类似于多囊卵巢综合征导致的闭经,常用苍附导痰丸加减调治。

脾不统血而致月经失调者,多由病久脾气虚弱,或因劳倦伤脾,以致脾统摄无权,出现月经过多、崩漏等症,兼见食少便溏,倦怠乏力,少气懒言,面色无华或伴有身体其他部位出血,舌淡脉弱。常用固冲汤加减,健脾统血而收效。

总之,五脏各有所主,但又相辅相成。例如《素问·阴阳应象大论》说:"心生血,血生脾……肾生骨髓,髓生肝……",《素问·评热病论》曰:"月事不来者,胞脉闭也,胞脉者属心而络于胞中,今气上迫肺,心气不得下通,故月事不来也",心、肝、脾、肺、肾五脏之间在生理功能上有着相互依赖、相互制约的关系,它们之间必须相互协调,使气血充足、运行通畅,血海充盈,卵巢、胞宫得养。因此,五脏调和,冲任调畅,月事以时下。

四、四诊合参,首重问诊

《素问·阴阳应象大论》曰:"阴阳者,天地之道也,万物之纲纪,变化之父母,生杀之本始,神明之府也,治病必求于本。"陈氏治病,皆宗此旨,辨证论治,探因求本。

陈老师认为,治病详审其因、探求其本尤为重要;详察四诊,当首重问诊。妇女经、带、胎、产之病,隐曲七情之疾,常羞而不肯直言,须耐心询问,或旁侧了解,始能查出病因,做到审因论治。故必须详察四诊,首重问诊,方能诊断确切。陈老师在临证中,继承家传"陈氏女科十问":一问婚姻二孕育,三问经候四带下,五问饮食六问便,七问寒热八问眠,九问旧病十问因,结合四诊详审辨。

如对月经量少甚至闭经的病人，常从问诊得知有多次流产史，临诊就要注重益气养血补肾，先后天同补；对不孕症病人除问经、带，还必问慢性病史，病者常有兼湿热、兼瘀、兼气滞者，故常祛邪补虚同用。对痛经病人，经前腹痛属实，宜行气血；经后腹痛属虚，宜补气血。对经来过多、妇人血崩者，问病起原因、月经颜色，结合四诊审辨脏腑、气血、阴阳之虚实，"实者，清热凉血，兼补血药；虚者，升阳补阴，兼凉血药"。在内因方面，从肝（七情郁结）、脾、肾来探讨疾病机理，若肝郁气滞，热扰冲任者则疏肝解郁、平调冲任；若劳损冲任、气血虚弱者，则温补奇经；若肝肾不足，相火偏旺，则滋水涵木。经水淋漓不止，痛者属血滞，不痛者属血虚等。

陈老师认为，在许多疑难疾病的治疗中，审病求因尤为重要。陈老师遇前来求治的患者，必询问其起病的情况，方求得其因而治其病。如一位患者荨麻疹反复发作，多处治疗未见好转，陈老师仔细询问方知病起一次流产后用冷水洗衣服，治以养血祛风、温经散寒，则药病中的，3 剂见效，5 剂后未再复发；又如一位关节酸痛伴环形红斑十余年来求诊的患者，陈老师仔细询问病情，发现患者关节痛及红疹起于一次流产后，因人流后保暖措施不当，一个月后，自觉全身肢体、关节疼痛，呈游走性，后出现瘙痒性红斑。陈老师按产后病的治疗方法益气活血、养血祛风，患者痊愈。

总之，求本溯源乃治病之大法。

第二节 学 术 成 果

一、《黄帝内经》琐谈

陈老师认为，学习中医就要掌握中医普遍哲理，《黄帝内经》可谓中医典籍中的瑰宝，是中医学的百科全书，既有中医理论的基础，又有中医临床的指导原则，既涵盖了中医相关的天文学，又涵盖了中医相关的气象学，还论述了人体与天地自然的相应关系，记载了对人体脏腑经络的早期认识。《黄帝内经》中提出了一系列的中医理论，其中包括阴阳五行、五运六气、天人合一学说，脏腑学说，经络学说，以及病因病机学说等，总结归纳了中医辨证论治的思想。这些学术思想一直指导着中医临床，学好《黄帝内经》可以指导临床。陈老师谈及的一些临床体会如下。

（一）《黄帝内经》奠定中医理论基础

1. 阴阳五行学说

这是祖国医学应用自然界的阴阳变化规律和五种物质属性（即金木水火土）的变化规律来指导人们对人体的生理病理变化的取类比象方法的认识论和方法论，是《黄帝内经》的理论基础。《素问·阴阳应象大论》说："阴阳者，天地之道也，万物之纲纪，变化之父母，生杀之本始，神明之府也。"所以是以阴阳五行学说贯穿了《黄帝内经》全书。阴阳学说主要是反映人体的阴阳动态变化规律，也就是阴阳平衡观点。在临床上《黄帝内经》中强调了阴阳平衡观点，即"阴平阳秘，精神乃治"的含义。在我们治疗用药中应该时刻注意一个"平"字，即热者寒之，寒者热之，虚者补之，实者泻之，使失衡的病理状态变成平衡的生理状态。临床中有时碰到上热下寒，下热上寒，里热外寒，里寒外热等阴阳失调的症状时，我们可以选用不同的方法，如黄芪当归桂枝汤、金匮肾气丸、左归饮、右归饮、麻杏石甘汤、黄连泻心汤，都是我们调和阴阳的良方。

五行学说描写人体脏腑相生相克的变化规律。我们在临床上用金水六君煎治疗肾阴不足、水不养金的肺肾两虚的咳嗽。黛蛤散和丹栀逍遥散治疗木火刑金的肝肺火旺、肺气失宣的咳嗽。如脾肺两虚的咳嗽，用参苓白术散和沙参麦冬汤。

2. 运气学说

《黄帝内经》将五运六气结合起来，就成了运气学说。概述五运六气的篇目很多，如六元正纪大论篇、气交变大论篇、至真要大论篇、五运行大论篇、六微旨大论篇、五常政大论篇、天元纪大论篇、刺法论篇、本病论篇共九篇来反复表述运气学说的运行规律和人体生理病理变化的机制。五运即金运、木运、水运、火运、土运，这是根据五行，再配以天干，可以用于推算每年的岁运、主运和客运，来表述天地人变化的运行规律。六气就是风、寒、暑、湿、燥、火，六气上面，各配地支，用以表示每年的岁气、主气、客气与间气，来表述天地人中正气和邪气的变化。在用药的时候，如丙申之年，属山下火，乃火旺之年，热病多见，用药宜热者寒之，多以清凉为上，佐以酸苦，以酸收之，以苦发之，如热入阳明，发热汗出不退，以白虎汤清之，如热入厥阴、少阴，用犀角地黄汤清之。

3. 天人合一学说

《黄帝内经》云："夫上古圣人之教下也，皆谓之：虚邪贼风，避之有时，恬淡虚无，真气从之，精神内守，病安从来。""有真人者，提挈天地，把握阴阳，呼吸精气，独立守肺，肌肉若一，故能寿天地，无有终时，此其道生。""有至人者，淳德全道，和于阴阳，调于四时，去世离俗，积精全神，游行天地之间，视听八远之外，此盖益其寿命而强者，亦归真人。"这三句话说明了人的生活规律符合天地之间的变化规律就会身体健康，益寿延年。这就提出了古时的养身和健康观念。如果人们违背了天地自然的规律，就要生病衰老，乃至夭折。

4. 脏腑学说

《黄帝内经》充分阐述了五脏六腑的功能，生理病理以及脏腑之间的相生相克，相为表里的关系，以及根据脏腑的辨证结合药物的四气五味和功效进行治疗。如"肝者将军之官，谋虑出焉"。肝藏血，血虚者形瘦，面色不华，舌淡脉细；其志为怒，肝病容易急躁，发怒，甚至发狂；其藏相火，病致火逆而见面热目赤口苦等症；其开窍于目，血虚则目干且涩，视物模糊，肝热则目赤红肿；其主筋，血不养筋，为筋惕肉瞤。肝以酸味补之，以甘味缓之，以辛味舒之，以苦味清之。酸味以芍药、枸杞子、山萸肉等药，甘者有甘草、大枣、淮小麦等药，辛者如柴胡、青皮、香附等药，苦者如龙胆草、黄芩、山栀等药。怒则伤肝，发作时容易头晕目赤膝痛，宜用丹栀逍遥散，以调畅肝气，疏息肝火而平之。

5. 经络学说

《黄帝内经》记载人体气血运行，脏腑沟通，病机变化和经络辨证论治的相关理论。它记载了人体的十二经脉，奇经八脉。如手太阴肺经，肺朝八脉，肺主气，司呼吸，肺与大肠相表里。如临床碰到肺气不宣而致大便闭结者，用宣肺润肠之法，又叫提壶揭盖法。

6. 病因病机学说

病因有内因、外因，内因有七情，即喜、怒、忧、思、悲、恐、惊；外因有六淫，即风、寒、暑、湿、燥、火，还有不内外因等。如肝气郁怒，用疏肝解郁法，方用柴胡疏肝散、四逆散等。如外感风热，用辛凉解表的银翘散。如暑湿交阻，用藿香正气散等。病机者，疾病之机理，《黄帝内经》病机十九条对疾病的发生发展作了阐述。"诸风掉眩，皆属于肝。"诸风包括外风和内风，因风引起的头晕目眩等症状，这都是肝病引起的。肝属风木，风木摇动，肝风上扰，肝阳偏盛，就造成了头晕目眩等症状。"诸痛痒疮，皆属于心"就是说各种痛痒疮疖都是因为心血内热邪盛而造成皮肤的变化。

治疗应清心泻火，用三黄之品。

（二）《黄帝内经》病机十九条的临床浅谈

陈老师认为"病机十九条"的特点有 3 个，首先是对常见病证的病机做了提纲挈领式的概括；其次是解释了各种病因（外感与内伤）与相关症状之间的机理，揭示了疾病变化和疾病症状之间的内在联系；再次是对疾病进行了"定位""定性"，从而指导临床辨证论治，"定治疗"。

"病机十九条"是按五脏病机分类、按六淫病机分类、按上下病机分类。按五脏病机分：诸风掉眩，皆属于肝；诸寒收引，皆属于肾；诸气膹郁，皆属于肺；诸湿肿满，皆属于脾；诸痛痒疮，皆属于心。按六淫病机分：诸热瞀瘛，皆属于火；诸禁鼓慄，如丧神守，皆属于火；诸病胕肿，疼酸惊骇，皆属于火；诸逆冲上，皆属于火；诸躁狂越，皆属于火；诸胀腹大，皆属于热；诸病有声，鼓之如鼓，皆属于热；诸转反戾，水液浑浊皆属于热；诸呕吐酸，暴注下迫，皆属于热；诸暴强直，皆属于风；诸病水液，澄澈清冷，皆属于寒；诸痉项强，皆属于湿。按上下病机分：诸痿喘呕，皆属于上；诸厥固泄，皆属于下。

1. 诸风掉眩，皆属于肝

本条"诸"字，指多数而言，只能代表至真要大论篇的范围，即使扩大一点，也只能包括《素问》里面的一些论点，本条可解释为：凡有肢体动摇不定、头晕目眩之症，大多由风邪引起，因风而导致的震摇眩晕的症状，大都与肝有关系，是属于肝的病证。

条文大概可以理解为肝阴不足、肝阳上亢使肝风内动、上扰清阳而致眩晕。从症状（主证）上看：掉，摇也，指震颤动摇不定的病症。眩，旋转之意，指病人自觉头晕目眩。可以定性（病机）：风，一般认为有内外之分、虚实之分。结合临床实践，则当偏重于内风。内风属"虚风"为多，其中"实风"也属虚中之实。

虚风：肝肾亏虚、肝血不足、头目失养而致头晕目眩，血虚生风而致手足颤动。实风：肝郁化火而致头痛目赤，热极生风而致手足抽搐。可以定位（病机）：肢体动摇，头晕目眩的病症，属肝者居多。肝为风木，主疏泄、藏血，一旦气机失调或肝风、痰火上逆，冲于头目，就会导致风病发生。总之病机可归纳为："风"，系指内风，风者善动，其性属肝；肝主藏血，血虚生内风，肝风动则眩。从而定治则：揭示出震摇、眩晕一类病证可以从风、从肝论治。

总的治法可以理解为：补血养肝柔肝为主，佐以清肝平肝潜阳之法。在临床上可广泛用于震颤麻痹、多发性抽动症、梅尼埃综合征、高血压病、脑动脉硬化、椎－基底动脉供血不足、贫血、妇女月经病、产后眩晕等疾病的治疗。

当然，临床上"诸风掉眩"也不尽病于肝。临床肢体动摇，头晕目眩的病症，虽然属肝者居多，但亦非一"肝"字可尽赅之。仅眩晕一症而言，其中病机就相当复杂，既有虚证，也有实证，后世医家就有"无虚不作眩""无痰不作眩""无风不作眩""无瘀不作眩"之说。

2. 诸寒收引，皆属于肾

是指多因寒而出现的收缩拘急的症状，大多与肾有关，但此处寒可分为内寒和外寒，既指外受之寒邪，亦指阳虚阴盛之内寒。收引，即指形体拘急，关节屈伸不利的一类病症。

因人体正常关节活动要靠气血的濡养。《灵枢·本脏》中说："任脉者，所以行气血而营阴阳，濡筋骨而利关节也。"而《素问·阴阳应象大论》又说："肾生骨髓……其在天为寒，在地为水，在体为骨，在脏为肾"，所以寒邪侵袭经脉或肾阳虚衰，不能温煦经脉的时候，气血不畅，筋骨失养，关节不利，造成收引之病。因为肾而收引的应伴有形寒、肢冷，面色㿠白，二便清利。

3. 诸气膹郁，皆属于肺

气者，气机不利之病变也。气贵流通，最忌滞塞，流通则经络脏腑皆得畅然。升降失利，生机亦阻。肺居五脏之上，其位最高，主气司呼吸，其性肃降，故凡气机不利，呼吸迫促，胸满痞塞的病症，大都与肺有关。无论经络脏腑，既皆以为生，则气不得有滞，无论发生何病，气皆首当其冲，故诸气膹郁，皆属于肺。

总的来说可以理解为：多种气病出现喘急胸滞，呼吸迫促的病证，大都与肺有关系，因肺主气，司呼吸，其气宣发清肃而下行，如肺失清肃而上逆，则肺气壅盛而不舒，则出现喘，而胸中嘈闷，故此处"气"仅指肺部机能病变。

在临床上，喘而兼胸满的多属肺，但也有不属肺的，例如暴怒之后，发现呼吸喘急，胸部痞闷，那就是属于肝气上逆，而不是属于肺。如《丹溪心法·喘病》就有"七情之所感伤，饱食动作，脏气不和……脾肾俱虚、体弱之人，皆能发喘"之论，如此膹郁之气病，不得概责之于肺。

4. 诸湿肿满，皆属于脾

湿者，湿病也。肿满是指肢体浮肿，腹内胀满的病症。是指多种因湿而出现的浮肿、腹胀的病证，大多与脾有关，因人体内水湿的运行要

靠脾、肺、肾三脏来进行，其中脾是主要。因为脾本身不但主水运，同时还关系其他二脏的水运作用，如李士材所说"脾主运行，肺主化气，肾主五液，凡五气所化五液，悉属于肾，五液所行之气，悉属于肺，转输二脏，以制水生无，悉属于脾"，如果脾本身的水运作用和转输二脏的作用失调后，水湿不能运化，滞留体内，湿可伤脾，脾虚生湿，每多致中满、腹胀和水肿。

但不能把水肿、胀满的病症概责之于脾。这里要区别的是，湿邪会引起肿满，而肿满不一定由于湿。历代就水肿病而言，有属心论、属肝论、属肺论、属肾论。正如陈修园所说："此分晰五脏之水，以补《黄帝内经》所未备，使人寻到病根，察其致病之脏而治之。"如《素问·阴阳应象大论》之"热甚则肿"就不属于湿，当以治热为主。

5. 诸热瞀瘛，皆属于火

多种因热而致神智混乱，筋脉瘛疭的病症，大都与火有关，如在发热、恶热、温暑等热性病的壮热过程中，火邪伤及心神则神志不清。张景岳说"热邪伤神则瞀"，同时热性病火热之邪耗津伤精，伤及下焦肝肾，则见抽搐痉挛。

6. 诸痛痒疮，皆属于心

多种疼痛、瘙痒、疮疡的病证，大都与心有关，但本症是偏重于属火一类的某些皮肤病或痈肿而言，以此指导疮疡、皮肤科疾病的治疗，病机指向明确。

古代"疮"字，是泛指所有疮疡。心在五行属火，主血，其充在血脉，而为营血之本。若心火盛，郁于营血，血分有热，导致营血运行滞涩，则生疮疡，或痛或痒。正如张景岳所说："热甚则疮痛，热微则疮痒，心属火，其化热，故疮疡皆生于心也"临床上，痈、疗、疖、疹属火热而从心论治者，确实甚多。而兼痛痒的多属阳证，若不兼瘙痒的多属阴证。以上是一般的辨证方法，不是绝对的。

7. 诸厥固泄，皆属于下

多种厥逆，二便不通或失禁的病证，大都属于下焦。固，指二便不通；泄，谓前后失禁。下，下焦也，泛指下部肝、肾、膀胱等。

但厥有寒热之分，《素问·厥论》："阳气衰于下，则为寒厥；阴气衰于下，则为热厥"，这里的"下"字，指下焦而言，其意指下焦的阳气和阴气不足都能发生寒热之厥。

固泄属下，主要指肾的功能而言，《素问·金匮真言论》中指出："北

174

方黑色，入通于肾，开窍于二阴"，故肾的功能不正常，二便可发生固或者泄的现象。如肾阳虚衰的便秘，或气不化水，小便不利均为固。肾气不固或肾虚闭藏失职，造成小便失禁频数，或大便溏薄均为泄，但厥、固、泄诸疾，并不完全属下，或肺气不宣，或肺移热于大肠时造成小便不利或大便干燥，就不属于下而反属于上。如秦伯未说："二便不通，大便不通，有因胃家实者，有因血虚者，有因热秘者，有因冷结者，有因风秘者，有因津液亡失者，原因复杂，岂一下字所能尽；至若小便不通，有因肾水燥热者，有因气滞不利者，有因小肠热者，有因肺气闭者，亦岂一下字所能赅。"

8. 诸痿喘呕，皆属于上

多种痿证，喘逆、呕吐的病证，大都属于上焦，这里上焦指肺而言，因肺又有宣发输布精微于全身的机能，外而皮肤，内而五脏，故胃的本身，也是靠肺传布的精气以维持其正常功能。而胃与宗筋有关，《素问·痿论》说："阳明者，五脏六腑之海，主润宗筋，宗筋主束骨而利机关也"。如果肺热叶焦，肺的宣发输布水谷精气的功能遇到障碍，当然胃受影响，胃病不润宗筋，则宗筋失调而筋骨不束，机关不利，故发痿证，而肺居上部，所以说痿属上。喘属肺，呕属胃，但中焦变化必依上焦气化为之宣发运行，这种气化的运行是下焦肃降，即肺主肃降，如果气机不利，肺失清肃而上逆为喘，不能宣发五谷之精则呕，故云喘呕属上。

9. 诸禁鼓栗，如丧神守，皆属于火

多种口禁不开，鼓颔战栗，神志不安的病证，大都与火邪有关。本证是热邪不得达外，抑郁化火向内传所致。如湿热病，火邪内攻的前期，往往有恶寒战栗，口噤鼓颔，惶恐不安，继而神志朦胧，甚或昏迷。

10. 诸痉项强，皆属于湿

多种痉病，颈项强直的病证，大都与湿有关。此处之湿为湿热之邪，伤其筋脉，筋脉失其所养而致的强直之证，如《温热经纬·薛生白湿热病》中"湿热证，三、四日即口噤，四肢牵引拘急，甚则角弓反张，此湿热侵入经络脉隧中"，但痉症的原因很多，仅就十九条内，就有属湿、属热、属风的不同，又如风寒中于太阳可成痉，风病误下成痉，疮家汗后成痉等。因此，本条强调了湿邪致痉病，只是各种发痉原因之一。

11. 诸逆冲上，皆属于火

多种气逆上冲的病证，大都与火邪有关。因火邪炎上而致呕、哕、咳等。张景岳说："火性炎上，故诸逆冲上，皆属于火"，但不是所有冲逆皆属于火，

若呕逆而伴有便秘、口唇干燥等现象，则因火而冲逆；若久病胃虚的呕逆，而伴有脉沉息微、呃声低微，属于虚寒之证，则并非火邪所致；再如呕吐，同样也有寒热之分，陈修园说："阳盛之呕吐，多是声色俱厉"。此为火逆之邪所致，但还有寒邪造成呕。

12. 诸胀腹大，皆属于热

多种胀满腹大的病证，大都与热邪有关。如《灵枢·本神》中说"实则腹胀，泾溲不利"，《素问·脉要精微论》中"胃脉实则胀"都属于此类，所以本条一般见于嗜食肥甘，湿热郁结于中而致腹满病证，但腹大胀满，并不完全属热，如《素问·异法方宜论》说"脏寒生满病"。故因热而胀，是各种腹胀原因的一种，不能以偏概全。

13. 诸躁狂越，皆属于火

多种躁动不安，狂乱失常的病证，大都与火邪有关。而烦躁狂越一般有两种病因，一为热势由轻转至邪郁化火，形成烦躁不安；一为五志郁结，煽动疬火，疬火互结，心窍被蒙，可以发现无热而狂躁的症状。刘河间指出"热盛于外，则肢体躁扰，热盛于内，则神志躁动"。总之，不外火邪亢盛所致，但必须指出躁有些属阴证，例如"欲坐井中，但欲饮水，不欲入口"此症在人体阴阳机转来说是阴盛格阳，在病候判断上，是真寒假热，而不属于火。

14. 诸暴强直，皆属于风

突然发生的强直疾病，大都与风邪有关。但风有内外之分，一般内风强直一证，多由肝气、肝阳逐渐发展所致，故发病过程较外风强直为缓；外风所致的强直，病理过程较急，所谓"风者，善行数变"是也。因风能生木，肝属木，内含肝脏，正如《素问·阴阳应象大论》："东方生风，风生木……在体为筋，在脏为肝。"所以风邪伤人后，轻者为风湿，中风，重者导致肝风内动，而致强直。

15. 诸病有声，鼓之如鼓，皆属于热

有声，指腹胀而兼肠鸣；鼓之如鼓，指多种胀鸣有声，叩之如鼓的病证。热，即指腹胀满叩击如鼓声大都与热邪有关。因饮食过饱或食肥甘失节引起积热壅滞而致腹胀如鼓，多为热邪滞里，胃肠气机阻塞，传化不利，乃致腹胀肠鸣，叩之有声，虽有属于热者，但证之临床，又不尽皆是热之所然。《医宗金鉴·儿科疳积病》："乳食过饱，或因肥甘失节，停滞中脘，传化迟滞，肠胃渐伤，则生积热"，但是单凭一个腹胀如鼓还不能肯定它是属于热，一般伴有腹痛，大便不畅，矢气恶臭，辨证也有属于寒的，如《灵枢·水胀》中说："寒气客于皮肤之间，空空然不坚，腹大身尽肿，皮厚"，因此在临床上，不得把鼓之如鼓的病，都诊为热邪所致。

16. 诸病胕肿，疼酸惊骇，皆属于火

多种足肿（浮肿）疼痛酸楚，惊骇不安的病证，大都与火邪有关。但火邪所引起的全身浮肿和酸痛、惊骇很少同时出现，即便单独全身浮肿临床上也少见。所以本条是指火郁化毒引起的足部红肿热痛、惊骇疾病，即湿毒流火一类之疾病。如《医宗金鉴·外科心法要诀》记载："红肿如云，游走不定，疼如火烘，由火邪内蕴，外受风邪所致"，正和本条经文论述相近。

17. 诸转反戾，水液浑浊，皆属于热

多种转侧不利，背反张以及身曲不能直立，排出水液浑浊的病证，大都与热邪有关。是因燥热伤津，筋失所养所致，但必兼其他热象，所以本条之水液浑浊，是因为热邪内扰而致小便赤黄短少，显有灼热之感。

但水液浑浊也不完全属热，例如小儿伤食，往往小便混浊如米泔。《灵枢·口问》中说："中气不足，溲便为之受"，所以临床上有用补中益气汤治愈小便混浊的，这都不属于热。

18. 诸病水液，澄澈清冷，皆属于寒

多种排泄水液稀薄清冷的病证，大都与寒邪有关。此症的出现，包括寒邪和虚寒所引起。如外感风寒，寒饮内停，肺气失宣，喘咳痰稀；另外脾阳不足，或肾阳衰微，下利清谷，李士材指出："中寒糟粕不化，色如鸭粪，澄澈清冷，小便清长"。前者可采用温肺化饮之小青龙汤；后者脾阳不足，可用温补脾阳之附子理中汤。肾阳衰微，可用温补命门之火之四神丸；都有一定实际意义。

19. 诸呕吐酸，暴注下迫，皆属于热

暴注，突发腹泻，势如喷射之谓。下迫，欲下不得，所谓里急后重是也。多种呕吐酸水或突然发生的泻下，同时伴有里急后重的病证，大都与热邪有关。

此呕吐吞酸，是因肝郁化热，横逆犯胃引起。暴注下迫，多为热邪所引起，但主要是因湿热之邪滞于大肠所致。但吞酸呕吐、暴注下迫两者即可以同时出现，但也可以分别出现。暴注下迫一般多是属热，而呕吐酸水则不完全属热。如李东垣指出："呕吐酸水……以大辛热剂疗之必减"。这是属寒的，因兼有舌苔白厚，脉沉迟，呕吐物清冷酸腐等现象。

"病机十九条"与临床关系密切。涉及不同病邪及脏腑，对临床治疗很有指导意义。

（三）《黄帝内经》天癸理论在妇科临床中的运用

陈老师常说，天癸理论是《黄帝内经》对人体的生长发育衰老和生殖功能变化的高度概括。天癸为肾藏之生殖之精，它在人一生中的生长、发育、生殖、衰老等活动中起着关键的作用。妇科临床中，常通过补肾、健脾、疏肝、调冲任来调治天癸所致的月经不调，进而疗妇人疾。

天癸最早见于《素问·上古天真论》："女子二七而天癸至，任脉通，太冲脉盛，月事以时下，故有子。七七任脉虚，太冲脉衰少，天癸竭，地道不通，故形坏而无子也。" 后各家学说，公认天癸为肾藏之生殖之精，具有促进人体生长发育和生殖功能作用；当人体衰老，天癸亦随着肾中精气的逐渐虚衰而竭止，尤其对妇女月经和孕育方面具有重要的作用，临床上很多生殖系统疾病都是天癸异常的表现。

陈木扇女科对于天癸认识的代表作《陈素庵妇科补解·天癸总论》："癸，北方之水。足太阳膀胱属壬，足少阴肾属癸。七岁肾气盛，二七即天癸至，是天癸乃肾水也"，观下文三七则曰"肾气均平"，七七则曰"天癸竭可知也……"天癸源于先天，藏于肾，又需受后天水谷精微的滋养，女性在肾气充盛后，天癸逐渐成熟，任通冲盛，月事以时下，才能有正常经、孕、产、乳的生理功能。具体认识如下。

1. 天癸源于肾，补肾可调天癸

天癸在肾气旺盛，肾中真阴不断充实下才能逐渐发育成熟，到一定阶段（青春期）使人体具有化生月经的功能。同时肾主水，主藏泻，调节无形之癸水。通过天癸的产生和藏泻的调节作用，藏使之满而能泻，泻后空虚才能受盛，它们相互转化形成了月经周期的节律。可见天癸在月经周期的形成和调节中起着关键的作用。若天癸失调则冲任失司，易导致月经不调如月经后期甚至闭经，多囊卵巢综合征、功能失调性子宫出血、卵巢早衰等疾病。陈老师认为天癸致病以不足为主；对天癸不足的月经不调当通过补肾以调其天癸，临床常以二至丸、左归饮补肾阴，以二仙汤、右归饮补肾阳。

2. 脾胃滋养天癸，健脾补益天癸

脾胃为气血生化之源，脾胃功能的强弱对天癸有着重大影响。脾胃化生气血，气血化生肾中阴精，肾精又化生天癸，所以说天癸的化生之源乃为脾胃。天癸乃先天肾精所化，先天肾气的盛衰也依赖于后天水谷精微化生的气血充盈，天癸的至与竭，虽由肾气盛衰主导，但其在后天的发育，有赖后天水谷精微之气血滋养。脾与胃同居中焦，互为表里，脾气健运，胃腐熟水谷精微的功能正常，气血旺盛，血海充盈，可使天癸得后天滋养，月经才能如期而至。陈老师认为，若脾胃虚弱，气血不足，经脉失养，则易导致月经不调、崩漏、胎漏等。因此天癸不足可通过健脾胃、补气血来调整，以使月经正常。临床常以四君子汤补气、四物汤养血、八珍汤气血双补。

3. 肝气调达天癸，疏肝可调天癸

天癸的盛衰虽然由肾所主，但与肝也有着密切联系。天癸泄溢有赖于肝气疏泄调达。肝为疏泄和藏血之脏，冲任之脉皆汇于肝，故叶天士有"女子以肝为先天"之说。肾中生殖之精依赖肝血化生之精来补充，肝气调达、肝血充足不仅能滋生肾精以养天癸，还可令气机调畅以运脾胃。气血调和可使天癸得到不断充盛，冲任得养。肝藏血，肾藏精，精血互生，乙癸同源，协调平衡，共同维持天癸系统的正常功能，使月经正常。若肝血亏虚，天癸减少，则其生殖机能减退。所以肝与天癸有密切关系。疏肝养肝、肝肾同补也是调天癸的治法之一。陈老师认为，情志不畅、天癸失调，宜疏肝养肝、调畅气机为主。同时，保持良好的心态，使肝气条达，疏泄有时，发挥肝在维持天癸泄溢，维持脏腑之间、经络气血之间的协调作用，这在妇科疾病的治疗中是很关键的。临床常以柴胡疏肝散、逍遥散等方剂疏肝以调天癸。

4. 天癸旺冲任盛，冲任调养天癸

天癸至、冲任通盛是月经正常形成的基本因素。先天之元气与后天水谷之精气皆会于冲脉，冲脉为"十二经脉之海""血海"，任脉为"阴脉之海"，冲任二脉皆起于胞中，此皆血之所从生，而胎之所由系。天癸至，则冲任二脉气血流通，并逐渐充盛，注于胞宫而成为月经。从天癸至到任通冲盛，从天癸竭到任虚冲衰，都说明是天癸的盛衰决定着冲任二脉的通盛与否。肾中精气推动天癸之至，天癸又是冲任二脉发挥主血海、系胞胎的物质基础。天癸为病则冲任也受损伤，冲任本身为病，也能影响天癸功能的正常实施。天癸通过冲任二脉及与其他经脉的联系达至四肢百骸、五脏六腑，从而使其作用于全身。天癸对人体生长、发育及生殖机能影响主要是通过冲任二脉来发挥作用的，冲任的作用是在天癸的作用下实现的。陈老师认为调补天癸可以旺冲任，调补冲任又可以使天癸发挥其正常功能。冲任亏虚，胞宫失养，天癸不足或将竭，可导致月经失调、围绝经期综合征、卵巢早衰等，临床常以补肾调冲任补奇经为法。通过滋阴补肾，填补精髓，滋养天癸使任脉通、冲脉盛，月经失调好转。临床常用左归丸滋肾填精、阳中求阴，以八珍汤调补

气血，以苁蓉、杜仲、巴戟肉、附子入冲脉，紫河车入任脉，使精血充盛，血海满盈，化为经血，月事以时下。

系统的性周期发育，一方面来源于先天肾气，另一方面来源于后天脾胃化生的水谷精微的供养，脾胃又为气血生化之源，肝为冲脉之本，肝肾同源，肾气充实，天癸成熟，冲任二脉的通盛，各个环节相互协调，紧密联系，才能保证妇女生长发育和生殖功能的正常。

天癸致病在妇科主要表现为生理生殖机能障碍，临床上常见的如月经不调、闭经、崩漏、围绝经期综合征、多囊卵巢综合征、卵巢早衰等，多以天癸不足的形式出现，而天癸不足与肾、肝、脾、胃功能失调及气血虚弱、冲任亏损多互相联系，所以临床上常通过补肾养肝、健脾和胃、补益气血、调理冲任来治疗天癸不足引起的生殖机能障碍，有较好的临床疗效。

二、《陈素庵妇科补解》调经特色

《陈素庵妇科补解》系南宋名医陈沂所著，其19世裔孙陈文昭将原书妇科部分修订成《陈素庵妇科补解》，书中分列调经门、安胎门、胎前杂症门、临产门以及产后众疾门共五卷，总共一百六十七论。尤其将调经门列为开卷之篇，且说："妇人诸病，多由经水不调。调经然后可以孕子，然后可以却疾，故以调经为首，序于安胎，保产之前。"后世妇科医籍，多以此编列。书中陈氏对月经病的认识及分类颇多创新，提出"治妇人之病，总以调经为第一""因病而月经不调者，当先治病，病去经自调；经不行而后病者，当先调经，经调病自愈"等理论至今还指导着临床，其学术思想素为后世医家所推崇。

陈老师就书中"调经门"卷月经病的诊疗观点结合自己的临床分析阐述如下。

（一）陈氏对月经病的认识

陈氏对月经的认识，顺应《素问》的理论："女子七岁，肾气盛……二七而天癸至，任脉通，太冲脉盛，月事以时下，故有子"，认为月经的形成"必天癸至、然后任脉通和太冲脉盛，然后月事以时下。"

陈氏认为"癸，北方之水。足太阳膀胱属壬，足少阴肾属癸。""二七即天癸至，是天癸乃肾水也。"天癸源于先天，藏于肾，女性在肾气充盛后，天癸逐渐成熟；任主胞脉，任脉之气通，才能促使胞宫有行；冲为血海，起于胞中，与十二经相通，为十二经气血会聚之所，冲脉之精血充盛，方能灌溉全身气血运行的要冲；"冲为血海，谓十二经脉之海，诸经之血皆会于此。""冲脉之盛，由于各经之血一并灌注。冲脉之衰，由于各经之血日渐损耗，不能聚于血海也"。任通冲盛，才能使胞宫有正常的经、孕、产、乳的生理功能。反之，凡是影响到天癸及冲任二脉的因素均可引起月经不调。

对月经病的病因，陈氏在书中也做了详细的论述，"妇人诸疾由于经水不调论"中曰："经水不调，有内因、外因、有内外因。经行时，或大小产后，为风寒湿热乘虚外袭，致成癥瘕痞块等症，是为外因。惊恐恼怒，忧郁不解，或恣食生冷炙煿，及一切伤脾之物，以致停痰积聚，浮沫顽涎里聚瘀血，亦成痞满积聚诸症，是属内因。更有始因六淫盛袭，兼受七情郁结，内外交伤，饮食日减，肌肉渐消，面黄发落，甚至潮热骨蒸，月水经年累月不至，名曰'血枯'"。把妇女月经不调的病因归纳为由外感六淫、七情内伤、内外交伤等各种因素影响所致，明确了直接导致月经不调的病因。

（二）陈氏月经病诊治特色

1. 养血为主，行气为先

陈氏调经，最重养血，擅于理气，灵活运用行气养血以调经。认为女子以血为主，血是月经的物质基础，月经为血所化，经、孕、产、乳均以血为用。同时认为，"气乃为阳，主动；血乃为阴，主静。阴从阳以升降，血随气之流通。""女子经血宜行，一毫不可壅滞"，气为血帅，血随气行，气血互相生化，气行则血行，气滞则血瘀，均可致病，影响经行。故"调经必以行气为先也"，明确提出了行气养血的必要性。在全书"调经门"篇的 54 首调经方中，陈氏以四物汤加减化裁养血调经的占 37 首，同时方中皆气药血药共用，养血以行气，气行则血行，达到气血同调、气血平衡之效。

书中还记载了许多行气养血的临床具体应用，"妇人经水不调，多因气郁所致。治宜开郁行气，则血随气行，自不致阻塞作痛。当用香附、肉桂、木香、乌药，辛温行气以开之。""经欲来而腹痛者，气滞也，法当行气和血，宜调气饮""经正来而腹痛者，血滞也。法当行血和气。宜服大玄胡索散""经行后腹痛者，是气血两虚也。法当大补气血""病经闭而方中全用气药者，何也？病之本在气不在血。但调其气，血自通。……气药多，则血药亦从而入气分，即此之谓也。"这种治血以调气，治气以养血，二者主次不同，气

浙江中医临床名家·陈学奇

血并治而有侧重的治疗法则，是陈氏对气血学说的一大阐发。"调经宜和气"，阐述了于养血中加行气药调经的重要性，体现出陈氏治疗月经病的一大特色，为后世医家调经之法提供了良好的理论依据。

2. 辨证调经，治重"通""补"

陈氏辨证调经颇有特色，认为"有虚有实，有热有寒，有湿痰，宜分别主治"。体现在各方论中：如经前经期腹痛属实，宜行气和血；经后腹痛属虚，宜补气养血。经水先期属热，当清热凉血；经水后期属虚，当补脾胃；经水乍多乍少，多则血必热，少则血有滞。经水不通属外邪风冷乘虚外入，宜辛温之剂以逐寒邪。经水不通有属积痰者，大率脾气虚，土不能治水，水谷不化精，生痰不生血……宜导痰行血。在经血辨色方论中根据不同的经色，区分血热兼风、热极、血虚、气虚、湿痰兼脾虚等不同的病因，然后审因论治。在经血成块方论中根据不同的血块，区分血滞、血热兼风、血热有伏火、湿痰裹血、风冷客胞门致血凝聚等不同的病因，当审因而佐治之。陈氏这种辨证调经的学术思想对临床月经病的诊治具有一定指导意义。

在调经治疗上，明确提出了辨证调经二大法——"通""补"为调，治法简单明了，易于掌握。总论曰："当经之来也，外为六淫所侵，内为七情所伤，则壅滞而不行，乍多乍少，或前或后，或淋或闭，变病百出，或症属有余而宜通，或症属不足而宜补。通者，去其闭塞渗漬之瘀，使新血不与旧血相搏而致病。补者，开其郁结，培其脾胃，使新血渐生，不致有枯闭，故曰'调'也"，为月经病的辨证论治指明了方向。如将"经水不通"分为血瘀、外邪风冷、痰滞、七情郁结等"有余"；脾胃虚弱、二阳之病、血枯、肾虚津竭等"不足"，再分别掌握"实者通之，虚者补之"的根本原则调经。

值得注意的是，陈氏非常强调"通"经的"度"，指出"经闭而断绝不来则宜通。经来或先或后，或多或少，适来适断，则宜调。滞久则闭，通则行其滞也。不和则有过，不及。调者，使之和，而无过不及也"。陈氏调经勿以通为快，避免采用峻厉克伐之药，恣行通利，而是强调温和调理为通。

3. 重视脾胃，运脾为法

脾胃乃气血生化之源，补解调经门中调脾胃者处处可见，如调经与通经不同论："至于血枯经闭，全由七情郁结，脾胃衰弱所致。……治之大法，惟有补脾生血，清心养志，加行气开结"；经水后期方论："妇人经水后期而至者，血虚也。此由脾胃衰弱，饮食减少，不能生血所致。当补脾胃，以滋生化之源"；经行后腹痛方论曰："妇人经行后腹痛者，是气血两虚也。

法当大补气血，以固脾胃为主……"；经水不通有痰滞方论："大率脾气虚，土不能治水，水谷不化精，生痰不生血"；经行泄泻方论："经正行忽病泄泻，乃脾虚"在调经门处方中，以补气药为君者有十余首，如补中汤、三才大补丸、十诊汤、补脾饮、二术丸、回天大补丸、参术散等，均以补气健脾为主药，人参、黄芪、白术、茯苓等为常用药，在调经用药宜忌上还专门提醒大家："不得过用寒凉，先伤胃气"。总之，陈氏调经尤重顾护脾胃。

陈氏喜用运脾之法顾护脾胃，有温阳助运、理气助运、化湿助运等。如经水后期方论："欲补脾健胃，必先补命门之火，使之熏蒸水谷。"对脾阳虚弱的月经病，常以补骨脂、艾叶、小茴香等补肾阳暖脾土以运之；对脾气虚弱的月经病，在补气健脾的同时，加香附、木香、乌药等行气之品运脾，使补中寓运、补而不腻；对脾湿内阻的月经病，在健脾中注重化湿运脾，加二陈汤、苍术等祛湿醒脾以运脾，如经行兼带下方论："此由脾虚兼湿痰，治当补脾祛湿，则带自止。"许多方论中自始至终体现了脾胃为后天之本这一思想。

4. 用药平和，重视炮制

陈氏调经的处方多以四君子汤、四物汤、柴胡疏肝散、红花桃仁煎等药性平和的常用方加减，治疗用药以"和"为贵。用药首先强调顾护正气，切勿因急于调经，而过用大辛大热、大苦大寒、破气散气之峻药，反生它病。如调经不宜过用寒凉药论："妇人月水不通，有因火盛致经不行者……但不得过用寒凉，先伤胃气，复阻经血，细审治之"；如痛经属热证者，用药过寒，也易寒凝血瘀，疼痛加剧；崩漏属热者，用药过寒，则淋漓不尽；如调经不宜过用大辛热药论："妇女月水不通，大率因风冷寒湿，以致血滞不行。……然辛热之药，中病即已，不宜过剂，恐血热妄行，有崩败暴下诸症，反伤阴血"，指出若尽用姜、桂、乌、附等大辛大热药，未免过伤阴血，再加红花、桃仁、延胡索、莪术、三棱等峻厉驱逐之剂，将"上为吐衄，下为奔败，不可救药"，体现了"调者，使之和，而无过不及也"的调经特色。

陈氏用药的另一大特点是重视药物加工炮制，最典型的是香附有八制之法。香附能行气开郁，为血中之气药，堪称妇科第一要药，但其性辛而暴，用之不当，反伤阴血。经过八制：泔酒醋便、杜仲汁、红花汁、川连汁、半夏汁，经一番浸炒之后，使香附暴烈之性变为纯良；又如大黄以酒炒，即可缓解其苦寒之性，又可增加其行血之力。陈氏还常根据不同病情选用合适的炮制方法，如对脾胃虚弱血虚者，白术、熟地用姜汁炒，增加了白术益气健

脾的作用，又减轻了熟地碍胃的作用，使其补而不腻；如治血崩之黑蒲黄散，多药炒或炒炭，蒲黄炭、炒阿胶、炒生地、荆芥炭、地榆炭、醋炒香附、棕榈炭、血余炭等，滋阴药用炭，使其补而不腻；化瘀药用炭，祛瘀而不伤血；寒凉药用炭，清热而不留瘀；辛温药用炭，温经止血而不动血。炒炭存性，既可达清热止血之效，又符合崩漏病机之需要；既留其原有药性，又除其寒温之弊端。陈氏对药物进行炮制而增强药效、调和药性，有其独到之处，值得借鉴。

总之，《陈素庵妇科补解》不失为一本妇科名著。陈氏对月经病的诊治，根据月经病的生理病理特点处方用药，精于辨证，擅调气血、重视脾胃、通补兼行的调经方法和精于炮制的用药特点等，至今仍指导着妇科临床，有着不可忽视的临床价值，值得我们进一步研究。

三、《傅青主女科》有关条文临证探析

傅青主先生，是明末清初中医的杰出代表人物，不但对女科，对中医其他专科都有独到的建树。他不仅有"医圣"之称，且精通史学、文学、诗词、歌赋、书画、武术，贯有"海学"之誉，而且在每个领域都有不菲的造诣。《傅青主女科》是傅氏的代表作之一，专为女科所著，书中分为带下血崩、调经种子、胎前产后等篇章，立论言简意赅，辨证准确，遣方用药精炼，效若桴鼓，其理法方药值得研究，实为临床后学之皋圭。陈学奇老师对书中"血崩""产后编""带下"部分内容做以下浅析。

（一）血崩

1. 血崩昏暗

【原文】妇人有一时血崩，两目黑暗，昏晕在地，不省人事者，人莫不谓火盛动血也。然此火非实火，乃虚火耳。……是止崩之药，不可独用，必须于补阴之中行止崩之法，方用固本止崩汤。

【临证探析】傅氏对血崩的理解为虚火扰动所致，宗《黄帝内经》"阴虚阳搏谓之崩"的理论。傅氏治疗血崩组方精妙之处不在于使用大剂量的止血药物，而是重在运用补血之法，在方中重用熟地滋阴补血，釜底抽薪以息虚火，同时急补无形之气。傅氏认为，如果单纯使用补气之药而不补血，则有形之血，恐不能遽生，而无形之气，必且至尽散。固本止崩汤，具有益气固本，养血止血之效，不但用于气虚，所有急性崩症，血去多，气欲脱者，皆宜速投之。

对于暴崩，当以气血双补而固阴阳，方能使已去之血得以速生，离经之血得以固摄。这是"阴中求阳，阳中求阴，孤阴不生，独阳不长"之理论的完美体现。妇科临床上，凡脾虚、气血不足所致月经不调、崩漏、胎漏、滑胎、恶露不绝等皆可用也。多用于排卵功能失调性异常子宫出血时间较长或出血量较多者，或产后子宫收缩不良引起的出血。

2. 年老血崩

【原文】妇人有年老血崩者，其症亦与前血崩昏暗者同，人以为老妇之虚耳，谁知是不慎房帏之故乎！……方用加减当归补血汤。

【临证探析】老年血崩乃肝肾阴虚而致相火偏旺，热扰冲任所致，且"七七"之外，肾精肾气匮乏，又为房事所伤，以致出血不止，方用加减当归补血汤治疗。方中重当归养血生血，以桑叶清火凉血来澄源，而三七又为治崩之圣药，使其药到血止之良效。更可贵是药后重用熟地，以滋补肾阴，山药、白术与熟地脾肾双补而固本，加减当归补血汤组方体现了"塞流、澄源、复旧"的治疗思想，临床疗效显著。当然，临床上如遇本症，还必须结合妇科检查，明确诊断，以排除恶性病变。

3. 少妇血崩

【原文】有少妇甫娠三月，即便血崩，而胎亦随堕……方用固气汤。

【临证探析】此所论少妇血崩，实际为妊娠出血，按照现代中医妇科学对疾病的分类，此已不属崩漏的范畴，常归为胎漏，与现代医学的早期妊娠出血相关。临床中辨证属虚的崩漏，固气汤以八珍汤为基础，加杜仲、萸肉以补肾，五味子、远志以宁心安神，组成了益气养血、补肾安胎的良方，使胎气得固，胎脉得宁而止血。此方见血不止血而血自止，为治病求本之典范。

4. 交感出血

【原文】妇人有一交合则流血不止者，虽不至于血崩之甚，而终年累月不得愈，未免血气两伤，久则恐有血枯经闭之忧。……方用引精止血汤。

【临证探析】交感出血，系指经期行房而致崩漏。此为相火偏旺灼伤脉络，经血留滞冲任胞宫而淋漓不尽。方用引经止血汤，乃扶正祛邪，益气养血，固摄冲任，清泻相火，引邪外达而止血。现代医学多见于子宫颈糜烂或慢性生殖器官炎症，如子宫内膜炎及子宫黏膜下肌瘤脱出宫颈口外等。存在这些病症时，若房事不节，甚至经期交合，则易致出血发生，且延续多日血出不止。临床应结合现代医学检查方法，如宫颈 TCT、HPV、阴道镜等检查查明原因，针对病因，或采用内服，或外治，甚至可用手术方法根治为好。而傅氏提出

的预防之言："宜寡欲"，实为临床所应遵从。

5. 郁结血崩

【原文】妇人有怀抱甚郁，口干舌渴，呕吐吞酸，而血下崩者，人皆以火治之，时而效，时而不效，其故何也？是不识为肝气之郁结也。……方用平肝开郁止血汤。

【临证探析】这类血崩临床较为多见，傅氏主要责之肝气郁结，郁久化火，热迫血行。肝主藏血，体阴而用阳，性喜条达而恶抑郁。肝气郁逆则血不能藏而致崩漏。故其症虽有热象，但必有肝经郁热之候。患者多有乳房胀痛、脘腹胀闷等症状，当清肝解郁才可。方中凉血止血、开郁平肝并用。不知凉肝开郁，如傅氏所言"时而效，时而不效"。此方平肝开郁止血，真乃神来之笔，非平肝无以凉血，非开郁无以藏血，可谓融"塞流、澄源、复旧"于一方。

在临床上，凡血热所致崩漏，当仔细辨证，以区分是阴虚血热，还是阳盛血热，或是肝郁血热，还可有湿热证型等，辨证施治才能获效，治郁结血崩主张平肝开郁。

6. 闪跌血崩

【原文】妇人有升高坠落，或闪挫受伤，以致恶血下流，有如血崩之状者，若以崩治，非徒无益而又害之也。……方用逐瘀止血汤。

【临证探析】傅氏在闪跌血崩中明确指出是因碰撞或闪跌而引起的阴道出血，这类阴道出血不属于崩漏的范畴，有明确的病因即"碰撞"或"闪跌"等外力损伤，离经之血久而成瘀，现在临床常见的如置节育环后不规则阴道出血。方中以活血化瘀为治疗要法，令瘀血化、脉络通，血能归经而止血。临诊遇此类患者，还当做详细的妇科检查，以明确是否有生殖道及子宫的创伤，如有就应当给以及时缝合伤口，以减少出血，迅速起到止血效果。

7. 血海太热血崩

【原文】妇人有每行人道，经水即来，一如血崩，人以为胞胎有伤，触之以动其血也，谁知是子宫血海因太热而不固乎！……方用清海丸。

【临证探析】此所论述的血崩症与"交感出血"的区别在于，后者出血量不一定多，故在病机上两者就有区别。交感出血为经行合房，劳伤冲任，败血内阻，瘀血不去，新血不生，而致淋漓不止；本病是热伏血海、君相火旺，热扰冲任，血海沸腾所致，方药以清血海之热为主，方中重用凉血之品，清火不留瘀。结合临床表现，此类情况似月经先期伴经量过多，而傅氏在文中也直呼为经水即来。因而诊治时在排除某些生殖器的器质性病变后，可按月经不调辨证论治。

（二）产后编

1. 产后总论

【原文】凡病起于血气之衰，脾胃之虚，而产后尤甚。是以丹溪先生论产后，必大补气血为先，虽有他症，以末治之，斯言尽治产之大旨。若能扩充立方，则治产可无过矣，夫产后忧、惊、劳、倦，气血暴虚，诸症乘虚易入，如有气毋专耗散，有食毋专消导；热不可用芩、连，寒不可用桂、附；寒则血块停滞，热则新血崩流。至若中虚外感，见三阳表证之多，似可汗也，在产后而用麻黄，则重竭其阳；见三阴里症之多，似可下也，在产后而用承气，则重亡阴血。……故治产当遵丹溪而固本，服法宜效太仆以频加。凡负生死之重寄，须着意于极危。

【临证探析】 傅氏产后总论篇概括了产后病"多虚多瘀"的发病特点。对产后病的论治既宗前人之法，又有独到见解。治产后诸病，首先宗丹溪以大补气血为先，皆以补益为其大法，同时兼顾祛邪，活血化瘀。擅用以温补立法为主的生化汤化裁加减治疗产后诸症，补虚不留瘀，祛瘀不忘虚，这为后世医家论治产后病提供了重要的理论依据。

妇人产后百脉空虚，亡血伤津，不任峻剂攻伐，故用药贵在和平，傅氏持"重产轻邪"的态度，对待产后患者主张治本为主，兼顾其标；分清主次缓急，冀其正复邪除。如对妇人产后感外邪，傅氏治疗强调"如有气毋专耗散，有食毋专消导；热不可用芩、连，寒不可用桂、附；"告诫我们，产后选方用药必先照顾气血，补其气血之不足，扶正固本，然后再用行气、消导、清热、祛寒等治标之法祛邪外出，方可达到本固邪祛、扶正祛邪、标本兼治的目的。亦即开郁无过耗散，消导必兼扶脾，清热不宜过用寒凉，祛寒不宜过用温燥之意。提出了产后用药必须注意三禁，即禁汗、禁下、禁利小便。产后气血俱虚，虽有表证，过汗必致汗脱，即或便难，强用下法，则重伤其阴，元气必脱。同时注意用药和缓，慎用破血、攻瘀之峻品（如苏木、莪术等）；还针对临床中产妇以急证为多见，在具体用药方面取用平和，在服法上采用频服法，以救急危之证。此皆属治疗产后病的经验之谈。

最后傅山先生还对医德提出了忠告："凡负生死之重寄，须着意于极危；

欲救俯仰之无亏，用存心于爱物"，难能可贵。

2. 新产治法

【原文】生化汤先连进二服。若胎前素弱妇人，见危症热症堕胎，不可拘帖数，服至病退乃止。……此方处置万全，必无一失。世以四物汤治产，地黄性寒滞血，芍药微酸无补，伐伤生气，误甚。

【临证探析】产后多虚多瘀，傅氏对新产后病人的预防和治疗都以生化汤为圣药，推崇备至。对产时血崩、气促的重症，重视气血及其相生互用的关系，喜用人参"急补其气以生血"而大补脾气，加生化汤行中有补，有化旧生新之妙。同时，提出了以四物汤治疗产后病会贻误治疗，因地黄性寒，芍药酸敛，易使寒凝血滞。经现代药理学研究证实，生化汤有增强子宫收缩、抗血栓、抗贫血、抗炎及镇痛作用，现在临床上生化汤及其化裁方是治疗产后病的主方，这为后世医家论治产后病提供了重要的理论依据。

3. 产后用药十误

【原文】一因气不舒而误用耗气顺气等药，反增饱闷……二因伤气而误用消导，反损胃气……三因身热而误用寒凉，必致损胃增热……四因日内未曾服生化汤……五毋用地黄以滞恶露。六毋用枳壳、牛膝、枳实以消块。七便秘毋用大黄、芒硝。八毋用苏木、棱、蓬以行块，芍药能伐气，不可用。九毋用山楂汤以攻块定痛，而反损新血。十毋轻服济坤丹以下胎下胞。产后危疾诸症，当频服生化汤……

【临证探析】傅氏根据妇女产后多虚、多瘀、多寒的生理特点，在文中强调了产妇用药十条禁忌。产后多虚，宜补勿攻；产后身热、食积、便秘、气不舒等症大抵因虚而致，切不可妄投寒凉、消导、峻下、耗气之品，犯虚虚实实之戒，以致产后新血受损，虚更虚，实更实。如对产后气郁不舒者，用药多以平和之陈皮，禁用枳实、厚朴，以防耗气伤气；食积消导，禁用枳壳、大黄、三棱、莪术、厚朴过于消导；产后大便秘结，禁用大黄、芒硝，防攻伐太过。产后多瘀，宜化勿破；禁用枳壳、枳实、牛膝、苏木、三棱、莪术、芍药之类散血、破血、伐气之剂使气血尽耗，山楂虽性缓，亦不可擅用以伤新血；虽然产后多虚，在治疗上仍以生化汤化瘀为先，恶露未尽不可滥用滋腻收涩之品，以滞恶露，不可过早用补气之品，如参、芪、术之类补而留瘀，使腹痛迁延不愈。产后多寒，宜温勿凉。主张用温补气血之药，慎用寒凉之品，禁用黄芩、黄连、栀子、黄柏等以防寒凝血滞。其用药经验对后世妇科临床起到重要的指导作用。

4. 产后寒热

【原文】凡新产后，荣卫俱虚，易发寒热，身痛腹痛，决不可妄投发散之剂，当用生化汤为主，稍佐发散之药。

【临证探析】傅氏认为产后兼杂证，是因荣卫俱虚所致，产后百脉空虚，外易感六淫之邪，内易伤七情饮食，故不任峻剂攻伐；强调了以扶正为本、祛邪为标的治疗方法。如出现恶寒发热等症皆以生化汤为主，稍佐发散之药，不可拘于伤寒之解表发汗等，以期正复邪除。对产后病主张补血当兼补气，但临证中傅氏又辨证论治，如对产后气血两虚至极所致的恶寒发热、口眼歪斜，根据脉象辨以补气还是补血为重，为中医临床提供了较好的临床辨证思路。

5. 胎前患伤寒疫症疟疾堕胎等症

【原文】胎前或患伤寒、疫症、疟疾，热久必致堕胎，堕后愈增热，因热消阴血，而又继产失血故也。治者甚勿妄论伤寒、疟疫未除，误投栀子豉汤、柴芩连柏等药。……若热用寒剂，愈虚中气，误甚。

【临证探析】傅氏在文中再次强调了产后气血两虚为主，如兼有外感风寒、时疫、疟疾等病所致的发热，治疗的重点仍然是大补气血，万不可误用栀子豉汤、柴胡、黄芩、黄连、黄柏等寒凉的方药，否则会使中气更加亏虚；兼有大便秘结、小便赤短的，万不可用五苓散、承气汤等耗津伤液。再次提出生化汤可用于产后、堕胎后因阴血耗伤而出现的发热、便秘、烦渴等症，气血两虚症状严重出现形脱气脱的，可加用生脉散。

6. 产后诸症治法

（1）血块

【原文】此症勿拘古方，妄用苏木、蓬、棱，以轻人命。其一应散血方、破血药，俱禁用。虽山楂性缓，亦能害命，不可擅用，惟生化汤系消血块圣药也。

【临证探析】文中对用生化汤加减治疗产后瘀血腹痛做了较详细的概括，傅氏指出治疗产后瘀块、腹痛，"惟生化汤系消血块圣药也"，而对散血方、破血药的应用是极为慎重的，为临床辨证治疗本病用生化汤奠定了良好的基础。

凡产后瘀血未消而变生诸疾的，傅氏多以此为基本方。产后血虚寒凝、瘀血阻滞证，产后恶露不行，小腹疼痛皆可用之。同时强调"块痛未止，未可用芪、术"。虽然产后多虚，在治疗上仍以生化汤化瘀为先，不然急用参、芪后会补而留瘀，迁延不愈，久痛不止。而产后半月余，仍因

瘀而痛者，此时已过半月，正气有所恢复，已不甚虚，必用生化汤加三棱、莪术、肉桂等攻补兼治，其块自消。毕竟散血、破血之剂易伤正气，有虚虚之虞。

（2）伤食

【原文】新产后禁膏粱，远厚味。……屡见治者不重产后之弱，惟知速消伤物，反损真气，益增满闷。可不慎哉！

【临证探析】对于产后伤食的病人，首先要补其气血，同时帮助其健脾助运，在健脾助运消食过程中，要加入相应的消食药，如神曲、麦芽消面食，山楂、砂仁消肉食；加吴萸、肉桂消寒积；人参、白术补元气。对伤寒冷之物时间久者，还可用按摩热熨之外治法治疗。这种内外治结合治疗产后病的经验、方法，值得继承和发扬。

（3）忿怒

【原文】产后怒气逆，胸膈不利，血块又痛，宜用生化汤去桃仁。慎勿用木香槟榔丸、流气引子之方，使虚弱愈甚也。

【临证探析】产后肝气郁结、胸胁胀满、气滞血瘀造成的腹痛应该用生化汤治疗。产后肝气郁逆，胃失和降，往往同时出现伤食症状，合理的治疗方法应该以补气血为先，同时辅助疏肝理气、和胃消食，如果单采用疏肝理气或和胃助运消食这样的治疗法，反而有损产妇的健康。

（4）类疟

【原文】产后寒热往来，每日应期而发，其症似疟，而不可作疟治。

【临证探析】产后的寒热往来，像疟疾，但不是疟疾，这是气血虚弱，营卫不和，卫气不能抵御外寒而使外寒内侵造成发寒、发热、白天轻夜晚重、每天下午寒热交替发作等症状，治疗应当以补益气血来驱逐寒热之邪，这是扶正祛邪的方法。

（5）类伤寒二阳证

【原文】产后七日内，发热头痛恶寒，毋专论伤寒为太阳证；发热头痛胁痛，毋专论伤寒为少阳证，二证皆由气血两虚，阴阳不和而类外感。

【临证探析】产后外感发热，无论是《伤寒论》中的太阳证还是少阳证，都是气血两虚，阴阳不和，营卫不调的外感疾病，切勿运用麻黄汤或柴胡汤等治疗外感的方来治疗。因为产妇产后大出血，如果发汗过度，就会使气血虚弱的产妇有更虚的危害。大家要知道，产后如果真的遇到风寒外感，生化汤中的川芎、黑姜也是能够疏风散寒的。如果用加味生化汤，疗效更好。

（6）类伤寒三阴证

【原文】潮热有汗，大便不通，毋专论为阳明证；口燥咽干而渴，毋专论为少阴证；腹满液干，大便实，毋专论为太阴证；又汗出谵语便闭，毋专论为肠胃中燥粪宜下症。数症多由劳倦伤脾，运化稽迟，气血枯槁，肠腑燥涸，乃虚证类实，当补之证，治者勿执偏门轻产，而妄以三承气汤，以治类三阴之证也。

【临证探析】产妇出现潮热出汗、大便秘结数日不通，不要认为是阳明证；口燥咽干而渴，不要认为是少阴证；脘腹胀满，津液干枯，大便秘结的不要认为是太阴证；出现汗出、胡言乱语，不要认为是温病之津液干少而用下法，这些病证都是虚证而出现了实证的症状，应该用补法。不熟悉产科的医生就胡乱地用三承气汤之类来治疗三阴证，除非年纪轻体质好的产妇用下法才能幸免于难，一般妄下后多致伤命。有的误用泻下反而造成大便不通而脘腹痞满胀隆。产后用泻药会对产妇造成极大危害，所以应用养正通幽汤益气养血润肠治疗。

（7）类中风

【原文】产后气血暴虚，百骸少血濡养，忽然口噤牙紧，手足筋脉拘挛等症，类中风痛痉，虽虚火泛上有痰，皆当以末治之，勿执偏门，而用治风消痰之方，以重虚产妇也。

【临证探析】产后类中风，虽然也属于虚火夹痰，治疗中仍然要益气养血为主。古人云"治风先治血，血行风自灭"，产后痉厥，必须在益气养血基础上，养血柔肝，经脉得以气血滋养，才能息风化痰。

（8）类痉

【原文】产后汗多，即变痉者，项强而反，气息如绝，宜速服加减生化汤。

【临证探析】此症属产后三大病之一，乃产后气血亏虚，复加妄汗耗气伤阴所致，经脉失养，肝风内动，造成颈项强直，角弓反张。治宜扶正祛邪，急则益气养血，佐以息风止痉。

（9）盗汗

【原文】产后睡中汗出，醒来即止，犹盗瞰入睡，而谓之盗汗，非汗自至之比。

【临证探析】产后盗汗，不能按照杂病盗汗用当归六黄汤治疗，应该要气血双补、固卫敛汗治之。

（三）带下

《傅青主女科》带下篇以五色论五带，属五脏，分六淫，纲举目张，论述精辟，为后学临床治带下之准绳。

1. 白带下

【原文】夫带下俱是湿证。而以"带"名者，因带脉不能约束而有此病，故以名之。盖带脉通于任、督，任、督病而带脉始病。……方用完带汤。

【临证探析】傅氏治带下注重湿邪，"带下俱是湿证"；注重奇经，认为带脉失约是带下病的主要病机；注重脏腑，认为造成带下之湿与脾肝肾功能的失调关系密切。白带乃带下病之首，傅氏认为白带与脾、肝关系密切，总因脾虚肝郁、湿盛火衰而致脾虚运化无权，则湿无出路，水湿内停，湿浊不化下注而为白带，故创完带汤以治疗白带下，在化湿止带的同时补中健脾。注重肝脾肾三脏功能失调对带下病造成的影响，善于填精补肾、培补脾胃、疏肝解郁相结合。

带下者，临床确以湿证为多见，辨证有虚实之分，实者湿热下注，虚者脾肾不固，用完带汤加减治疗。如肾阳虚者温补肾阳，常加紫石英、鹿角霜等药；肾阴虚者滋补肾阴，常加黄柏、龟板等药；脾肾虚弱者加以水陆二仙丹；湿重于热者重在化湿，热重于湿者重在清热；如兼腰痛者，可加杜仲、续断等；腹痛者，可加艾叶、香附等；若病程日久，白带滑脱不禁者，可选加龙骨、牡蛎等。临床还需参照现代医学技术，根据微生物感染和炎症病变的部位内外结合治疗，往往事半功倍，疗效更好。

2. 青带下

【原文】妇人有带下而色青者，甚则绿如绿豆汁，稠黏不断，其气腥臭，所谓青带也。夫青带乃肝经之湿热。……方用加减逍遥散。

【临证探析】傅氏认为青带乃肝经湿热所致。肝木五色属青，因此带下色青是肝木被脾土湿气所侮，水湿停于中焦、蕴久化热，湿与热下注损伤带脉所致。用逍遥散取疏肝解郁之意，达到"解肝木之火，利膀胱之水"的目的。方中柴胡条达郁滞之肝气，白芍养血柔肝，陈皮理气醒脾，茯苓健脾利湿，清利湿热，使湿热之邪下达膀胱而有出路，茵陈清热利湿，栀子、丹皮性寒，能清肝经之郁热，生甘草泻火解毒，与栀子相配，乃甘苦共用，使泻而不伤，行而不壅。脾虚的加陈皮、茯苓等健脾利湿之品；湿热较甚的加茵陈、栀子、丹皮等清肝经湿热的药物。

带下病以青绿色为主者，多为妇科的生殖系统炎症所引起，常见于急性或亚急性的盆腔炎、宫颈炎或阴道炎等疾病所致的脓性分泌物。临床辨证以肝经湿热及湿瘀互结为多。

3. 黄带下

【原文】妇人有带下而色黄者，宛如黄茶浓汁，其气腥秽，所谓黄带是也。……方用易黄汤。

【临证探析】傅氏认为黄带下主要责之于湿热损伤任脉所致，治以"补任脉之虚，而清肾火之炎"，以易黄汤"补冲任之虚，而清肾火之炎"，从而达到治疗黄带下的目的。

带下以黄色为主者，多为脾虚湿郁化热所致，临床多系实热证，乃湿热并重，其证多见带下量多，色黄质稠黏，而本病重在湿热蕴于任脉，治疗重于补任脉之虚，清肾阴之热，方化脾土之湿。湿热化，任脉固，带脉约束如常而病愈。临床常可见于阴道炎、慢性宫颈炎或盆腔炎等疾患。易黄汤为临床治带下病的常用方，方中药简而力专，功在调补任脉而清利湿热，如是则湿热得解，任脉自安，黄带即止。

4. 黑带下

【原文】妇人有带下而色黑者，甚则如黑豆汁，其气亦腥，所谓黑带也。……方用利火汤。

【临证探析】傅氏认为黑带下为内热熏蒸，灼伤津液所致，黑带下是内热熏蒸，肾脏五色属黑，但黑带下之黑是命门之火与胃火、膀胱及三焦之火纠结于下所致，所谓"热极似阴"，因此在临床上采用利火汤以清热泻火利湿，方中用栀子清泻三焦实火，重用寒凉的大黄、黄连、石膏等药物，佐以炒白术、茯苓、车前子等健脾利湿之品，以达"水火相济"之意，以求阴阳平和、任带二脉得以固摄的目的。

临床上要注意两点，一者是要切忌望文生义，黑者属水，误以为寒凝而用温化之品，必定酿成大错。二者是黑带要与崩漏相区别，黑带乃火热之极也，为胃火、三焦之火积于下焦，灼伤津液，熬成致黑色。治疗上重用寒凉清火，佐以健脾化湿，遂成水火相济，阴平阳和，任脉通带脉固的良方。临证中还要排除子宫颈、子宫腔的疾病。

5. 赤带下

【原文】妇人有带下而色红者，似血非血，淋沥不断，所谓赤带也。夫赤带亦湿病，湿是土之气，宜见黄白之色，今不见黄白而见赤者，火热故也。……

方用清肝止淋汤。

【临证探析】傅氏认为赤带下为肝郁脾虚、湿热蕴于带脉所致，是火重而湿轻的病变，因肝木克伐脾土所致。治以滋阴平肝，补益脾气，清火止带。方用清肝止淋汤，方中重用白芍平肝，当归补血，使血足火平而木不克土，脾运化湿而赤带下自除。

赤带下在临床常有诊治者，其发病人群以更年期及育龄期妇女为多。更年期者一般为老年性阴道炎所致，但当注意排除生殖器肿瘤；育龄期者目前或因上节育环后引起，或因慢性宫颈炎、盆腔炎、子宫内膜炎等所致。赤带下往往以月经中期带中见红、慢性宫颈炎等相关，与现代医学的子宫不规则出血及宫颈疾病相关，依据其证候表现，常辨证为肝经郁热、湿热蕴结、阴虚血热等。临床所见黄带下乃湿热也，黑带下乃火热之极也；然赤带下属火重湿轻，带血俱下，故治当滋阴平肝健脾，养血清热止血而获效。

第
六
章

桃李天下

第一节　薪火相传

何为薪火相传？《庄子·养生主》："指穷于为薪，火传也，不知其尽也。"原意为柴烧尽，火种仍可留传。古时候比喻形骸有尽而精神不灭，后人用来比喻学问和技艺代代相传。

中医药学在其数千年的发展历史过程中，不断涌现出大批著名的医家，他们在学术上各领风骚，独树一帜，他们众多的弟子与传人就是通过薪火相传，形成了众多的学术流派。

博览古今，流派往往有着各自的学术观点及核心学说，在实践的基础上进行理论创新，形成有独到见解的理论体系；历代名医的学术观点往往以流派为依托，得以弘扬发展；中医的认知方法和思维理念也在流派传承中得以保留和继承。中医药学术流派作为中医药学术发展的一个重要形式和载体，对于丰富中医药理论，提高中医药临床治疗水平、发展中医药学术都具有十分重要的意义。中医学术流派是中医理论产生的土壤、传承的途径，也是人才培养和文化传承的摇篮。流派的传承，对后世影响深远。

浙江陈木扇女科流派一直为家学薪传，是一个传世千年，在中医妇科史以及地方医学史上享有盛誉并具有重要历史地位的流派。2013 年，浙江陈木扇女科流派由第 25 代传人陈学奇领衔，成为国家重点扶植的医学流派，陈学奇以传承为重任，点燃这薪火，繁荣中医学术，在师生传授间，使自身流派学术不断深化演绎、发扬光大。

近年来，陈木扇女科流派传承工作室在学术发展上取得了积极的进展。

通过门诊跟师、口传心授、临诊实践、挖掘整理、总结提炼、学术经验继承、科研推广应用、条件和机制建设、传承团队建设以及其他系列工作，梳理了陈木扇女科流派传承脉络，总结了流派的学术思想并整理出版了流派学术专著，研究并发扬了流派的学术经验，初步完成了陈木扇女科优势病种的临床研究，建立了陈木扇女科特色门诊，完成了陈木扇女科的网站建设，探索了中药制剂的开发，打造了一支流派团队，培养了一批新人。

陈木扇女科流派的薪火相传具有一般流派传承的规律，但又有自身的特点，主要包括学术思想的总结传承，人才培养的推陈出新，传承平台的推广应用，流派学术的创新发展和流派文化的传承融合等内涵。

一、学术思想的总结传承

陈木扇女科流派学术思想的总结与挖掘是本流派传承与发展的重点，是工作之基，也是传承之源。流派传承人陈学奇在传承的基础上，挖掘总结了近代流派代表性传承人陈韶舞、陈大堃先生的医论、读书笔记、医案等亲笔手迹，加以整理，总结出了流派的学术思想和特色，并加以整理、推广。现采撷部分，总结如下。

（一）审病求因，治病求本

陈木扇女科流派治病皆宗"治病必求于本"，以阴阳为纲，表里、寒热、虚实为目，条分缕析，结合辨别新病旧病之主次、标病本病之缓急、腑病脏病之归属、七情六淫之由来，求本溯源、照顾整体，法以扶正祛邪、兼顾生化。

欲详审其因，探求其本，详察四诊，首重问诊。因妇女经、带、胎、产之病，隐曲七情之疾，常羞而不肯直言，故须耐心询问，或旁侧了解，始能查出病因，做到审因论治。故先祖不辞杜撰，仿景岳十问篇，自编"陈氏女科十问"：一问婚姻二孕育，三问经候四带下，五问饮食六问便，七问寒热八问眠，九问旧病十问因，结合四诊详审辨。

如产后血虚，停积流入四肢作肿，陈氏主张补益气血，并告诫说"不可作水气治之，犯虚虚之戒"。如产后发热以内外二因分论，外因有感风、伤寒、中暑、停食、早合阴阳而劳伤肾气之别；内因有气虚、阴虚、瘀血、蒸乳之异。如痛经、经前腹痛属实，宜行气血；经后腹痛属虚，宜补气血。如经来过多，妇人血崩"实者，清热凉血，兼补血药，虚者，升阳补阴，兼凉血药。"

总之，求本溯源、标本两顾、补养先天、兼顾生化，乃陈木扇女科治病之大法。

（二）妇人诸病，调经为先

自汉至唐，胎产疾病颇受医家的重视，而经带杂病未能受关注。《陈素庵妇科补解》将月经病列为开卷之篇，治妇人之病，总以调经为第一。

因病而月经不调者，当先治病，病去经自调；经不行而后病者，当先调经，经调病自愈。调经者，以调和气血为先，切忌攻伐太过。故调者，使之和，勿以太温，勿以太寒，勿以活血破血。陈氏调经临床用药，养血之中常配以补气行气活血之品，养血以行气，达到气血同调、气血平衡之效。气血调和，气顺脉通，月事以时下，经血方正常。这种治血以调气，治气以养血，二者主次不同，气血并治而有侧重的治疗法则，是对气血学说的一大阐发。

（三）疗妇人疾，重先后天

论妇人经信，以肾气盛而始，以肾气衰而绝。若月经未及"二七"而行者，乃肾气足，先天强；若过"二七"而未行者，乃肾气虚，先天弱。肾肝为母子之脏，母病可累及子病，故治肾应兼治肝。肝藏血，女子以血为至宝，平肝务先养血，血充则肝自柔；潜阳务先养阴，阴平则阳自秘也。故陈氏治疗月经病，常以治肾为先，肝肾并论。故叶天士"谓女子以肝为先天"等，皆为调补肝肾。同时认为，脾胃为后天生化之源，冲任连及肝肾，隶属阳明。百病皆以胃气为本，若胃气强，化源足，则脾气散精，可以上归于肺，下输膀胱，通调于五脏，洒陈于六腑，而营养全身。后天赖先天之充足而强盛；先天赖后天之生化以供养，先后天相辅相成。脾主统血，若冲脉虚损，月经过多或淋漓不尽，可健脾统血而收效。故治疗月经病，在补养肝肾的同时，又着力调理脾胃。

（四）开郁化痰，创郁痰致病论

陈氏说"妇人多居闺阁，性多执拗，忧怒悲思……一有郁结，则诸经受伤"，并提出"以调气开郁为主"的治疗法则。陈氏女科还提出"因痰致病，论治经带"等理论，更是创见。在《陈素庵妇科补解·经水不通痰滞方论》就提到"大率脾气虚，土不能制水，水谷不化精，生痰不生血。痰久则下流胞门，闭塞不行，或积久成块，占住血海，经水闭绝。亦有妇人体肥脑满，

积痰生热，热结则血不通，宜用四物合二陈汤导痰行血。" 如临床上闭经病人属肥胖者，常在调经中佐以二陈汤等化痰之剂。同时，陈氏女科还提出了"因痰致病，论治经带"等理论。

（五）清热凉血，创安胎之新法

安胎常用补益之法，如朱丹溪的《格致余论·胎自堕论》云："血气虚损，不足荣养，其胎生堕"。《女科经纶·引妇科集略》曰："若肾气亏损，便不能固摄胎元"。常人皆以胎动不安，有脾肾两亏，阴血不足，以致胎元受损，或久病虚劳，病中受孕，饮食减少，肌肉消瘦，无血养胎，腹中时时不安；或多小产，连年生子，产多则血枯，合多则精竭，不能诞弥厥月，以致伴难艰，不计月份大小，当以峻补气血为主。

而陈氏安胎并非胶柱鼓瑟，重在审因求本，明确提出了清热凉血安胎之新法，认为"如母病以致胎不安者，治愈母病则胎自安；触动胎元而致母病者，宜养胎元则母病自安。"还认为胎动不安，多因阴虚内热，热扰胎元，血不藏经，而致胎动胎漏，提出"清热凉血，系安胎之秘诀"，倡导养阴清热、养血安胎方法，自成一脉，独具特色。

总之，陈氏妇科在调经、安胎、胎前杂症、产后众疾治疗中都颇有特色，如在调经中丹栀逍遥散和八珍汤的灵活运用，安胎中清热药与补气药的灵活运用，产后病调气血及扶正祛邪的治疗法等，种种治法，审病求因，疗效显著，世代流传。

陈木扇女科第25代传人陈学奇继承了陈氏在中医妇科领域中的学术思想和观点，广泛运用于临床，在认真总结前人学术经验的基础上，结合自己丰富的临床经验和中医经典知识来指导临床，临床中强调治妇科病以"调"为要，以"和"为期；气血为本，调补兼施；五脏调经、慎辨用药等，并在临床中把西医的诊断、病因病机与中医的辨证论证相结合，形成了自己的学术特色。

陈学奇十分重视学术传承，积极撰写论文和著作，相传于后辈，近年来先后发表了30余篇学术论文；作为主编和编委参与出版了6部学术专著，推动了本流派学术的推广、创新和发展。

二、人才培养的推陈出新

流派传承与院校教育的互补是培养中医人才的重要方法之一。在院校教育的基础上，通过跟师学习、流派传承，培养出一支精通中医药理论、具有丰富临床经验或独特专长、有一定科研能力、德才兼备的高层次中医药人才队伍，形成中青年流派学术带头人，这是传承的目标；同时通过传承还可以促进基层中医妇科人才的培养。

陈木扇女科流派一直为家学薪传。为了使其更好地传扬，开枝散叶，促进中医学术的繁荣和临床优势的发挥，陈学奇开始培养外姓弟子，选拔了十余名精心栽培，形成了囊括中医内科、中医妇科、中药、统计、产品研制和推广等各专业的人才团队；有高级、中级、初级3个人才梯队；有博士、硕士的临床医生，有进修生，还有来自美国、加拿大、以色列等国家的留学生，传承足迹遍及海内外。通过理论与实践的结合、口传面授与集中上课的结合、导师指点与学生研究的结合，传承人在流派文献研读、临床跟师带教、撰写跟师笔记、总结临证经验等过程中，整理出陈老师医案200余则，初步完成了流派优势病种的研究，业务水平得到了提高，培养了新一代流派接班人。

三、传承平台的推广应用

一枝独秀不是春，万紫千红春满园。流派技术能及时推广应用、服务于患者，这是工作的重点。通过自身的建设、工作站点的发展和流派间的学术交流，显示出良好的流派学术推广应用服务特色。

陈木扇女科流派建立了工作室、工作站，承担着传承人员的培养与教育，同时又是一个能为公众服务的平台。流派在杭州方回春堂国医馆、桐乡中医院、嵊州市中医院、海宁市中医院等开设了二级工作站，外地患者就诊比例≥30%。

陈木扇女科流派积极参与流派间的交流与合作，参加了中医妇科流派传承与研究的联盟，使各流派的新一代传承人、研究生能进行短期交流与跟师学习，促进了各流派之间的交流与研讨。近3年来，流派人员外出参加交流学习共90余人次，参加全国学术交流活动共30余次，流派传承人参与讲座共30余次，在杭州、上海、广州、云南、天津、山西、贵阳、苏州、哈尔滨等地开展了交流和学习，向各妇科流派交流学习中医传统知识和流派特色经验，也向全国推广了陈木扇女科流派学术思想的临床应用。在2014年～2016年，流派传承工作室相继举办了国家级和省级继续教育学习班，召开了全国中医妇科流派传承经验交流会"中医妇科疑难病治疗经验研讨会""妇科疑

难病诊治经验暨陈木扇女科诊疗经验学习班""浙江陈木扇女科疑难病诊疗经验研修班"，与全国妇科流派和妇科同行进行了交流和学习，参加人员达500余人次。学习班的举办，不仅加强了与流派和中医妇科同行的交流，也让更多的同行了解了陈木扇女科流派传承发展现状，推广了流派的学术思想和特色。如今，浙江陈木扇女科流派在全国特色中医流派建设中影响力逐步提升，已成为不可或缺的一个重要流派。

四、流派学术的创新发展

传承不是简单地照搬照抄，而是吸收精华、推陈出新、创新发展。陈老师认为国家中医药管理局启动了流派传承工作室建设，我们的任务是既要有传统的继承，又要有与时俱进的创新。陈老师带领陈木扇女科流派传承工作室，在总结、挖掘、整理先人经验的基础上，也开展了许多重要课题的深入研究。

自流派建设以来，陈老师带领陈木扇女科流派团队，充分利用现代科学技术和交叉学科的知识，研究前人尚未解开的奥秘，开展了大量的科学研究，并被列入省部级、厅局级研究课题。主要包括"双黄妇乐栓的制备工艺及临床前实验研究""外用洗剂妇洗液治疗阴道炎的临床研究""温通补肾活血法干预盆腔炎性疾病后遗症慢性盆腔痛的研究""调经汤治疗卵巢早衰的药效学研究""浙江陈木扇女科近代传人学术思想及临证经验研究""调经汤治疗卵巢早衰的临床研究""育卵汤干预多囊卵巢综合征高雄激素状态的临床研究""调经膏治疗卵巢储备功能下降的制剂开发及临床研究""基于数据挖掘陈学奇教授治疗产后身痛病的诊疗特色及临床应用"等。

同时，陈老师并不仅仅满足于继承前人的思想，更努力做到在临床中总结与创新并举。如对现代医学的相关病种如多囊卵巢综合征、卵巢早衰、先兆流产、IVF-ET后闭经、子宫内膜异位症、子宫腺肌症、盆腔炎等疾病进行研究和总结，运用中医辨证和西医辨病相结合，通过临床探索，总结出有效的临床治疗路径，传授予学生，并在临床上推广应用。如对多囊卵巢综合征的不孕，陈老师认为，禀赋不足是发病基础，气血失调是发病主因，"七情六淫"的改变是发病的诱因；治疗重在调养气血、调补肝脾肾，兼以活血化瘀，清热泻火，化湿运脾，治疗以"补养"与"清通"相结合，并根据月经周期调整用药，可取得满意的疗效。对卵巢早衰，认为主要是以肾虚精亏、脾虚失养、气血亏虚为主要病机，兼见心火上炎，心神失宁，肝气失疏，气滞血瘀等，遣方用药以补肾健脾、养气血为基础，佐以疏肝、养心、活血、行气之品。对先兆流产，认为其主要病机是胎火上炎，气血虚弱，脾肾不足，而致胎元不固，或胎动不安，或胎漏不止；治疗倡导清热凉血、补益气血、健脾补肾的方法；以"防""治"结合，安胎用药以"调和"为主，并总结出陈氏安胎饮在临床上推广应用。对高龄妇女 IVF-ET 失败后的闭经，认为多为阴阳失调、虚实夹杂，气血两伤、肾虚精亏、冲任两伤、胞脉瘀阻而致，治疗在于调和阴阳为主。注重补益气血、填补肾精，培本固元；再辅以调养冲任，理气活血通经。对子宫内膜异位症，认为是以正虚为本，邪实为标，其病机多与"虚""寒""热""瘀"相关，治疗宜扶正祛邪、消补同施，重在调补气血、补益肝肾为先，活血化瘀为重，兼以温经散寒、清热解毒；宜病证结合，分期治疗。

中医药根植于数千年中国传统文化，其独特理论和确切疗效也已被大量临床实践证实，具有广泛的信任基础。陈老师还在众多家传古方中筛选出具有独特疗效的经验方开发成药。如对细菌性阴道炎等疗效显著的家传妇科中药外洗剂"妇洗液"，已获生产批文，捐赠给制药企业，已在临床上广泛使用；同时，研究项目也获得了 2014 年浙江省中医药科学技术二等奖和 2014 年浙江省科技进步三等奖。又如家传名方"强腰补肾膏""调经膏""养胃方"等，均已形成协定处方应用于临床。在科学研究的基础上，流派还申请了两项国家发明专利。

五、流派文化的传承融合

流派文化是流派发展进步的一个重要内容和精神动力。流派文化作为一种精神力量，推动着传承人在认识生命世界、医治疾病的过程中转化为物质力量。这种众多流派的文化传承与融合将汇聚成祖国博大精深的中医药文化，具有深远的历史意义。

浙江陈木扇女科流派文化的核心价值体系在于构建以"和"为法的生命环境。中医从对生命发端到对生命过程的认识，从对疾病的发生和对疾病防治的认识，自始至终都贯彻着"医者仁心"的原则。仅就陈木扇女科流派第23 代、24 代传人的理念就可管窥一斑。

陈木扇女科第 23 代传人陈韶舞有"医乃仁术，心怀慈悲；立德为先，

术必精良"之说，即为医先立德，医者要有慈悲恻隐之心。医业不精，犹如杀人不用刀，临证不慎，犹如盲人骑瞎马；每月定期为百姓免费施药，免费为贫困百姓医治施药。陈木扇女科第24代传人陈大堃有为医要学周公，"一饭三吐哺，一沐三握发"，德医双馨，有口皆碑。

挖掘流派文化特色，开展流派技术宣教与推广，可以更深入地让后人了解陈木扇女科流派丰厚的医学文化底蕴。为此，流派传承人多次前往流派发源地——桐乡，深入挖掘历史留下的实物，如在民间发掘了老木扇和陈木扇古方；通过查阅史料，如地方志、流派史书等，填补了历代一些传人传略的空白，为地方医学史的研究提供了参考。同时，还收集了流派近代传人珍贵的手稿、医案、医论等，制作了历史图册，拍摄了浙江陈木扇女科流派纪录片《传承千年，医者仁心》等，通过地方和中央新闻媒体宣传，扩大了流派的知名度。同时，流派传承人还完成了流派传承基地的网站建设，建立了流派的网站，参与了全国妇科流派微信平台，介绍了陈木扇女科流派的传承历史、学术思想、流派特色等，提高了流派的影响力。

第二节　传　道　授　业

一、悉心带教，传技育人

韩愈《师说》之"传道授业解惑"，是指传道、授业、解惑三者缺一不可，只有这样才能培养出良好的学生。本流派在薪火相传中，特别注重三者并列而行。传授、教育道德观念，这是传承基础教育，德为先，没有良好的思想道德基础是不可成才的；传授以学，把本流派的医术精华传授予学生；针对学生的不解之谜，运用自身的知识、技能为学生解开困顿、迷惑，让其不但知其然而且知其所以然。

（一）授技先教人，治病先立德

浙江陈木扇女科流派多年的带教初心不曾忘，使命不敢忘。带教不仅传授着本流派的医道精华，更是一个人类灵魂的工程师，常言道"学高为师，德高为范"。带教所从事的是以人格塑造人格的工作，加强师德的教育与训练成为新时期中医药流派传承必须上好的一课。"德"即是传承带教对于中医药的爱，是对学生的那份责任。而作为传承人，不忘初心和责任，立德育人，更是一种使命！只有这样才能让陈木扇女科流派得以发扬光大。

老师就是一个路标，也是学生的榜样。作为一名老师，陈老师积极倡导向同行学习。他总是要求大家积极参加中医药学术交流活动，向其他流派学习，向同行学习，以人之长补己之短，在共同学习中不断提高。陈老师自己也是不断地向同行学习。在陈老师的带领下，流派传承人每年积极参加各项学术活动，受益匪浅。陈老师还会要求大家要热爱中医事业，学以致用、学以致精，把弘扬陈木扇女科流派精湛医术作为每个学生的一项任务。在薪火相传中，陈老师也关注着每一位学生的成长。

同时，作为医生要关爱患者。陈老师的患者有三分之一以上来自外地，就诊结束就要往家赶，陈老师体恤患者，上午的门诊常会忙到下午1点左右，他总是看完最后一位患者才去吃饭。对生活困难者，陈老师会免去其挂号费。

陈老师除了关爱病人，还经常教育我们要尊重同道。在门诊，经常会有病人拿着其他医生的方子来要求陈老师解读，陈老师总是说，这张方子开得有道理，同时教育学生"每个医生有自己的思路，不要去否定其他的医生，这是我们医生的医德。"

（二）传授以学，不敢遗留半分

本流派与其他流派一样，传业多为家族世袭职业，经过家族数代临床经验的传承积累能够保证医疗的质量，故有"医不三世，不服其药"之说。如今，在薪火相传的传、帮、带中，陈木扇女科流派做到：不拘泥于本家族与否，从家族以外中吸收优秀学生作为本流派的弟子；挖掘整理史料、开展课题研究；注重临床实践，"熟读王叔和，不如临证多"，让每位学生都在临床实践中成长提高。

中医的传承离不开名老中医学术思想和临证经验的总结，流派主要传承人陈学奇在薪火相传的传、帮、带中，十分重视人才培养、理论发展、临证总结与传承创新。经常要求学生把流派历代临证验案加以研读，对临床的疑难病案加以整理。医案是中医临证实践的记录，是流派诊疗思路的表述，体现了流派理、法、方、药的综合应用，通过传承工作室这个平台，通过名师面授、随师侍诊、整理医案、病例分析等，特别是通过大量的文字整理，可以很好地总结和传承本流派的临证诊疗经验，通过临证带教活动传授着各种医技，较快地提高流派继承人的学术水平。

（三）授业必解惑，疗病必明理

陈木扇女科流派已传承千年，博大精深。对其中的许多论述，有时难以理解，陈老师会以自己对传统医学理论与实践相合的理解，为学生解决临床问题。

如浙江陈木扇女科的陈氏调经以"和"为法：调气和血，调气阴阳，调和肝脾肾，用药以"和"为期。对此如何释惑？首先，阴阳是生命得以存在的物质要素，但是阴与阳能够成为生命物质要素的根本在于"和"。《道德经》曰：万物负阴而抱阳，冲气以为和。在生命生长的过程中，阴阳和则为"平人"。"平人者，不病也"，倘若阴阳失调，就会出现"阴盛则阳病，阳盛则阴病；阳盛则热，阴盛则寒；阴虚则热，阳虚则寒"等。中医防病治病的手段就是调和阴阳。调和阴阳，使失调的阴阳向着协调方向转化，恢复阴阳的相对平衡，于是创造了"审病求因，治病求本；妇人诸病，调经为先；疗妇人疾，重先后天；开郁化痰，创郁痰致病论；清热凉血，创安胎之新法"，从而达到和谐。中医用药的原则也在于"中和"。"中病即止"可以说是中医治病的金科玉律，中医治病用药的原则是中庸，过与不及，都非良策。

总之，陈老师的传承与带教，包含了崇高的使命感和责任感。一个人的生命是有限的，而中医药薪火相传的事业是常青的。陈老师认为：通过传承，可以让流派的精髓在学生身上延续，流派的价值在学生身上体现。无悔于选择，中医事业薪火相传，带教育人的路还有很长，初心不忘，使命在肩，必以百倍努力砥砺前行，不负芳华！

二、跟师学艺，心灵感悟

陈木扇女科流派自2013年建立工作室后开始收徒带教。人数虽不多，但皆学有所获。每位学生都有许多体会，在此仅遴选几则以飨读者。

（一）大音希声，大道无形

【学生简介】葛蓓芬，女，从事中医内科，副主任中医师。毕业于浙江中医药大学，为第一批中医学术流派浙江陈木扇女科流派继承人，浙江省陈学奇名老中医传承工作室负责人。中国中医药研究促进会妇科流派分会常务委员，世界中医药联合委员会生殖医学委员会理事。

主持及参与多项省部级、厅局级科研项目，获浙江省中医药科学技术奖二等奖 1 项、浙江省科技进步三等奖 1 项；发表论文 20 余篇，参与 5 部陈木扇女科流派相关著作的编写。

在我的人生轨迹中，跟随陈学奇老师学中医是一生最大的收获。通过这宝贵的学习经历，我更深切地明白了中医诊疗过程中理论与实践的距离，以及理论与实践相结合的重要性。更为重要的是，我同时得以汲取中医流派的传承精髓，见识到陈木扇女科的显著疗效。

在长期的跟师学习中，我目睹一个个中医治愈的鲜活案例，这不仅让我更深层次地感受到中医之魅，更让我对中医发展前景充满了信心。

1. 中医学习重在思维

陈老师幼承庭训，受到中医文化的良好熏陶，又深得陈木扇女科之精髓，广受患者的尊重和爱戴。陈老师常说，他从医越久，就越体会到中医理论的博大精深，如何用中医理论去指导临床、提高临床疗效是非常重要的一门学问。老师一直强调，中医抄方，不单单是记住几张方、几味药，而且要了解中医的思维方式，这样才能融会贯通、触类旁通。虽然，中医经典理论看上去陈旧，读起来有时让人难以理解，但却常在临床中发挥巨大的作用，尤其是在疑难病的治疗中。

记得陈老师和我们讲解"病机十九条"时，我并没有感受到这些条文在临床运用中有相关之处。有一次，门诊来了一位 6 岁的小病人，十个脚趾瘙痒难忍十余天，不能入睡，父母轮流为其挠痒，但脚趾皮肤完好无损，没有任何异样，带去多家医院包括儿童医院、皮肤病专科医院求诊，做了一系列检查，没有异常指标，医生都说不用治疗。也有的医生同情地给予抗过敏治疗一周，但服用后未见疗效，一到晚上小儿便哭吵难以入睡，夫妻俩实在是苦不堪言。陈老师接诊后，先开了一周的药，孩子的父母带着疑惑的眼光离去。我当时想，这个病怎么治？没有其他症状，苔脉也无特别的异常。结果第二天一早，患者的父亲就打电话给陈医生，说昨天一帖药下去，小孩晚上就不叫痒了，他们夫妻俩总算睡了一个好觉。为什么会有如此疗效？陈老师告诉我，《黄帝内经》病机十九条中有一条："诸痛痒疮，皆属于心"，虽然患者皮肤完好无损，但皮肤为肺所主，与心有密切关系，在症状不明显的情况下，陈老师还仔细观察了这个患者，寻找辨证依据，发现小孩急躁易动，于是以清心火为主，辅以清热祛风治疗，服药后果然见效了。这样的案例总让我深受触动，既感叹中医理论就像取之不尽的宝库，更生动了解到学习陈老师的思维有时比抄一张方更重要。

还有一位患者令我记忆犹新。那一天，陈老师的专家门诊里来了一对吵吵嚷嚷的夫妻，妻子已怀孕 5 个月余想去流产，男方说服她来找陈老师试试中医疗法。这位患者说她怀孕 3 个月后开始失眠，现在是彻夜难眠已一月余，如果再这么下去她要发疯了，因为怀孕又不能随便服镇静剂，她只能狠心做出不要这个孩子的决定。陈老师看后笑着说，你们就别纠结了，孩子是肯定要的，先吃 5 帖中药吧。陈老师根据陈木扇女科清热凉血安胎的理论，给她开了焦山栀、黄芩、知母等药组成的方子。半年后，这个患者因为产后感冒又前来找陈老师，她说："陈医生，您的药实在太灵了，您是否还记得我是那位睡不着觉、当初想堕胎的病人？那是我生平第一次服中药，我吃了您的 3 帖药后睡眠就彻底好了，所以现在生了宝宝后患感冒，就第一时间想到要来找您看中医。"陈老师说，在临证中要学会灵活运用经典和流派的理论去分析病情，这样才能药病中的。如今，在我自己的临床中，也常跟随老师的诊疗思维和指导思想用药，如对先兆流产、复发性流产的患者常以清热凉血安胎为法，疗效明显提高。

2. 审病求因，治病求本

跟诊过程中，我体会到陈老师对患者的仔细问诊是一大特点。陈老师常教导我们："陈木扇女科治病主张审病求因、治病求本，欲详审其因，探求其本，当首重问诊。"他常提到"陈氏女科十问"，同时结合四诊详审辨。他认为妇女经、带、胎、产之病，因会涉及个人隐私，患者常羞而不肯直言，须耐心询问，或旁侧了解，始能查出病因，做到审因论治。但陈老师的问诊也讲究技巧，如对临床上的一些疑难病患者，陈老师喜欢刨根问底，每次要问起发病时的原因和情况，陈老师认为这对疾病的诊断和治疗是至关重要的，因为患者往往会把一些比较有价值的问题当成小问题忽视了。陈老师在问诊中，不仅确诊了某些疾病，也排除了某些病证，问诊结束，其实陈老师已将患者的整体健康状况了解得八九不离十了。

门诊曾有一位患者因月经量少前来就诊，问诊中发现患者还伴有四肢关节肿痛、环形红斑反复发作十年余的病史。陈老师仔细询问起病原因，发现患者关节痛及红斑起于一次流产后，因人流后保暖措施不当，一个月后自觉全身肢体、关节疼痛，呈游走性，后出现瘙痒性红斑。陈老师认为这当按产后病治疗，方用黄芪桂枝五物汤加减益气活血、养血祛风，治疗后不仅月经转常，十余年的关节肿痛、环形红斑也被治愈了，患者喜出望外。陈老师说，我也没什么特别高明之处，只是问诊仔细了点。因为一次仔细问诊明确了诊断而解决了患者多年的顽疾，这样的例子，在陈老师的门诊中经常可以看到。其实陈老师也没什么捷径，他的问诊方法和技巧正是来自于他多年的临床积累和深厚功底。

仔细切脉也是陈老师的一大特点，尤其是一些脉症不符的患者，老师有时会舍症求脉。如对崩漏者，在辨其寒热虚实时，老师对脉象十分关注。有一位崩漏患者，阴道出血近3个月未止，中西医治疗后仍未见好转，时崩时漏。来陈老师处就诊时，症状表现为乏力、头晕、腰酸、寐劣等一派虚象。陈老师诊脉后，特意让我再把脉体会一下。其脉表现为弦大，老师说患者虽病已久，但脉仍表现为热，虽之前的医生已用过一些凉血止血药，但仍需加重清热凉血之力。加焦山栀、石决明等药后，患者2日后既止血，后继续治疗未有反复，患者感激不尽。

我后来在自己临床中，也遇到了类似的病例。当时患者阴道出血3个月不止，西医诊断为子宫内膜增厚，曾求诊刮宫2次，后又复发，患者前来中医治疗。我诊脉后沿用了陈老师的方法，患者次日出血明显减少，一周内干净。同样是一位崩漏患者，阴道出血2个月余未止，伴乏力、头晕、腰酸，因血崩前来就诊，我请陈老师诊脉后觉得脉沉细无力，加用了附子炭、炮姜炭等温阳止血药，次日患者出血明显减少，后逐渐止。这两个病例让我深深体会到中医诊脉辨证的重要性。

如何抓主症更是陈老师临床的一大特色。有些患者主诉众多，自觉浑身上下不舒服，给临床诊断带来了困难，但陈老师常能在问诊中抓住关键点，给予对症治疗，疗效较好。如围绝经期综合征的患者，常表现为一组症候群，尤其是一些伴有焦虑症的患者，治疗更困难。对这种患者，陈老师反复强调看病要抓主要矛盾，首抓主症，辨虚实而用药。有一位患者，绝经后开始出现倦怠乏力、失眠、关节酸痛、潮热出汗、心烦、怕冷、胃脘不适、纳呆、恶心、便秘等，苔厚腻，脉细弦，无法坚持正常的工作。西医给抗焦虑治疗后未见好转。陈老师认为，这个患者首先要解决纳呆、胃脘不适的问题，让患者的脾胃运化功能好转才可以进行其他的治疗。经治疗后患者胃纳果然好转，陈老师再为其治其他不适。在陈老师的逐步治疗下，困扰患者近2年的症状逐步消失，终于得以回归正常人的生活，患者开心不已。

3. 经典传统创新并举

中医是一门经验医学，陈老师不吝赐教其大量临床经验，在极大程度上

帮助我们少走很多弯路。跟随陈老师多年，我还深深体会到陈老师善于把自己行医多年的临床诊疗经验上升为理论，用于指导我们，使我逐渐"开窍"。比如对妇科疾病的治疗，陈老师在家传经验调气血、补肝肾的基础上总结出"调和"两个字，以调和阴阳、调和气血、调和脏腑为要，如对崩漏患者，考虑到日久必致阴损及阳，处方常在滋肾益阴药中，要加一、二味补阳药，"扶阳以配阴，育阴以涵阳"，使五脏得养，精气两益，以达阴阳平衡之目的；对老年妇女慢性膀胱炎，在遣方用药时，常会用知柏地黄丸加附、桂，使阴阳互生，以达阴阳平衡，常效如桴鼓；如对多囊卵巢综合征表现为闭经的患者，常是气血同调、肝肾同补、阴阳并调；对围绝经期综合征的患者，宜黄芪当归五物汤、左归饮、右归饮和丹栀逍遥散灵活加减运用，意在阳中求阴、阴中求阳，使阴阳平衡，机体安康。由此，我在临床中也逐渐体会到"调和"的含义。一位围绝经期综合征患者彻夜难眠一月余，服用西医抗焦虑药等未见明显疗效，于是来我门诊就诊。我先根据患者伴有的潮热出汗、心烦、失眠、舌红苔薄腻症状，辨证施以养阴清热、宁心安神治疗。但治疗半个月患者好转不明显，我于是请教陈老师。陈老师说加肉桂、黄连引火归源，调和心肾。用药后，患者果然明显好转。我茅塞顿开，虽然读书时背熟了交泰丸，但当时没有将理论和实践相结合，临床遇到了才有真正的体会。

陈老师虽崇尚经典与传统，但也十分重视创新，在继承的基础上与时俱进、努力创新。他常说，随着社会的发展，现在的疾病谱也在不断变化，我们要不断发现临床实际工作中的问题，解决问题，提高临床疗效。

他举例说，以前的难产等产后危重病已被现代医学所攻克，近年来，不孕症中的一部分也被辅助生殖技术治好，体外受精-胚胎移植（IVF-ET）已成为临床上治疗不孕症的主要方法之一，体外受精的成功率已达30%～40%，给许多不孕妇女带来了希望。现代医学的发展给生殖医学开拓了全新领域，同时也给我们中医药从业者提出了一个新的命题和新的服务领域。如何充分发挥中医药的优势作用，让患者提高胚胎移植成功率，减轻胚胎移植给患者带来的不良反应，是值得我们总结和研究的，具有重要的临床意义。

经过一段时间的临床总结后，陈老师提出了自己的独到见解。他认为，中医药在 IVF-ET 中有很好的辅助作用，不仅可以提高 IVF-ET 的成功率，还可以降低 IVF-ET 所造成的不良反应，降低 IVF-ET 移植成功后的流产率等。

例如，试管婴儿的成功率涉及男女双方的问题，陈老师在临床中，对男性进行中医药补肾、活血、通络和清热等方法提高精子活力、降低畸形率等以提高精子质量。对女性治疗分两步：首先通过中医药调气血、补肝肾等进行术前调理，通过中药提高患者卵子的质量，改善子宫内膜容受性，提供优质"种子"和肥沃的"土壤"，提高胚胎着床及成功受孕的成功率；移植术后通过中医药益气、清热、养血、补肾安胎，减少先兆流产的发生，提高受孕成功率。同时，对胚胎移植中所带来的如卵巢过度刺激综合征、卵巢反应低下等并发症，也可以发挥中医的优势来治疗。2017年初，陈老师的门诊来了一位三次IVF-ET失败的患者。多次移植失败后，女方月经延期3个月未行，检查后发现女方卵巢储备功能下降、男方有弱精，经中医药调理3个多月后，男方精液常规检查正常，女方月经按期而行。再经过3个月的调理，患者自然怀孕产子。

还记得5年前，陈老师门诊来了一位停经半年余的患者，问及病史方知患者一年前人工促排卵行取卵术后，月经随之停闭，就诊时伴心悸胸闷气急，腹胀恶心、面部及四肢浮肿，检查提示早发性卵巢功能衰竭，伴胸腹腔少量积液，因症状进行性加重，患者要求中药治疗。陈老师认为，患者是由于短时间内超促排卵耗伤大量肾气肾精，导致卵巢过度刺激综合征的发生，同时由于取卵过多等原因导致采卵后胞宫失养、阴精亏少发生卵巢早衰，机体脾肾两虚，三焦水液运行失调，气机升降失常，水湿停聚，发为胸水腹水，形成本虚标实之证。予以补益气血、养阴活血、健脾渗湿等治疗半年后，患者月经复来，身体康复如初。

侍诊陈老师的过程中，我总结陈老师指导下的临床经验，写下了很多的跟师心得，发表"陈学奇妇科膏方经验琐谈""陈学奇治疗不孕症的临床经验""陈木扇女科滋水涵木法治疗崩漏经验""陈学奇治疗多囊卵巢综合征不孕的经验""陈学奇诊治痛经经验""陈氏安胎饮临证运用体会""陈氏安胎法治疗先兆流产的临床体会""陈学奇治疗带下病经验""卵巢早衰的中医治疗体会""继发性闭经诊治体会""《陈素庵妇科补解》调经特色浅析"等论文。在自己独立门诊中，我会很自然地用上陈老师的方法和技巧，临床疗效明显提高，门诊病人不断增加。

虽然成果斐然，但我深知要真正掌握陈老师的学术思想并融会贯通，还有很长的路要走。就如陈老师所说，中医是个谜，越学会发现越多自己的不足。学无止境，发扬陈木扇女科更是任重而道远，我愿为此倾注心力。

（二）以德立身 以身立教

【学生简介】陈勤，女，针灸推拿学博士，毕业于成都中医药大学，现于浙江中医药大学附属第三医院任副主任中医师。浙江陈木扇女科流派工作室成员，师从浙江陈木扇女科流派第 25 代传人陈学奇教授，从事针药结合治疗妇科病、神经系统疾病临床工作 10 年，擅长痛经、围绝经期综合征、不孕症的治疗。主持省部级课题 2 项，厅局级课题 3 项，发表论文近 10 篇，参与编写专著 7 部。

本人 2009 年毕业于成都中医药大学，同年来到杭州工作，2013 年因浙江陈木扇女科流派传承工作室建立，有幸拜于陈学奇老师门下学习。在进入陈木扇女科流派学习前虽已学习中医十余载，平素从事中医针灸临床工作，但对女科疾病并未深入了解，妇科用药理法源流所知甚少，面临疑难重症时感惶恐无措，这也是我拜入师门学习的重要原因。在五年多的跟师学习期间，参与工作室先后整理出版的《陈木扇女科临证辑要》、《陈韶舞医案集》，受益良多。回想五年多跟随陈老师学习的过程，先生以德立身，以身立教，时令学生感动。

1. 治学严谨，重视中医基本功

入门之时先生先嘱学生背诵《汤头歌诀》并亲自讲解《黄帝内经》原文。谓之，立方如遣将，如心中无方，难以治病救人；如仅学数方而心中无法，则依葫画瓢难成良医。先生更以自己为例教诲学生，述自幼跟随父亲陈大堃先生于桐乡行医，以朗诵方剂作为早读功课，一日不辍，后竟将方剂背诵化作日常，一朝不诵便心中不安，为日后顺利考入浙江省中医学院打下了深厚的根基。学生耳濡目染，自不敢懈怠。

2. 学术研究锲而不舍，更有包容与创新之心

先生常告诫学生，任何一个医学流派的形成与发展与否都在于它的生命力——临床疗效。陈木扇女科流派起源自后唐陈仕良，因南宋陈沂得赐宫扇获名，至今存有《陈素庵妇科补解》专著一部，为妇科临床各家所熟知，然先生从未敢以"专"而弃"全"，因"患病者众"，医者见内外妇儿所病均当尽力医治，因此博采众长，不囿于一家之言也成为先生学习的理念。先生先后师从全国名中医李学铭老师、海派妇科陈氏妇科流派传人陈惠林老师等，平素更爱研习各家中医流派学术经验，花甲之年仍跟踪学习现代妇科医学基础理论，从未言辛苦，以勤而求进，以博而求精。

令人钦佩的是先生在临证之余仍以科学审慎的态度继承先学。先生以少腹逐瘀汤合桃红四物汤加减化裁成"陈氏温通化瘀汤"先后治疗盆腔炎、痛经多例。曾收治某妇女，有慢性盆腔炎、右侧卵巢囊肿、子宫肌瘤病史，时有小腹胀痛不适，伴月经先期、淋漓不尽，寐不得安，情绪不宁。先生认为其病史长达 2 年，病情复杂，久病必伤阳气，又气虚无力运血，当法以温通，宜用"陈氏温通化瘀汤"调理，经治疗 3 个月余，盆腔积液吸收，卵巢囊肿消失，经期疼痛明显减轻，自述不用在经期服用止痛药物亦可正常上班，效果显著。此后，先生带领学生开展"温通补肾活血法干预盆腔炎性疾病后遗症慢性盆腔痛的研究"，更带领学生开展了包括"双黄妇乐栓的制备工艺及临床前实验研究""基于数据挖掘的陈学奇名中医辨治早发性卵巢功能不全临床经验及决策系统研发""中药外洗剂'妇洗液'"等多个中药制剂的研发研究，在进一步验证陈木扇女科验方疗效的同时，明确了中药验方治病之机理。

3. 以慈悲之心看待众生

先生生性幽默，率性坦然，善以幽默之言语化解患者忧虑，亦常告诫学生，女子居于室内，有不得隐曲，忧思郁结，易伤肝脾，在药物治疗同时应配合思想引导方可速效。曾有患者朱某因产后身痛前来门诊就诊，时仍夏末，暑气未退，患者戴帽裹棉衣候诊，入室内见其面色惨白，语声低微，时时欲泣，自述剖宫产后便双手关节疼痛不止，奶水不充，更无力照顾幼儿，因怕受丈夫、公婆责难，心情忧郁故前来就诊。先生语重心长劝慰患者及家属，告之无力照抚幼儿乃因病后气血大亏之祸，产后最宜静养，若因病而伤心，阴血难生更伤脾胃，予患者黄芪桂枝五物汤加减治疗，同嘱复诊时与家属共同就诊。1 周后患者复诊，自述双手关节疼痛减轻，丈夫面露笑容，先生再予前方加减，更详细交代饮食禁忌，调理 1 个月后诸症消解，患者携乳儿、丈夫前来拜谢，先生大悦。

因药有良效，求诊者众，先生虽常忙碌至下午 1 时方可进餐，对困难患者一律免缴诊费，老幼患者提前诊治，却从未自居德高。曾有外省赴杭就诊患者，看病不便，要求一个月一诊，先生思量良久，仍要求患者下周复诊。我等初时不解，先生答曰，初诊如探路，如误投汤药，药而无效又再伤病体，因此必须复诊；惜小小草药，得世间灵气而生，更经药农精心栽培，当病中即止，不可妄费，若患者此去病愈必抛弃余药，何忍？闻听先生此言，学生纷纷感慨，先生用药精简，除遣方得当外还有慈悲之怀，无不钦佩。后先生更建患者微信群，利用微信进行远程会诊，免去外地患者来回奔波之苦，亦

可见其体恤之心。

（三）西学中拓宽新视野

【学生简介】王璐，女，浙江大学妇产科专业生殖内分泌硕士研究生，现就职于浙江中医药大学附属第三医院。全国第六批老中医药专家学术经验继承人，浙江陈木扇女科流派传承人，浙江省陈学奇名中医工作室成员。擅长女性生育力的保护，尤擅多囊卵巢综合征、子宫内膜异位症、卵巢功能减退等妇科疾病的中西医结合诊疗。

2013年3月，在浙江省中山医院五楼的名中医馆的一间诊室内，早春的阳光透过窗户温柔地洒在老师身上。眼前这位慈眉善目的先生就是全国第一批中医学术流派浙江陈木扇女科传承工作室负责人——陈学奇教授。老师目光柔和，声音似有温度，慢慢和我聊着以前的生活学习经历，笑的时候愈发显得慈祥，是一位可亲可敬的长辈。

作为一名西学中人员，本人很幸运地能跟随陈学奇教授学习。跟师第一天，陈师就布置了背诵《汤头歌诀》的作业，我好奇地问为什么是这本书？陈师笑言："我十五岁就开始背汤头歌诀喽！"并娓娓道来自己在小学的时候就跟随父亲抄方，看诊结束后就念诵这些歌赋，虽不理解，但念得多了，也就记住了。陈师认为，有了熟读乃至背诵重点篇章的硬功后，博览各家各派时，才能抓住重点。老一辈之所以能引经据典，脱口而出，就是因年轻时下过一番苦功。如此，则不惟能熟记，且能会意。听了老师的一席话，豁然开朗，也正是从这一刻起，我开始了追随陈师的中医师承之路。

时光流转，跟师步履不知不觉地踏入第六个春天。六年的跟师经历，在陈师的精心引领之下，我深深地被中医的无穷魅力和其博大精深所折服，并一直牢记陈师教诲："做医生，品德必须放第一，所谓立业先立德"，陈师面对患者一直秉承严谨专注、敬业创新的医者态度，在我心里他是一位真正的中医药传承践行者。

陈师自幼跟随父亲行医，耳濡目染，看到许多妙手回春甚至"传奇"的诊病事例，自此"传承中医、发扬中医"的种子就在先生的心里萌芽，并为之一生去践行，我也屡次在陈师身边见证了中医治疗之奇效。陈师门诊常有围绝经期的患者前来就诊，记得有位49岁的黄女士，焦虑地说自己近期时常感觉身体一阵阵发热，时有心慌，汗水经常浸透背部的衣服，更令她焦躁的是自己会无缘无故朝家人发火，不自觉地会独自哭泣，晚上常做噩梦，为此在当地医院精神科住院治疗了一段时日，但出院后症状仍反复。陈师接诊后考虑患者是典型的绝经前后诸症，辨证属中医学的"肾阴虚证"，开了一服养阴清热安神的中药方。患者复诊时说，服药三天后，不仅潮热，情绪不稳、睡眠不稳便都有所好转，家人的关系也有所缓和，患者频频地表达感谢，我见到了患者眼中诚挚而激动的泪水。陈师说中医是相通的，务必要打好扎实的中医内科基础，如此遇到妇科疑难杂症方能显其效。

子宫腺肌病被部分患者戏称为"不死的癌症"，因为很多患病女性平日里与一般人无二，可每当月经来潮，阵阵的下腹剧痛却让人苦不堪言，甚至痛不欲生，少部分患者最终需要切除子宫才能远离痛苦。一个下午，一位身材高挑、气质俱佳但面色萎黄的女性走进了诊室，一问方知她是从事媒体工作的，听说浙江省中山医院的中医专家不错，就想来试试。患者痛经已有二十余载，平日里跳舞练功不在话下，每到经期就出现下腹绞痛并冒冷汗，伴着小半个拳头大小的血块涌出，油然产生惧怕，多次超声检查提示子宫已经是正常大小的2倍，尝试过各种止痛药甚至放置"曼月乐环"都无丝毫的缓解，这次来尝试中医也是抱着最后的希望。陈师投以家传黑蒲黄散加减治以补肾固冲，通络止痛，1个月后患者经量明显减少、疼痛缓解。后来在益气摄血的基础上，再加用杜仲、川断、龙骨、牡蛎等滋补肝肾的药物继续固冲调经，患者面色逐步红润。印象深刻的还有一位外地患者，也是子宫腺肌病引起的剧烈痛经，慕名前来陈师这里开了7剂药，过了两个月，特地从老家赶来道谢，说服药后就再也没痛过，还带了同乡的姐妹一起来治疗。

陈氏安胎饮由浙江陈木扇女科所创，陈氏在宋代就明确提出了"清热凉血安胎之新法"，最早记载于《陈素庵妇科补解》"妊娠胎动不安方论""妊娠下血方论"等，该法倡导用清热凉血、益气养血补肾的方法安胎，独具特色。陪同陈师在妇产科专科医院坐诊的那段时间，我目睹了不少验案。一般来说孕早期的绒毛膜下积血都会慢慢吸收，孕中晚期的大量绒毛膜下积血就需要用药进行保胎，并遵医嘱卧床休息，定期复查。当时病房里有位孕五个月的高龄初产妇，超声发现宫内积血已有一月余，入院后绝对卧床休息，肌注黄体酮保胎，再复查发现宫内积血仍在缓慢增大，最大径线约有16cm，阴道不时有鲜血涌出，产科主任特地邀请陈师会诊，希望中药能给胎儿一线生机。陈师通过详细的问诊查体，考虑患者属于气血不足、阴虚内热，随即拟方用当归、川芎养血活血，佐以黄芪、白术补气健脾以生血，投以黄芩炭、银花炭、

地榆炭、藕节炭等炭类药物清热止血而不留瘀，三七祛瘀生新，再配伍杜仲、川断等固肾安胎，治疗七剂后复查超声，积血有了吸收的趋势。再投以清热凉血安胎的方子治疗三周后，积血已吸收大半。

羊水过少目前为止似乎没有确切可行的方法进行治疗。曾有一例羊水指数为3的羊水过少病案，陈师认为羊水源于母体气血津液，与母体脾、肾密切相关，故用滋阴生津，辅以补肾安胎之法，后复查羊水指数恢复正常。学生每每将这些验案的方药收藏整理，发现陈师用药讲究药性平和、补而不腻，"和"为用药的准则和特点。我逐步体会到不管什么疾病，只要阴阳平衡，人也就健康了。

回忆跟随陈师出诊的这些日子，很是感慨，现代医学和传统医学在思维方式、看病角度各有不同。对中医的传承学习，提升的不仅是思维方法，更有传统文化素养。陈师告诫我，只有熟练地背诵原文、方剂，才能最大限度地接近原意并且融会贯通，临证时方能有所体悟。"问渠那得清如许，为有源头活水来。"正其本，清其源，方能得其幽微。跟师学习是我今生难得的契机，我一定会谨记恩师的教导，业习岐黄，精勤不倦。

（四）五年跟师　渐有心悟

【学生简介】严航，中医学硕士，主治中医师。毕业于浙江中医药大学，师从浙江何氏女科流派何嘉琳教授，就职后跟随浙江陈木扇女科流派陈学奇教授学习。现从事中医妇科临床、科研工作。

2013年，我有幸加入陈木扇女科流派工作室，得以时常跟随陈学奇老师左右，近距离地接受其悉心教诲。这几年珍贵的跟师学习和临床实践，不仅拓展了我的知识层面，更是对医生的德行有了更深的领悟。

陈老师出身于中医世家，从小就跟随祖父、父亲身边，走遍乡里村间，学治内外妇儿、急病沉疴，所学范围极为广泛，后又进入浙江省中医学院进一步学习，跟随国家级名老中医李学铭教授，数十年来始终在学医、行医之途上勤耕不倦，中医底蕴丰厚，诊疗思路开拓。

最初跟师，我就发现陈老师的病人不仅局限于经带胎产这些常见的妇科疾病，还有很多都是内科疾病病人，特别是一些免疫系统疑难杂症患者。反观自己，早早决定了妇科这个专业方向，平时也只看专业方面的书籍，所谓专攻专精，实际真是相当局限了。妇人也是人，是人就不可能只有经带胎产的问题，在研究妇科之前，必须学好内科及其他各科，这个认识犹如醍醐灌顶一般，让我意识到自己的误区，从此得以认清了自己学习及前进的方向。

陈老师非常重视基础，教导我们临诊首先应当学好中医基础、中医诊断、中药、方剂等基础知识，叮嘱我们平时多诵读《汤头歌诀》，要学习《黄帝内经》，特别是"病机十九条"，需要反复体会，时时琢磨。陈老师门诊结束之后也会挤出宝贵的休息时间给我们讲解中医经典，指导我们如何学习。陈老师提倡传统中医文化，但是他并不排斥西医，有时还会不耻下问跟学生请教最新的西医研究进展。他认为传承中医不是故步自封，而是需要与时俱进，求同存异，包容并蓄。我们中医需要不断学习，懂得取长补短，要运用西医和现代科技发展中医，如此方能让中医更好地为人民服务。

陈老师告诫我们，为医者，医德最重要，医为仁术，医者必须要有仁心。陈老师给人的印象是很亲切，总是笑呵呵的，诊室里总是能听见陈老畅快的笑声，甚至还有病人笑称陈老好似弥勒佛，见到即觉得安全可靠，病就去了一半。对每一位慕名而来的患者，无论是衣着光鲜的城市精英人士，还是偏远地方的贫苦乡民，陈老从不区别对待，总是和颜悦色，悉心施治。对一些有困难的患者还会免挂号费，夫妻同时就诊只需一人挂号，给予患者尽可能的照顾和帮助。

陈老师经常会跟我们青年医生以及病患交流养心养身的理念。他常说："要保持平和的心态"。劝勉我们青年医生要淡泊名利，心存善念，不可急功近利，同时不要担心资历浅没有患者，要对中医有信心，不用过于妄自菲薄，认真对待每一位患者，尽心诊治。将患者治好了，患者终会口耳相传。"不患无位，患所以立"，这才是青年医生该有的心态。

陈老师临诊，给我印象最深的是望诊。通常一个病人进来，须臾之间陈老师就能讲出个大概，真可谓"察言观色、明察秋毫"。这当然跟陈老师丰富的临床经验分不开，但同时也提醒我们需要更加重视中医传统的望诊。望而知之谓之神，随着现代科技的发达，现代中医更多依赖西医的诊断技术，比如 B 超、CT、实验室检测，望诊常简化为望面色、看舌苔，未能有更深层次的观察和分析，这方面我们真的需要好好向陈老师学习。同时，陈老师亦非常重视问诊，遵"陈氏女科十问"，特别注意患者饮食、大便、睡眠情况。陈老问诊的同时会酌情给患者以心理上的疏导，临诊可以发现很多妇女情志为病，治病先医心，身心皆调，事半功倍。

陈老师在辨证上重视阴阳辨证、气血辨证，治疗上以调为法，以和为贵。具体归纳为以下三点。

1）调和阴阳，调和营卫，调和气血　《黄帝内经》云："阴平阳秘，精神乃治；阴阳离决，精气乃绝"。治疗疾病就是纠正体内阴阳的失衡。调和阴阳包括寒热温清、虚实补泻、解表攻里以及调和营卫、调理气血等方法。陈老师特别注重调和营卫、调和气血，临床常用黄芪桂枝五物汤、桂枝汤等加减。治疗的同时气血并重，气血互生密不可分，治气不忘血，治血不忘气。女子以血为用。陈老师还特别注意血分药的运用，如活血、凉血、养血等。活血疏风治痤疮；凉血清热治胎漏；养血柔肝治痛经。

2）调和脾胃，中州和则五脏安　从陈老师的问诊中就可以看出其非常重视脾胃。首先，中医学认为先天之本在于肾，后天之本在于脾胃。先天精血秉父母，后天精血水谷生。中焦受气取汁变化而赤是谓血。脾胃为气血生化之源。同时五行土居中，五脏以脾胃为本，脾胃和则五脏安。反之，任何脏腑发生变化也会影响脾胃功能。其次，治疗时服用中药，也需脾胃运化吸收，脾胃功能不好影响疗效。陈老师问诊总是细问饮食、胃脘腹自觉症状、大便情况，再结合望舌切脉来评估患者的脾胃功能情况。若脾胃稍失健运，治疗时佐以调和脾胃之品；若脾胃已失健运，治疗先从脾胃入手，先调和脾胃，保养胃气，恢复中州的运化能力之后再行进一步治疗。

3）用药平和，中病即止　陈老师用药非常平和，慎用寒热偏激、峻猛燥烈、攻伐消导之品，中病即止。他认为寒凉之品不宜过用，太过则戕伐生生之气，于脾胃不利；峻下、消导克伐之品不宜过用，以免正虚病进；滋阴厚味之品不可过用，有腻脾滞胃之弊；香燥祛湿之品不可过用，恐其劫阴耗津。故陈老师用药多取平和之药，以不伤脾胃为原则。组方亦常用 1～2 味顾护脾胃之品。若适证需采用也是严察其证，适度渐进，中病即止。

另外陈老师还指点我们青年医生临诊时应注意三点。

1）处理好正邪关系　邪气盛则实；精气夺则虚；正气存内邪不可干；邪之所凑，其气必虚。治病的最终目的：保存正气，祛除邪气，扶正勿碍邪，祛邪不伤正。

2）善于抓主症　有时患者主诉症状繁多，需要区分"主症和兼症"。主症是进行辨证分型的主要依据，是确定疾病的性质和病位的主要内容。用药时要有个优先、主次的判断。

3）注意治未病，强调未病先防　如阴道炎、盆腔炎这些疾病临床经常复发，除了叮嘱患者调整饮食、谨慎劳作等来预防疾病复发外，平时还可以采用膏方、丸药等巩固治疗，预防复发。

我在五年的跟师学习中获益匪浅，感觉自己不管是在医德还是医术方面都得到成长。能够成为陈老师的学生，我倍感荣幸。

大医精诚传承中医仁术，悬壶济世彰显医者仁心。这，便是陈老师给予我的宝贵财富。

（五）追求术道　临证心悟

【学生简介】林运霞，硕士研究生，毕业于北京中医药大学，第六批全国老中医药专家学术经验继承人，浙江陈木扇女科流派传承人，浙江省陈学奇名中医工作室成员。现工作于浙江中医药大学附属第二医院，从事妇产科临床、教学、科研工作十余年。

缘分使然，我有幸成为第六批全国老中医药专家学术经验继承人，师从陈学奇老师学习中医。通过跟随恩师临诊抄方，我深深地感受到祖国医学的博大精深和巨大魅力，更加坚定了学好中医的信心与决心。学好中医，用好中医，传承好中医，为中医事业不懈努力——这已成为我一生的事业与追求。

这些年，我在跟随恩师学习过程中收获良多，感悟更多。趁此机会，我就以跟随陈老师学习的一些心得体会做一些总结。

1. 重视经典，结合临床

陈老师经常告诫我们，内科是基础，只有打好内科基础，然后结合妇科经、带、胎、产、杂的特点，才能看好妇科病。陈老师会定期给我们讲授中医经典课程，并让我们深入学习《伤寒论》、《金匮要略》、《傅青主女科》等经典著作，鼓励我们多参加学习中医妇科会议，多与其他中医流派交流学习。

陈老师在师承学习之初就教导我们，学习中医要注意三个层次：术、理、道。中医是中国文化的瑰宝，是最实用的中国传统文化，也是最高层次的哲学。《黄帝内经》讲的是一种道，大道，是放之四海皆准的，是一种规律。理，是一种理论，像《金匮要略》、《伤寒论》等。术，即疾病治疗的具体方药，比如《本草纲目》、《太平圣惠方》等。学习中医，就要掌握中医普遍哲理，运用《黄帝内经》来指导临床工作，学习如何从道的层次来指导理和术。

在此谨举一例。陈老师为我们讲解《黄帝内经》之"病机十九条"，认为"病机十九条"对常见病证的病机作了提纲挈领式的概括；解释了各种病因（外感与内伤）与出现的相关症状之间的机理，揭示了疾病变化和疾病症状之间的内在联系；对疾病进行了"定位""定性"，并从而指导临床辨证论治——

"定治疗"。而后陈老师指出，"病机十九条"与妇科临床关系密切，对于妇科疾病，涉及的病邪有风、寒、湿、火、热，涉及的脏腑有心、肝、脾、肾，对妇科临床治疗很有指导意义。比如"诸风掉眩，皆属于肝"，陈老师认为：大凡肝阴不足、肝阳上亢使肝风内动、上扰清阳而致眩晕。定性（病机）：风，一般认为有内外之分、虚实之分。虚风：肝肾亏虚、肝血不足、头目失养而致头晕目眩，血虚生风而致手足颤动。实风：肝郁化火而致头痛目赤，热极生风而致手足抽搐。定位（病机）：肝，肢体动摇，头晕目眩的病症，属肝者居多。肝为风木，主疏泄、藏血，一旦气机失调或肝风、痰火上逆，冲于头目，就会导致风病发生。病机归纳：风，系指内风，风者善动，其性属肝；肝主藏血，血虚生内风，肝风动则眩。定治疗：揭示出振摇、眩晕一类病证可以从风、从肝论治。总的治则：补血养肝柔肝为主，佐以清肝平肝潜阳之法。在临床上可广泛用于震颤麻痹、多发性抽动症、梅尼埃综合征、高血压病；脑动脉硬化、椎-基底动脉供血不足；贫血、妇女经行、产后眩晕等疾病的治疗。临床常用方：天麻羚角钩藤汤、龙胆泻肝汤、丹栀逍遥散等。陈老师深入浅出、旁征博引的细致讲解，不仅引领着我们学会了学习经典名著的方法，更让我们学会了如何灵活运用经典理论指导临床工作。

2. 重视四诊，把脉断生死

陈木扇女科流传千年，文化底蕴深厚，名医辈出，代代相传。临床诊病详查四诊，望、闻、问、切，缺一不可。审病求因，首重问诊，编有"陈氏女科十问。"可谓我辈后生学习中医妇科必遵之规范，在此不加详述，现仅就三代医家诊脉断生死之传奇医案，略做表述。陈老师之太先生吴浩然，乃新中国成立前名医，一次受邀出诊大户人家，他一眼就瞧出患者病情危重，呼吸浅促，搭脉乃鱼翔虾游之脉，孤阳无依，阴阳离绝，乃死脉，患者随后病死。陈老师父亲陈大堃先生，20世纪60年代时出诊看病，患者家属欲为之准备后事，经陈大堃先生望闻问切后，言患者可救，于是针药并用，后患者得救。诊病后出门，碰见邻家老人门口晒太阳。陈大堃先生诊脉，老人乃鱼翔虾游之脉，常人观其貌似寻常，实乃生命垂危，嘱其家属尽快准备后事。果然，老人当日夜间去世。3年前，陈老师门诊之时有一男患者，40多岁，自诉颈背部疼痛，偶有胸闷，明日即将出差，要求为其开具颗粒剂中药以方便携带，陈老师为之诊脉，乃沉涩结代脉，嘱其取消出差，立即进行心电图、心功能、冠状动脉造影等进一步检查，发现患者果然冠脉造影示前降支血管狭窄85%以上，进行相关治疗。后患者送陈老师锦旗，言若非陈老师医术高明，使其及时得以诊治，出差路途劳顿，后果恐不堪设想。

3. 关怀患者，身心调理并重

陈老师对中医有着深厚的感情，作为陈木扇女科第 25 代嫡传，他深感责任重大。陈老师常说："中医是刻在我骨子里的，我出生于中医世家，从小跟随父亲诊病，耳濡目染，每每看到患者病痛得以解除，是我最大的快乐。"

陈老师经常于诊间或闲暇时给我们讲课，启发思维。他总是教导我们，要勤于学习，善于总结，把陈木扇女科流派的学术思想更好地传承下去，发扬光大。陈老师语重心长地与我们说，做医生不仅需要精湛的医术，更要有高尚的品德修养，医德是当医生的必修课，没有高尚的医德，就不要去当医生，那样会害人害己。为病人诊治之时，需心无旁骛，胸怀坦荡，"先发大慈恻隐之心，誓愿普救含灵之苦"。不论患者贵贱贫富，老幼美丑，一律同等看待，全力救治，不能推诿，更不能摆架子，才能做一个患者认可和称职的好医生。记得有一位 80 多岁的老先生坐轮椅找陈老师就诊，由于老师诊室在二楼，并且没有电梯，家属欲背老人上楼，却被陈老师制止了，亲自下楼为老人诊病。望闻问切之后，再上楼至诊室开方，老人及家属都感动不已。

当今社会发展迅猛，各个行业工作压力都很大，患者心理压力也普遍比较大，临床中往往都是身心疾病并见，心理问题合并器质性病变或心理问题合并功能性病变。所以，在治疗疾病的同时，要多关心患者，听患者倾诉，帮患者排忧解难，这样患者也会更加信任医生，依从性会更好，对患者的康复大有裨益，同时也是我们医生的职责。中医讲，"心为五脏六腑之大主""心主神明""心藏神"，关怀患者可以安定患者情志，从而促进和帮助患者早日康复。

总之，跟随恩师学习感受很多，恩师对工作一丝不苟，认真负责；对患者关怀备至，尽心尽责；对学生言传身教，授业解惑，他高尚的医德和精湛的医术得到患者的称赞和认可。恩师是我一生学习的榜样，在以后的日子里，我会加倍努力跟随老师学好中医，继承好陈木扇女科，努力将陈木扇女科发扬光大，力争做一个像恩师一样的苍生大医。

（六）阴阳平衡　治病求本

【学生简介】沈炜，男，浙江桐乡人，浙江陈木扇女科第 26 代传人。毕

业于浙江中医药大学，获中医内科硕士学位，师从首批全国名中医范永升教授。主持并参与国家级、省部级和厅局级科研项目 10 余项，在国内外核心期刊发表学术论文 10 余篇，合著国家发明专利并授权 3 项，长期致力于名老中医专家经验的成果转化。

陈老师是浙江陈木扇女科流派第 25 代嫡传，我自 2012 年开始就侍诊于侧，经过多年临床跟师，略有感于陈老师的辨证施治和用药方法。从阴阳大道处辨证，于脏腑细微处调治；五脏之中首重先后天之虚实，善调肝肾阴阳之盈亏；妇科诸病调经为先，调畅气机以通为用；以人为本，用药平和。无论是女科的经、带、胎、产类疾病或者是妇科其他疑难杂病，陈老师基本上都可以首诊见效。

现将我的数年跟师心得，做一梳理表述。

1. 燮理阴阳，调摄冲任

在临床诊治过程中，陈老师经常强调"治病必求其本"，常说"阴阳者，天地之道也，万物之纲纪，变化之父母，生杀之本始，神明之府也"，各种女科疾病的患生，往往跟阴阳失衡有关，比如幼年阴阳失调，或早熟或发育迟缓；青春期和育龄期阴阳失衡，则导致月经失调的各种症状；更年期阴阳失衡，则出现潮热汗出等围绝经期症状。认识到疾病的本质，辨别疾病的阴阳属性，从"损有余，补不足"着手，调节阴阳平衡，很多疾病自然就会痊愈。

2. 重先后天，肝肾同调

陈老师对于妇科疾病的论治，主要在肝、脾、肾三脏。

认为肾虚引起天癸不足、冲任失调，导致妇女月经先期、月经后期、月经过少、闭经、崩漏、不孕、胎动不安、经断前后诸症等。如对于崩漏的治疗，陈老师认为青春期发生崩漏的病人，往往天癸始至，肾气未充，肾精不足，水不涵木，相火亢盛，疏泄太过，肝不藏血，封藏失司，以致冲任不固，而致崩漏；育龄期发生崩漏的病人，常是由于多产房劳，操劳谋虑，易耗血伤阴，肝肾阴虚，冲任失司，致崩中漏下；围绝经期发生崩漏的病人，多数是肾气衰退，真阴亏损，水不涵木，肝阳偏亢，以致冲任气血紊乱，以阴虚者而致崩漏者居多。尤其在妇女青春期、更年期崩漏，临床多见"虚火"。陈氏灵活运用滋水涵木法治崩漏，常可收到良好效果。

脾为后天之本，气血生化之源，脾失健运，则会导致女性的月经过少、闭经、不孕、胎动不安等。陈老师在临证过程中，非常关注脾胃功能的状况，尤其是对复诊病人，必问纳、便情况。陈老师常说："如果一个病人连药都喝不进去，怎么发挥药效？一个人只要吃得下、拉得畅、睡得安，那病自然就好了一大半。"对于脾胃运化功能偏弱，胃纳不馨、大便溏烂的病人常用四君子汤、香砂六君汤健脾等；对于胃脘嘈杂、消食善饥的病人常用玉女煎清胃火；陈老师对于中焦脾胃的重视还体现在膏方中常加理气健脾之药。

"女子以肝为先天"，女性常处于气有余而血不足的状态，肝疏泄功能的失常，易出现月经不调、痛经、闭经、经行夹块、癥瘕积聚或眩晕等症。陈老师在临床过程中，擅用梅花、玳玳花等花类药物来疏肝理气，更会对肝郁病人进行心理疏导，通过深入浅出的生活实例去开导患者。

3. 妇科诸病调经为先，调畅气机以通为用

"调经"是陈木扇女科学术思想的重要特色，无论是月经病本身还是其他疾病引起的月经不调，陈老师都十分重视月经的调治，常用"开门逐盗"来比喻调经在女性经期治病过程中的重要性。经期擅用小茴香、桃仁、红花、丝瓜络等理气活血药，使得经行通畅。

陈老师在临证的时候还十分注重对女性气机的疏理，立法在一个"通"字。如气血两虚的患者和阴虚火旺的患者，陈老师在大队补益气血和养阴清热的药物中酌加砂仁、陈皮、佛手等理气的药，使补而不腻；对于崩漏或者出血患者，陈老师在用大队炭类药固摄止血的同时加香附、延胡索等理气药，以期止血不留瘀；对于胎动不安的患者，陈老师在凉血安胎的基础上稍加行气安胎的药物，疏泄胎火安胎。

以上跟师体悟，相比陈师之丰厚学术思想，实属管中窥豹，来日吾将更为发奋追逐陈师之脚步。

（七）扶正祛邪　妇科妙用

【学生简介】胡凤英，女，中医妇科专业硕士研究生，从事妇产科临床、教学、科研工作 8 年，浙江省名中医陈学奇工作室成员。擅长运用中西医结合方法治疗青春期崩漏、痛经、闭经、多囊卵巢综合征等月经相关疾病，擅治育龄妇女带下、盆腔炎及盆腔炎性疾病后遗症以及产后盆底功能障碍等"经、带、产、乳"相关疾病，取得较好的临床疗效。

2016 年参加陈木扇女科疑难病诊疗经验研习班，陈老师讲解生动有趣、深入浅出，获益量多。后幸拜于陈老师门下，并有幸成为陈学奇名老中医工作室的传承学员,跟随陈学奇老师学习。两年多来,我汲取着陈老师深厚的医学理论基础和丰富的临床经验,感悟其临证之"效、验、灵",在临床中耳濡目染,收益颇丰。

跟随学习中,陈老师对妇科术后康复的临证思路和用药特点使我记忆犹新。手术是治疗一些妇科疾病如生殖器肿瘤、异位妊娠、子宫内膜异位症等的重要手段,随着妇科手术方式的更新、手术器械的发展,手术创伤有所减少,但麻醉药品毒副作用、手术创伤失血、精神刺激等因素,势必会给病人带来心理和生理上的影响,术后出现一系列的手术应激反应,如恶心呕吐、食欲减退、腹痛、腹胀、发热、汗出、倦怠乏力、睡眠障碍等不适症状,严重影响了术后的康复。

陈老师认为,患者围手术期情绪紧张、忧思,麻醉刺激和金刃创伤、器官切除,胃肠的牵拉、禁食、肠道准备耗气伤阴,以及大量抗生素的使用耗伤阳气等诸多因素合而为病,导致患者气虚血弱,津液不足,脏腑功能失调,时邪乘虚而入,饮食、情志、瘀血乘机内伤等综合作用而发病。总之,患者正气虚损,邪气侵袭,蕴结于脏腑,气机运行不畅,阻碍术后康复,常出现乏力、纳差、腹胀、腹痛、便秘、恶心、呕吐、周身困重等症状,治疗宜扶正祛邪。扶正即益气养血通络,陈老师喜用黄芪桂枝五物汤为基础加减,祛邪各有不同;对术后湿热内蕴的,治以"辛开苦降"为大法,多以泻心汤、三仁汤、藿朴夏苓汤、二陈汤等加减;对外感风寒的,则以麻黄附子细辛汤等加减祛风散寒,通络止痛;对瘀血内阻的,以行气活血、化瘀通络,方以桃红四物汤、少腹逐瘀汤等加减;对情志不遂的,以疏肝理气,多以柴胡疏肝散、逍遥散等加减,常能获得满意的疗效。有一位 48 岁的患者,因"子宫腺肌病、子宫平滑肌瘤、子宫内膜增厚、中度贫血"入院,2018 年 7 月 19 日全麻下行"腹腔镜下全子宫切除术 + 双侧输卵管切除术",术后 6 小时开始进食流质,术后第一天开始感胃脘嘈杂,予预防感染、护胃、纠正贫血等对症支持治疗,术后第二天凌晨体温上升,高达 38℃,肛门仍未排气,感腹部胀满不适,伴有面色萎黄,精神倦怠,夜寐不安,纳呆,腹胀,叩诊呈鼓音,腹部切口干燥,无红肿,舌红苔黄腻,脉弦滑。陈老师辨证为脾失健运、湿热内蕴、湿重于热。予以黄芪桂枝五物汤合藿朴夏苓汤加减,服药后第二天肛门恢复排气,胃脘胀满好转。术后第五天无腹痛、腹胀,无胃脘不适,无畏寒发热等不适,术后恢复较好,如期出院。

陈老师认为，该患者术前月经量多，五脏失营，加之围手术期创伤，导致气虚血弱，脾失健运，中焦气机失常，腑气不通，且正值暑夏，暑夏湿热之邪内侵，虚实夹杂。陈老师以藿朴夏苓汤加减清化湿热，畅通中焦，同时考虑术后存在气虚血瘀、营血不足，加用圣愈汤加减益气养血，扶正祛邪。治疗中，陈老师尤其强调恢复脾胃正常的升降功能是治疗中的重要环节。药病中的，患者得以迅速康复。

（八）妇科之疾 每有奇招

【学生简介】陈光盛，男，湖州市妇幼保健院中医妇科副主任医师，全国第六批老中医药专家学术经验继承人。从事中医妇科临床、教学、科研工作近二十年，师从陈木扇女科第 25 代传人陈学奇。目前主持完成省市级课题 2 项，在国家级及省市级以上期刊发表专业文章 18 篇，参编专著 2 部。临床擅长月经失调、痛经、盆腔炎、多囊卵巢综合征、子宫内膜异位症等妇科疑难病症的中医诊治，特别对青春期多囊卵巢综合征的诊治有独到的见解与疗效。

我是浙江平阳人，平阳境内有一位浙江省名老中医——苏元老先生，当时我家步行到他的住所约 5 分钟路程，在浙江中医学院读书时，我每逢放假常向老先生求教。

苏元老先生曾说，学妇科必须在熟读中医四大经典的基础上，再另外研读三本中医妇科专著，分别为《陈素庵妇科补解》《傅青主女科》《叶氏女科证治》，并特别指出《陈素庵妇科补解》为浙江省内四大女科流派之一的陈木扇女科的代表作，内中方剂都为临床有用实效之方。闻听此言，我从浙江中医学院图书馆借到了 20 世纪 80 年代初期由上海科技出版社出版的《陈素庵妇科补解》一书，并对其中的部分章节进行了摘录，对其中的"调经与通经不同论""调经不宜过用寒凉药论"等章节至今记忆犹新。

令当年的我没有想到的是，2013 年起，我竟得以亲身跟随陈木扇女科第 25 代传人陈学奇老师学习，由此更是受益无数。

我毕业后长期从事中医妇科临床工作，有时为了增强临床疗效，往往会在用中药的同时加用西药。比如青春期异常子宫出血病人，我在用中药辨证论治的同时会加用避孕药口服，止血效果很好，但是分不清到底是中药还是西药在起效。跟陈老师学习后，观察陈老师临证纯粹以中医为主往往能应手

取效，之后我在临证时运用陈老师经验也能取得立竿见影的效果，由此增加了自己的自信心。

2016 年 2 月 23 日，46 岁已婚的李女士前来找陈老师求诊。她自述近一年来出现月经失调，月经先期 8～10 天，经期延长至 10 余天方净，经前经后及经期腰腹疼痛明显，末次月经为 2016 年 1 月 20 日，量多，至今未净，色鲜红，无血块，神疲乏力，纳差，面色萎黄，脉虚弦无力，尺脉沉细，舌淡苔薄白，前医予收敛固涩止血方药治疗效不显。陈老师指出在崩漏的治疗上要适当考虑年龄的幼、壮、老的不同生理特点，以便决定治疗的重点。患者年逾"六七"，肾气衰退，精血日亏，此时崩漏之变，多系肝肾功能失常，若以常规收敛止血之法治之往往疗效欠佳，故治疗上当以滋阴柔肝涵木为先，在用药上，以平和为贵，慎用刚燥之品。盖妇女以血为本，有经、孕、产、乳等生理现象，故常处于"有余于气，不足于血"的状态，气有余便是火，故治之当用平和调养之剂为佳。如过用刚燥之品，则容易动火，耗血伤阴。陈老师用滋水涵木法为其治疗后，患者服药一剂则血止，后巩固疗效，患者痊愈。陈老师临床还运用滋水涵木法治疗肝郁化火之痛经、月经先期、经行量多、经水淋漓、崩漏、眩晕、恶露不绝等病症，均有较好疗效，2018 年我曾总结"陈木扇女科滋水涵木汤治疗崩漏体会"一文在浙江省名老中医经验与学术流派传承分会学术年会上交流。

治疗妇科疾病重视补肝肾、调气血，这似乎是路人皆知的道理，但是在临床实践中往往各有不同。陈老师认为女子以肾为根本，脾胃为气血生化之源，但是二阳之病发心脾，又因肝藏血，心主血脉，所以在调气血中需要兼顾心肝二脏。陈老师重视心肝脾肾和气血，并非将藏象学说割裂开来，重此轻彼，而是要将藏象学说和气血学说相结合，使重点更为突出。陈老师诊治月经病，在补养肝肾的同时，又着力于调理脾胃，益先天调后天，同时注意疏肝养心。如陈老师对于经前乳胀的诊治，多以开郁行气为先，再根据辨证所得，或合以健脾和胃，或参以养血益肾，或兼以温补冲任；再如崩漏病人，理血之中或配健脾，或助固气，或清血热、养心血，充分体现了重视脏腑气血这一特点。

陈老师指出，妇科基础与内科同，初学者当对《黄帝内经》的基本内容如天人相应的整体观、五运六气、阴阳五行、脏腑经络、病因病机等必须熟悉，从临床角度来说，对四诊八纲、药物方剂等都必须牢固掌握。在此基础上，再认真学习仲景著作和各家流派学说，由博返约，融会贯通，才能得心应手。

陈老师临证对待病人总是耐心倾听，详细地询问病史，细心地组方用药，并详尽地交代服药宜忌。无论病人地位之高下，外貌之妍媸，家境之寒裕均一视同仁，这对临证搜集病史资料，做出正确诊断，很有帮助。

限于篇幅及时间仓促，以上仅从自己跟师学习方面谈一点粗浅体会，难免挂一漏万。今后将对陈老师的临证经验及学术思想进行深入地整理研究，以促进名老中医学术经验的传承与发扬。

附录一

大事概览

1958 年 3 月　出生于浙江省桐乡市高桥镇

1973 年 2 月　于桐乡高桥卫生院师从陈大堃先生学习中医

1976 年　于桐乡灵安镇路家园草药场坐诊

1982 年 9 月　考取浙江中医学院中医系中医专业

1987 年 7 月　从浙江中医学院毕业，取得学士学位

1987 年 8 月　就职于浙江省中医院

1996 年 3 月　师从海派陈氏妇科第三代传人陈惠林老师学习

1996 年 7 月　就职于浙江省中医药管理局

1996 年 7 月　坐诊于浙江中医药大学附属第三医院、杭州方回春堂中医门诊部

1997 年 8 月　师从浙江省中医院李学铭老师学习中医

1999 年 9 月～ 2000 年 12 月　于浙江中医学院研究生班学习

2010 年　任浙江省中医药学会第五届理事会副会长

2012 年 12 月　任国家首批全国中医学术流派浙江陈木扇女科流派传承工作室负责人

2014 年　任中华中医药学会第六届理事会理事

2014 年　任中国中医药研究促进会妇科流派分会副主任委员

2014 年、2017 年　连任两届中华中医药学会妇科专业委员会常务委员

2014 年、2017 年　连任两届浙江省中医药学会妇科专业委员会副主任委员

2015 年 3 月～ 2015 年 12 月　跟第三届国医大师朱南孙老师临证抄方

2015 年　任中国中医药研究促进会中医学术流派分会副主任委员
2016 年　任浙江省中西医结合学会妇科专业委员会副主任委员
2016 年　任世界中医药学会联合会女性生殖医学专业委员会常务委员
2017 年　任第六批全国老中医药专家学术经验继承工作指导老师
2018 年　受聘浙江中医药大学兼职教授，硕士生导师

浙江中医临床名家·陈学奇

学术传承脉络

陈仕良（唐）→始载
陈沂（字素痷，宋）→木扇陈氏之祖
陈静复、陈清隐（南宋）→刻木扇以传

九传而至

| 陈玉峰 | 陈仪芳 | 陈明扬 | 陈恒崖 | 陈南轩 | 陈东平 |

陈椿（号橘痷）　　　陈林（号杏痷）

陈赞　陈谨　陈言　陈谏　陈诰　陈谟

陈引泉　陈引川　陈鼎　陈鼐

元朝

明朝

清朝

陈谢（字左山）

陈梦熊

陈德潜

陈善南（字嘉言，陈沂第二十世裔孙）

陈宜南

陈维枚（字叔衡，誉称"八百年世医"）　　　陈鸿典（字云书）

陈韶舞（陈木扇二十三世孙）　　　陈长元

陈大堃　陈大中　　　陈尚志

陈学熹　陈学奇

葛蓓芬　沈炜　陈勤　王璐　严航　林运霞　胡凤英　陈光盛　陈杨

陈木扇女科鼻祖陈沂持扇进宫图

陈木扇古方

陈学奇书法

陈学奇照

浙江陈木扇女科流派传承工作室师生合影

浙江中医药大学附属第三医院第六批师承大会上师生合影（前排左二为陈学奇老师）